Lucas Rem

Tagebuch des Lucas Rem aus den Jahren 1494-1541

Ein Beitrag zur Handelgeschichte der Stadt Augsburg

Lucas Rem

Tagebuch des Lucas Rem aus den Jahren 1494-1541
Ein Beitrag zur Handelgeschichte der Stadt Augsburg

ISBN/EAN: 9783743437203

Hergestellt in Europa, USA, Kanada, Australien, Japan

Cover: Foto ©ninafisch / pixelio.de

Weitere Bücher finden Sie auf **www.hansebooks.com**

Tagebuch

des

LUCAS REM

aus den Jahren 1494—1541.

Ein Beitrag

zur

Handelsgeschichte der Stadt Augsburg.

Mitgetheilt,

mit erläuternden Bemerkungen und einem Anhange von noch ungedruckten
Briefen und Berichten über die Entdeckung des neuen Seeweges nach Amerika
und Ostindien versehen

von

B. GREIFF.

Augsburg.

Druck der J. N. Hartmann'schen Buchdruckerei.

1861.

Vorwort des Herausgebers.

Man sollte denken, dass die Bibliotheken und Archive einer
Stadt, die sich ehedem während einer langen Reihe von Jahren
in lebendigster und grossartigster Weise an dem Welthandel
betheiligte und durch ihre politische wie durch ihre Geldmacht
gelegentlich in den Gang der Geschichte entscheidend eingriff, —
wenigstens auf die Politik der ihres Geldes bedürftigen Fürsten
einen nicht unbedeutenden Einfluss zu üben verstand — dem
Geschichtschreiber die vollständigsten Quellen und ein über-
reiches Material für die Bearbeitung ihrer Handelsgeschichte
überhaupt und namentlich der des 15. und 16. Jahrhunderts zu
liefern im Stande wären. Dem ist nicht also. Gründliche und
vieljährige Nachforschungen an Ort und Stelle haben mich über-
zeugt, dass man diese Quellen eher in Venedig, Lissabon und
Antwerpen, als in Augsburg werde aufsuchen und sammeln
müssen.

Diesem Mangel an ergiebigen Quellen, der zum Theil von
dem Geheimhalten des Handels in älterer Zeit herrühren mag,
ist es daher wohl zuzuschreiben, warum sich, was doch so nahe
lag, bisher Niemand daran gewagt hat, eine den Anforderungen
der Geschichtschreibung unserer Tage entsprechende, auf zuver-
lässige *Quellen* sich gründende Handelsgeschichte der Stadt Augs-
burg zu schreiben.

Unter solchen Umständen dürfte es schon verdienstlich er-
scheinen, wenn man vorerst Bausteine und sonstiges Material
für den künftigen Bau sammelt und herbeiführt.

In *dieser Beziehung* war ich so glücklich, meine Bemühungen von erwünschtem Erfolg begleitet zu sehen. Erleichtert wurde mir diese Arbeit durch meine Stellung als Bibliothekar an der hiesigen königlichen Kreis- und Stadt-Bibliothek, auf der ich dann und wann einen glücklichen Fund that und nach und nach auf beachtenswerthe handschriftliche Quellen stiess, die wenigstens über einen kurzen Zeitraum der Geschichte und des Handels der Stadt Augsburg ein helleres Licht zu verbreiten vermögen.

Vielfach an mich ergangene Aufforderungen von Freunden, vor allem aber die Ueberzeugung, der Wissenschaft damit einen Dienst zu leisten, liessen mir die Veröffentlichung des zeither gesammelten Materials wünschenswerth erscheinen, zumal, als bei der Art seines Inhaltes angenommen werden darf, es werde dessen Veröffentlichung auch in weitern Kreisen freundliche Aufnahme finden.

Es war mir daher sehr erfreulich, dass der Ausschuss des historischen Vereines von Schwaben und Neuburg diesem lebhaft von mir gehegten Wunsche bereitwilligst entgegen kam und mein Anerbieten, dieses Material nach und nach in seinen Jahresberichten, *als Beiträge zu einer Handelsgeschichte der Stadt Augsburg,* zu veröffentlichen, gerne annahm. —

Durch diese Vermittlung bin ich in den Stand gesetzt, dasselbe einem grösseren Leserkreise vorführen zu können. Ich war alsbald entschlossen, den Anfang dazu mit der Herausgabe des nachfolgenden *Tagebuchs des Lucas Rem* und einiger *gleichzeitigen Handels-Briefe und Berichte über die Entdeckung des neuen Seeweges nach Amerika und Ostindien* (die Jahre 1497 bis 1506 umfassend) zu machen.

Um aber dem der Sprache des Mittelalters und der Specialgeschichte Augsburgs weniger kundigen Leser das Verständniss des Tagebuchs etc. einigermassen zu erleichtern, fand ich es für zweckdienlich, demselben einige sprachliche und geschichtliche Erläuterungen und Zusätze beizugeben, welch letztere ich grösstentheils ebenfalls gleichzeitigen handschriftlichen Geschichtsquellen, Chroniken etc. entnommen habe. Was aber den *speciell kaufmännischen* Theil des Tagebuches betrifft, so bekenne ich, zu sehr Laie auf diesem Gebiete zu sein, als dass ich mir hierin ein Urtheil hätte zutrauen mögen. Die richtige Beurtheilung dieses Theiles überlasse ich dem gebildeten Kaufmann, der gewiss darin noch manches ihn besonders Anziehende finden wird, was mir entgangen sein dürfte.

Es wird nun an mir sein, zu sagen, was ich aus diesen beiden Quellen herausgelesen habe und worin mir ihre historische Bedeutung vorzugsweise zu liegen scheine. Ich will mich bei Darlegung desselben möglichster Kürze befleissen.

Um vom Tagebuch anzufangen, so dünkt mich, dasselbe gebe, als eine gleichzeitige Quelle, klarer und deutlicher denn irgend eine andere, zunächst *ein glänzendes Zeugniss von der früheren Macht, Grösse und Bedeutung des Handels der Stadt Augsburg.*

Betrachten wir die Zeit, welcher der Tagbuchschreiber angehört, so ist es gleich ein höchst wichtiger und wohl zu beachtender Umstand, dass sein Leben gerade in die grossartige weltbewegende Uebergangsperiode fällt, in welcher dem Handel durch die unmittelbar vorausgegangenen grossartigen Entdeckungen und Auffindung neuer Handelswege neue, bisher unbekannte Bahnen, angewiesen wurden. An dieser eben angebrochenen Handelsära, diesem gewaltigen Umschwung und gänzlicher Umgestaltung aller bisher bestandenen Verhältnisse durfte sich der Tagbuchschreiber als „*Diener* und *Factor*" des neben den *Fuggern* damals *bedeutendsten* hiesigen *Handelshauses* der *Welser* sofort frisch betheiligen. Und das nicht etwa nur vorübergehend, sondern während der langen Reihe von fast 20 Jahren, wobei ihm noch der nicht hoch genug anzuschlagende Vortheil zur Seite stand, den Gang des Welthandels stets an den *Quellen* kennen und beobachten zu lernen. Unterstützt vom Glück, seltenem Geschick und reicher Begabung, die ihn befähigten, sich schnell in den neuen Gang der Dinge zu finden, sammelte er sich bald einen reichen Schatz von Kenntnissen und Erfahrungen, die er für sich und zum Vortheil seines Handelshauses wie zur Ehre seiner Vaterstadt Augsburg förderlichst auszubeuten verstand. —

Denn eben dadurch, dass man es damals in Augsburg verstand, diese Zeit des mächtigen Umschwungs im Gebiete der Staaten und des Handels zu benützen, schwang sich die Stadt zur Metropole des Handels in Süddeutschland empor und erreichte dadurch ihren Höhe- und Glanzpunkt. Das war die Zeit, wo man in Augsburg mit Recht sich rühmen und stolz darauf sein konnte, dass, was Bildung, Erfahrung, Kenntniss des Welthandels, Tüchtigkeit und Unternehmungsgeist betreffe, keine andere Stadt im deutschen Reiche noch auswärtiger Nationen es hierin seinen grossen Handelsherren zuvorthue. *Da* war Augsburg durch seinen grossartigen Handel und blühenden Gewerbstand das in aller Welt *hochgeehrte*.

Und dieser Ruhm seiner Handelsherren war eine so anerkannte Thatsache, dass Kaiser und Könige und die auf den Reichstagen versammelten Fürsten in höheren und durchgreifenden merkantilen Fragen keinen Beschluss fassten, ohne zuvor das Gutachten des *Augsburger Handelsstandes* eingeholt zu haben, das stets dahin ausfiel, dem Handel in seiner Entwicklung in keiner Weise störend entgegen zu treten. Ohne Rückhalt und aus vollster Ueberzeugung sprachen sie sich jederzeit für *vollste Handelsfreiheit* aus, und sahen in jeder Beschränkung Gefahr für das Reich und den blühenden Bestand des Handels. Mit Entschiedenheit drangen sie *schon damals* darauf, dass im deutschen Reiche *gleiches Mass, gleiches Gewicht, gleiche Münze eingeführt werde, die den Handel belästigenden Zollschranken fallen, und kunstgerecht angelegte Strassen und allgemeine Sicherheit etc. den raschesten Verkehr vermitteln müssen.*

Das war auch die Zeit, wo die *Jünger der Kunst und Wissenschaft,* allezeit das edelste Gefolge des blühenden Handels, in Augsburg ihre Stätte fanden und aufschlugen; die Zeit, wo das *Handwerk* in Wirklichkeit seinen *goldenen Boden* hatte.

Es wäre hier am Platze, die Quellen namhaft zu machen, denen ich obige Angaben entnommen habe. Weil ich aber beabsichtige, dieselben später vollständig mitzutheilen, so unterlasse ich es, bemerke aber, dass ihre Veröffentlichung nicht nur die Wahrheit obiger Behauptungen, sondern noch *viel mehr* bestätigen wird. — Indess kann ich mir nicht versagen, zur vorläufigen Bestätigung des Gesagten hier eine treffende Stelle aus „*Riehls Augsburger Studien*" anzuführen. Sehr wahr und richtig sagt er:

„Der Schwerpunkt der Geschichte Augsburgs beruht in der Uebergangsperiode vom Mittelalter zur neueren Zeit. Die weltbewegenden Thatsachen am Ende des 15. und Anfang des 16. Jahrhunderts schufen Augsburgs besondere Grösse.

Weil Augsburg alle die bewegenden Ideen der Renaissance, die *grossen Erfindungen und Entdeckungen*, den Humanismus, die Bezwingung und Verjüngung ausgelebter germanischer Einseitigkeit durch den Romanismus und die Antike, die Reformation etc. wie in einem Brennpunkt sammelte, festhielt und charaktervoll verkörperte, erhielt es die Signatur einer eigenartigen, einer wirklich *weltgeschichtlichen Stadt*." (Deutsche Vierteljahrschrift Num. 81.)

Von jeher gewohnt, überall, wo sich dem Handel eine Pforte aufthat, selbst in aussereuropäischen Welttheilen, Lager und Factoreien zu gründen und durch ihre Factoren und Agenten über jegliche Bewegung auf dem Gebiete des Handels wie der Politik die *ersten* und zuverlässigsten Nachrichten zu haben, erkannten die damaligen grossen Handelsherrn Augsburgs, die *Fugger, Welser, Höchstetter, Hirschvogel, Imhoff* u. a. sofort mit sicherem Takt und geübtem Blicke, welche Zeit nunmehr im Handel angebrochen sei und worin fortan bei der eingetretenen gänzlichen Umgestaltung aller früheren Verhältnisse *ihre* Aufgabe bestehe. Und das nicht etwa erst, nachdem ihnen hierin andere vorangegangen waren und den Weg gezeigt hatten, sondern selbständig, zur *ersten, besten Zeit. — Sie hatten ihre Zeit begriffen.*

Zu welch hoher Ehre gereicht es daher ihrem kaufmännischen Talente, dass *sie* unter allen Deutschen die **ersten** waren, die sich bald nach Auffindung des neuen Seeweges für eigene Rechnung und auf eigenen Schiffen an dem **Ostindischen Handel** betheiligten und die dort gewonnenen Produkte durch ihre Factoren und Schiffe in alle Länder Europa's vertrieben.

Das grosse Verdienst, diesen Handel eingeleitet, in guten Gang

gebracht und dadurch den Ruhm und die Ehre der Stadt gemehrt
zu haben, gebührt zu gutem Theile unserem Tagbuchschreiber!

Wie genau aber und gründlich die hiesigen Handelshäuser
von all den grossen Ereignissen jener Zeit unterrichtet waren,
und wie lebhaft sie sich darum bekümmerten, davon geben neben
dem Tagebuche vorzugsweise die als Anhang demselben beigegebe-
nen gleichzeitigen Copien von Briefen und Reiseberichten *Zeugniss.*

Sie stammen aus der Handlung der *Welser*, aus der sie in den
Besitz des den Welsern nahe verwandten und befreundeten
grossen Gelehrten, *Dr. Conrad Peutingers*, kamen, eines Mannes,
der auch in dieser Beziehung für die Ehre und den Ruhm
seiner Vaterstadt thätig war. Davon werden wir ein andermal
mehr sagen müssen, wenn es dazu kommen wird, das weiter
gesammelte Material veröffentlichen zu können. „*Habent sua
fata libelli*," das gilt, wenn von irgend einem schriftlichen Denk-
male, von diesen Briefen. Ob ihrer ursprünglich mehrere
vorhanden gewesen, vermag ich nicht nachzuweisen; aber bei
den vielen Wanderungen, die sie im Laufe der Zeit durchzu-
machen hatten, ist die Erhaltung der übrig gebliebenen um so
wunderbarer, als sie bisher nur *lose, fliegende Blätter* waren.
Diese merkwürdigen Berichte,*) und zumal der IX., X. und XI.
bilden gewissermassen einen Commentar zum Tagebuche.

Ich gestehe, dass mich beim Copiren dieser Briefe und
Nachrichten stets der peinliche Gedanke begleitet hat: „Sollten
nur die Welser in den Besitz solcher Nachrichten gelangt sein?
Ist es nicht mehr als wahrscheinlich, dass neben ihnen auch die
andern grossen Handelshäuser derartige Berichte erhalten haben
sollten? Und wenn so, wo mögen dieselben hingekommen sein?" —
Möchte durch diese im Vorbeigehen hingeworfenen Fragen ein
Anstoss gegeben sein, in hiesigen Privat- und Familien-Archiven
derartigen und andern Handelsquellen nachforschen zu lassen!
Geduldiges Suchen — ich habe es oft, und auch bei diesen mei-

---

*) Sie befanden sich zuletzt in der ehemaligen Bibliothek der Jesuiten,
aus der sie in die k. Kreis- und Stadtbibliothek kamen.

nen Sammlungen erfahren, — wird nicht selten durch unerwartetes Finden reichlich belohnt!

Und so nehme ich denn keinen Anstand, auf Grund des Gesagten zu behaupten, es bilde dieses Tagebuch und sein Anhang *ein glänzendes Blatt in der Geschichte der Stadt Augsburg.* —

Ich finde aber in dem Tagebuch noch einen *weitern grossen Vorzug*, nämlich den, dass wir bei aufmerksamer Verfolgung seines Inhaltes in den Stand gesetzt werden, uns ein *vollkommen klares Bild von dem Lebens- und Bildungsgang eines Kaufmannes des beginnenden 16. Jahrhunderts entwerfen zu können.*

Denn es sind nicht etwa bloss einzelne, besonders hervorragende Abschnitte aus dem Leben des Tagbuchschreibers, die er uns darin vorführt, er schildert uns sein *ganzes* Leben, seine *Kinder-*, *Lehr-* und *Wanderjahre*, sein späteres *häusliches*, wie sein *Geschäftsleben*. Und wie schlicht, wie einfach, wie wahr und treu! Und denselben Lebensgang, den *er* als Kaufmann genommen, haben im Grunde *alle* genommen, die sich in jener Zeit zu Kaufleuten höheren Stils auszubilden suchten. —

Venedig war damals, und noch lange Zeit darnach, die hohe Schule der süddeutschen Kaufleute. Man musste in *Venedig* gewesen sein, wenn man *daheim* was gelten sollte. Ich wüsste in der That aus jener Zeit keinen nur halbwegs namhaften hiesigen Kaufmann zu nennen, der nicht zunächst dort seine Studien gemacht hätte. Als der später so berühmte Handelsherr, *Jacob Fugger*, weiland Domherr zu Herrieden, im Bisthum Eichstädt, auf Bitten seines kinderlosen Bruders *Ulrich*, (1473) schon vorgerückt in Jahren, sich entschlossen hatte, seine Pfründe aufzugeben und sich zum Fuggerschen Kaufhandel brauchen zu lassen, sehen wir ihn alsbald nach *Venedig* gehen, um dort im *Fugger'schen Lager* seine Lehrjahre zu bestehen. Dieser Schule und einigen darnach zu näherer Erkundung des Handels unternommenen grösseren Reisen verdankte er den hohen Grad kaufmännischer Bildung, die ihn befähigte, dem damals schon grossartigen Handel des Hauses jene Ausdehnung zu geben, die es seitdem *weltberühmt* gemacht hat.

Nach *Venedig* schickt auch der Vater unseres Tagbuch-

schreibers seinen noch nicht volle 14 Jahre alten Sohn *Lucas*
(1494) in die Lehre.

Was kann der Junge, und wie steht es mit seinem Schulsacke?
Nach dem Stande der Schulen damaliger Zeit und den Bekennt-
nissen von Zeitgenossen zu urtheilen, konnte er nur höchst noth-
dürftig beschlagen sein. Aber *eines* kann er, und das meister-
haft — *reiten.* In der kurzen Zeit von 8 Tagen reitet der
kräftige Junge von Augsburg nach Venedig. Das thu' ihm heut
zu Tag einer nach!

Ist er gleich nur nothdürftig beschlagen, so denken die Eltern,
das andere wird sich auf der Hochschule zu Venedig schon machen!
Trifft er ja dort alte erfahrene Bekannte und Freunde, an die
er befohlen ist. Die werden sich seiner annehmen und dafür
sorgen, dass etwas aus dem Jungen wird, wie weiland andere
auch für sie gesorgt haben. Darum reitet er getrost mit seinem
ihn begleitenden Reitersmann, dem Ordinari - Venediger Post-
boten, in's „*deutsche Haus am Rialto.*" Dort, weiss er, trifft
er die Freunde alle beisammen in ihren „*Kammern.*"

Die nehmen den jungen Vetter und Landsmann freundlich
auf und schaffen alsbald, dass er zu einem Italiener kommt,
damit er die Sprache und daneben etwas rechnen und Bücher-
halten lerne, und bald sitzt er über den Handlungsbüchern. Und
das alles hat er, wie er selbst sagt, in weniger denn 4 Jahren
„*gar ausgelernt,*" und will gleich weiter in die Fremde. —

Dazu sind ihm wieder die Freunde behülflich und schicken
ihn nach *Lyon,* damit er auch *Französisch* lerne und im *Geld-*
und *Wechselgeschäft* sich umsehe. — Gleich unterwegs wird ihm
in *Mailand* Gelegenheit gegeben, eine Probe seiner in Venedig
erworbenen Kenntnisse abzulegen. Dort macht der kaum acht-
zehnjährige Jüngling einen Alten, der in seiner Rechnung ver-
irrt war, zu Schanden und hilft ihm zurecht. Das kommt ihm
gut zu Statten, und verhilft ihm zu seinem Glück. Die *Welser*
haben seitdem auf den talentvollen jungen Mann, ihren Vetter,
ihr Augenmerk gerichtet und nehmen ihn 1499 in ihre Dienste. —
Er ist stolz darauf und will seinem neuen Posten in *Lyon* Ehre
machen.

Mit unglaublicher Energie des Geistes wie des Körpers liegt er dem grossartigen Geschäfte ob. Keine Ruh bei Tag und Nacht reitet er hin und her, ist heute da, morgen dort, und, wo er ist, *gans*, mit Leib und Seele; wendet Fleiss und Mühe an, hat gross Aufmerken, dass er den Handel ergründe, sich Menschenkenntniss sammle und Freunde mache. Und wenn's gilt, wenn die Rechnung der Factoreien zur Generalrechnung dem Stammhaus eingeschickt werden soll, sitzt er eben so eifrig Tag und Nacht am Schreibtisch und über den Büchern. Kein Wunder, wenn seine Herren einen solch gewandten, brauchbaren Diener bald promoviren, und ihn auf den damals für sie wichtigsten Posten nach *Portugal* senden, damit er in *Lissabon* für sie agire, ihre Schiffe nach *Indien* armire, im *Indiahause* grossartige Einkäufe in Specereien mache, mit dem *Könige* verkehre, ihre Streitigkeiten schlichte und aus der neuen Gestaltung des Handels für sie möglichst grossen Nutzen ziehe. Sehr viel war damit dem jungen Manne anvertraut. Des Hauses Glück und Glanz, wie sein Fall lag gewissermassen in seiner Hand. — Er hat auch hier das grosse in ihn gesetzte Vertrauen vollkommen gerechtfertigt. Sein eiserner Fleiss überwindet in kurzem alle Schwierigkeiten und sein Talent bricht sich bald die Bahn zu ehrenhaftem Gewinn. Der talentvolle junge *deutsche Kaufmann* weiss sich bald durch glückliche Operationen in der Kaufmannswelt zu Lissabon bemerklich zu machen und so grosses Vertrauen zu erwerben, dass selbst der König auf ihn aufmerksam wird, ihm freien Zutritt zu sich gestattet, sich seines Rathes und seiner Einsicht in seinen grossen Handelsangelegenheiten bedient und ihm Beweise ganz besonderer Huld und Gnade gibt. Nach fast siebenjährigem Aufenthalt in Lissabon begibt er sich an den Hof, um Abschied zu nehmen und sich und sein Haus dem König zu befehlen. Da widerfährt ihm, wie wohl keinem seinesgleichen, die hohe Ehre, dass ihm der König seine ganze Familie vorführt, dass er ihnen allen der Reihe nach „*die Hände küsse.*" Er thut darauf eine lange schöne Reise durch *Portugal* und *Spanien* und schlägt seinen Sitz wieder in *Lyon* auf. Da wird's ihm bald zu enge. Nach den *Niederlanden* stehet nun sein Sinn, wo sich mittlerweile *Antwerpen* zur Metropole des Welthandels emporgerungen hatte. Da liegt er seinen Herren an, dass sie ihn von Lyon ledigen und in den Niederlanden sich umsehen lassen. Auch hier macht er sich in seiner practischen Weise das neue Feld, das sich seinem Talente aufthut, zu Nutze. Nur wenige Jahre indess besorgt er hier die Geschäfte der *Welser-Compagnie*. Ein Feind alles unehrbaren Wesens, das er in der Handlungsweise seiner Vorgesetzten wahrgenommen zu haben glaubte und gegen das er muthig, aber vergeblich ankämpft, verwächst er mit ihnen in Streit, begehrt darüber seine Entlassung, die ihm höchst ungerne gewährt wird, und gründet bald darauf in Augsburg seinen *häuslichen Herd* und mit seinen Brüdern und zwei im Handel wohl erfahrenen Augsburgern eine *eigene Handelsgesellschaft*. —

Den Erfolg derselben weist das Tagebuch vollständig nach; denn Rem hat *diesem* Nachweis in demselben ein eigenes ausführlicheres Capitel gewidmet, dem er den Titel gab:

„*Mein Hauptgut und Gwinn, und etlichs Beschaids unserer Gesellschaft etc.*"

Dies ist unstreitig einer der intcressantesten Abschnitte des Tagebuchs, zumal für den Kaufmann. Aus ihm erfahren wir, wie die grossen Handelsgesellschaften damals ihre Geschäfte betrieben, wie ihre Verträge abgeschlossen waren, wo sie ihre Niederlagen und Factoreien hatten, mit wem, mit was Waaren und in welchen Ländern sie handelten, welchen Gewinn die Geschäfte in jener Zeit abwarfen etc.

Aus diesen klar und wahr dargelegten Rechnungen erfahren wir auch, wie sich in einem Zeitraum von 20 Jahren sein ursprünglich eingelegtes Stammkapital — Hauptgut genannt — fast um das Siebenfache vermehrte. Und hiebei kann ich nicht unterlassen, wiederum auf einen ehrenwerthen Zug im Character dieses Mannes aufmerksam zu machen; ich meine auf die grosse Gewissenhaftigkeit, mit der er jederzeit sein Vermögen bei der sogenannten „*geschworenen Steuer*" (welche damals ½ Gulden vom Hundert betrug) fatirte und uns den Nachweis davon im letzten Capitel seines Tagebuches liefert. Hier, wie anderwärts, beurkundet es sich, wie dieser *Lucas Rem* ein durch und durch *reeller* Mann und *ehrenhafter* Charakter war.

Aber auch ein ganz *eigenthümlicher* Charakter. — Der Leser erwartet mit Recht, er werde in dem Tagebuche eines so viel gereisten Mannes, der alle Herren und aller Herren Länder kannte, gelegentlich in Handelsgeschäften *Nordafrica*, den *Azoren*, den *Canarischen* und *Capverdischen Inseln* einen Besuch abstattete, in *Portugal* und den *Niederlanden lange Zeit* verweilte, interessante Mittheilungen aus dem Schatze seiner hiebei gemachten Erfahrungen zu lesen zu bekommen. Er hofft, der gewandte Kaufmann, der überall, wo er sich aufhielt, in den höchsten und gebildetsten Kreisen der Gesellschaft Zutritt hatte, werde ihn mit ausgezeichneten Persönlichkeiten bekannt machen und über andere wissenswürdige Dinge belehren.

Von alle dem ist im Tagebuche äusserst wenig zu finden, und kommt es ja einmal dazu, so geschieht es ganz kurz und ist mit ein paar Worten abgethan. Rem war kein schreib- und redeseliger Mann! Sein ganzes Tagebuch, in dem er uns sein reichbewegtes Leben, Thun und Treiben vorführt, besteht aus nicht ganz 50 mit fester männlicher Hand beschriebenen und niedlich eingebundenen Pergamentblättern in Quart. Ist es doch, als hätte er mit seinem Vetter, dem grossen *Anton Fugger*, dem Fürsten unter den deutschen Kaufleuten, — wie ihn Guicciardini nennt — den gleichen Wahlspruch gehabt:

„Stillschweigen stehet wohl an !"

Man fühlt sich in der That beim Lesen des Tagebuches manchmal versucht, über den wortkargen, trockenen, zurückhaltenden, kurz angebundenen Mann allen Ernstes böse zu werden und mit ihm zu hadern, dass er oft so kalt am Interessantesten vorübergeht und vor lauter Geschäften und Plänen, die ihm im Kopfe herumgehen, keine Zeit findet, daran zu denken, dass er auch für Andere lebe.

Doch, wie konnt' es anders sein?

Das stete Reisen, die ewige Aufregung und Spannung, der verzehrende Geschäfteifer, die Last und Verantwortlichkeit des grossartigen Geschäftes etc. nahmen den Mann so ganz und gar in Anspruch, dass es bei ihm zu einem Eingehen auf Gegenstände, die nicht in unmittelbarer Beziehung und Zusammenhang mit dem Geschäfts- und Berufsleben stunden, unschwer kommen konnte. *Das* hat ihm den schweigsamen Character aufgedrückt und seinem Stil die lakonische Kürze verliehen. Alles ist bei diesem Manne *kurz* angelegt, selbst die *Ruhe*, die er sich nach den anstrengendsten Reisen und Berufsgeschäften, ja selbst in schweren und schmerzlichen Krankheiten gönnt! Er war zu sehr und *nur — Kaufmann*. Und darum konnten ihn, dem wir übrigens einen regen Sinn für Naturschönheit, Kunst und Religion nicht absprechen können, selbst diese seine Lieblingsneigungen nur zeitweise fesseln.

Diesen Gesichtspunkt, dünkt mich, hat man festzuhalten, wenn man das Tagebuch richtig beurtheilen will. So aufgefasst wird es uns alsdann nach Form und Inhalt als der getreueste Ausdruck des Charakters und Wesens des Schreibers erscheinen und uns das *Bild eines vollendeten Kaufmanns des beginnenden 16. Jahrhunderts* entrollen.

Um in Kürze noch einen *dritten Vorzug* des Tagebuchs hervorzuheben, so gibt uns dasselbe gelegentlich höchst beachtenswerthe und erwünschte, mitunter sogar ziemlich ausführliche Aufschlüsse über die *Cultur-* und *Sittengeschichte* seiner Zeit. —

Forscher auf diesem Gebiete der Geschichte werden es nicht unbefriedigt aus den Händen legen und in denjenigen Abschnitten desselben, die von Rems *Hochzeit*, von der *Geburt* und dem *Wesen* seiner *Kinder*, von seinen vielen und grossen *Reisen* und *Badekuren* etc. handeln, schätzenswerthe, zum Theil ganz neue Aufschlüsse finden; wie denn überhaupt diese eben bezeichneten Abschnitte des Tagebuches geeignet sind, ein allgemeines Interesse in Anspruch zu nehmen. —

Es lag nicht in meiner Absicht, alle Punkte namhaft zu machen, auf die ein näheres Eingehen in den Inhalt dieser beiden Quellen führen könnte. Es war mir, wie der Leser wohl gemerkt haben wird, vornehmlich darum zu thun, diejenigen Punkte hervorzuheben und zu betonen, die auf die frühere Geschichte der Stadt und ihren Handel Bezug haben.

Damit es aber nicht scheine, als hätte ich aus vorgefasster Meinung und von Vorurtheil befangen, des Lobes zu viel gespendet, so will ich noch darauf aufmerksam machen, dass es nicht die Geschichte allein ist, die von dem alten Ruhm und Glanz dieser Stadt so unparteiisches Zeugniss gibt. Mich dünkt, die Stadt als solche habe alles das, was ich mit gutem Rechte zu ihrem Lobe glaubte anführen zu müssen, in sich selbst verkörpert und dasselbe wie ein schönes, glänzendes Gewand sich angelegt, in dem sie noch heute prange. Ihre ganze Anlage*), ihre Strassen und Gebäude, ihr kunstvolles Wassersystem, ihre Befestigungswerke und Mauern, die vielen Denkmale der Kunst und Wissenschaft, die sie zieren, ihre trefflichen Anstalten für Bildung, Unterricht und Wohlthätigkeit, sammt der Menge reicher hiefür gemachter Stiftungen etc. sind gewiss eben so redende Zeugnisse ihrer grossen Vergangenheit, ganz dazu angethan, Jeden, der darauf achtet, mit Hochachtung und Bewunderung zu erfüllen und ihm das Geständniss abzunöthigen, dieses Augsburg sei noch heute eine Perle unter den deutschen Städten, eine herrliche Stadt.

So ist es wenigstens mir mit dieser Stadt ergangen, lange bevor ich noch etwas von ihrer ruhmreichen Geschichte wusste. —

Freilich werden derer nicht viele sein, die wie ich durch ein merkwürdiges Zusammentreffen von Umständen gleich beim ersten Eintritt in dieselbe so grossartige, unvergessliche Eindrücke empfanden und für immer mit sich hinwegnahmen. Ich muss mich darüber etwas näher erklären.

Mein erster Ausflug aus dem Elternhause in die Welt galt einem Besuche dieser Stadt. Ein vierzehnjähriger, gar nicht weltläufiger Junge, machte ich desswegen nach dem Willen der Eltern die Reise dahin unter der Obhut des Memminger Ordinari-Boten, der mir in seinem Wagen ein bescheidenes Plätzchen eingeräumt hatte.

Am Morgen des dritten Tages — es war ein schöner glänzender Frühlingsmorgen — fuhr ich, ohne erst einen Theil der Stadt berührt oder gesehen zu haben, sofort in den Hallhof ein.

*) Man nehme nur den grossen Seld'schen Plan v. J. 1521 zur Hand.

Dort ausgestiegen zeigte mir mein Begleiter, nach Osten deutend, ein Pförtlein mit den Worten: „Nun, Kleiner, brauchst du nur durch dieses kleine Thor zu gehen, dann bist du in *Augsburg.*"

Ich that's. Und, wie vom Zauber gerührt, steht das Kind der kleinen Provincialstadt inmitten der grossartigen, breiten, herrlichen *Maximilians-Strasse*.

Was mein kindlich Herz in diesem Augenblick und bei *solchem* Anblick empfunden, vermag ich heute noch nicht in Worte zu fassen. Gewiss aber war es voller noch und bewegter, als das *Sir Robert Peel's*, als er beim Anblick dieser herrlichen Strasse von der Höhe ihres Perlachthurmes in das bekannte begeisterte Lob der Stadt ausbrach.

Dies Gefühl der Ehrfurcht und Bewunderung, das ich damals empfand, hat mich seitdem nicht verlassen und befällt mich noch oft, wenn ich diese unvergleichlich schöne Strasse, mit meinen Gedanken in der Vergangenheit lebend, durchwandle.

Davon, und dass ich nachmals durch Gottes wunderbare Führung in dieser Stadt meinen Beruf, mein Lebensglück und edle theure Freunde fand, schreibt sich die Liebe her, die ich zu ihr, meiner zweiten Vaterstadt, im Herzen trage, und die mich drängt, — wo es nur immer sein kann, — ihr Lob zu mehren und auszubreiten.

Augsburg im Januar 1861.

B. Greiff,

k. Studienlehrer, Bibliothekar und Secretär des histor. Kreis-Vereins.

Register ditz blechlins.

Inhalt der Briefe und Berichte.

———

ⲟⲟⲟⲟⲟⲟⲟⲟⲟⲟⲟⲟⲟⲟⲟⲟⲟⲟⲟⲟ

Tagebuch.

† Jhus maria †

Meyn Uranher selig, *Hans Rem*, ward geboren adj 2 febr an⁰ 1340, und meyn Uranfräu, *Catarina Bechin*, ¹) achttag nach ostren an⁰ 1350, hetten hochzeit adj. p̣ marzo 1365 Jar. Gemelter mein anher verkauffett im 1357 Jar als wz er hett, und machett bey 500 gulden In als. Fong darmit an zuo handlen. Vnd an der ersten Rais gen *Venedig* verlor er an waren hinein 100 gulden. Rest leget er an, 400 gulden, damit er hie aussen wol gwan. Fuor wider hinein, und also hin und her ²). Gab gott gnad, und gros gluk, gwin. Also dz Ich erfonden hab, (sein handtschrift, welsch in verzeichnus.) dz er in den ersten 10 Jaren mit Rab, nam³) und bös schulden schaden gelitten hatt, stat post ze post ob . . . . fl. 7200.
vnd hatt 8 dochtern ausgestuirtt und Jnen zuo heyrott
guot geben . . . . „ 10800.
mer hatt er gemelten 8 dochtern nach seinem dodit
verschaft . . . . „ 7350.
und hatt ain dochter zuo *St̩. Katt̩.* ⁴) ins closter getan,
Jr geben . . . . „ 400.
Mer hatt er 4 Syn ausgestuirtt, Jetlichem 1300 fl. geben „ 5200.
Statt auch Jn gemelter seiner Verzaichnus, er habe selich 8 dochtern, 4 Sün, Jedem ain erbare forckong geben und alle mit seim gemachel ob ain Jar in seim haus und cost gehaltten. Jst dodit Jm Jar 1396. Gott gnad Jm. Und hatt Rest seins guotz, (des ain namhaffte Sum soll gwest seyn,) gemelt 4 synen verlassen. Stat nit wie vil. Darbey die gnaden und gaben gotz scheinparlich zuo erkennen sind, ain solch merglich⁵) guett mit

1

so clainem haptguot [6]) gwinnen. Wie, oder mit was waren er die gewonnen hatt, stat in gemelter verzaichnus nit, aber obstends brait und beschaidenlich. Als ich von meim vatter selig gehort hab, hatt er *die erst bomwoll* [7]) heraus gehertt und darmit selch reichtong [8]) erobertt. — —

Mein anher selig, *Lücas Rem*, ward von obstenden geporn, adj. 18 Ottbr. Sct. Lucastag 1392. Und ist verheyrot worden mit meiner anfrau *Ursel Besscrerin* zuo *Ulm*. Wan, oder Ir geburtt, find Ich nitt. Aber haben 8 dochteren und 5 sün, *Marx, Hans, Mattheus, Lücas* meyn vatter, *Gilg* bey ainander gehept. Dz erst Kind ist am obresten [9]) 1429, dz ledst adj 13 marzo 1449 geborn. Also find Ichs in verzaichnis, dz sein schwecher, mein uranher, *Hans Besscrer* [10]), gewest ist. — Gemelter mein anher ist reich gwest und hat gehandlet [11]). Aber nach seim dodit hat sein öltester sun fast übel gehaüst, hoch buolt, fast gespilt, die brieder al in gros scheden gefiertt. Al 5 und 5 dochter verheyrot. —

Mein vatter, *Lücas Rem*, ward aus vorstenden geboren an° 1438, freytag in der ersten Fastwuchen, morgens zwischen 6 und 7 Ur in Ulm. — — Mein muoter, *Magdlena*, ward geborn aus *Lucas Welser* und *Ursula Laugingerin*, a° 1457 Sontag nach der hailige trey King tag in Augspurg. —

Adj. 20 Noffbr. 1478 Freytags worden Si eelich zesamen geben [12]) und hetten mit ain ander hochtzeytt dornstag adj. 26 Novembro. —

Adj 3 Aug° 1496 vergieng mein vatter mit dodit, gantz geschikt in gott [13]). Der verleich Im und uns alen die ewig ruo. Hatt verlassen seine kinder: *Endris, Lucas, Hans, Gilg, Jörg, Madlena*. Noch ain dochter, *Kattarina*, ist vor Im dodit. Hat Uns gelassen *Riethaym* [14]), ward verkafft um 8200 gulden, seyne heysser hie, und in *Hans Vechlin* [15]) Geselschaft 4500 gulden, hausratt, silbergeschir, claynett [16]) etc. etc. Darnach hat mein muotter von Ir muotter empfangen 3500 fl. und barschaft geörbtt 1250 gulden. —

Mein Schwecher, *Jörg Echain* [17]) selig ist geborn aus *Jörg Echain* und *Clara Relingerin* adj. 11 Julio 1496 und ain aynigs Kind gwöst. — —

Mein Schwiger *Anna* selig, ist geborn aus *Hans Endorfer* und *Barbel Greslerin* adj 2 Febrer, Im 1476 Jar. — . —

Adj. 22 Novembr Jar 1497 haben Si mitainander hochzeytt geheppt. — —

Adj 12 Febr 1507 Jar starb meyn Schwecher, und gar gnach

2 Jar darnach mein Schwiger selig. Den wolle gott gnaden. Haben verlassen: *Cristoff*, *Jörg* und *Anna*, darzuo ungefar $\frac{M}{10}$ gulden [18]) wertt, haüs, barschaft etc. etc. allerlay. —

Ich bin geborn adj. 14 Decb 1481 Jar, Freytag nachtz, gleich da es XII schluog. —

Mein weib ist geboren an⁰ 1500 Jar, freytag abends zwischen 4 und 5 Ur nach Stt. Mattheistag, ist als Ich rechne adj 21 Febrer gwöst. —

Wir haben adj. ult⁰ mayo 1518 mit ainander hochzeytt gehöptt. —

Den selben tag des Mon lest quartier [19]) Mittags Im Fisch 18. —

Darauf folgt eine leere Seite, die von einem spätern Nachkommen, einem Enkelsohn, des Tagbuchschreibers also überschrieben wurde:

Lucas Remen dess III verzaichnis seines gantzen lebens, thun und lassens darob seine nachkumne ein Exempel der tugend nemen könden, damit sy sich zu Fleiss und Fürsichtigkeit gewenen, darneben sich von liederlichen unnütz ding, essen, trinken, spilen, pracht enthalten, welches leichtiglich geschicht, so sy dem anfang wehren und in nutzlichen tugentlichen sachen ir kurtzweil suochen und damit die zeit zuobringen.

Nach dieser genealogischen Einleitung beginnt das Tagebuch selbst.

✝ J h u s   m a r i a ✝

Adj. 14 decembᵒ. 1481 freytag nachtz, gleich da es XII
schluog, ward Ich *Lucas Rem* geborn. Der almechtig got durch
forbit der edlen Junckfraw gebererin Maria, ales himlisch hor
verleihen mir ain guot erlich leben, foraus ain selig endt. —

Am palmtag 1492 gong ich dz erstmal zuom hailigen Sacra-
ment; ain Jar darnach schickt mich mein vatter selig gen *Leip-
hain* zuom pfarher. Bey dem und zuo *Riethayn* wz ich bey 2 Jar,
und darfor Im 1488 Jar zuoˑ *Ulm* etlich fil monett. —

Adj. 6 Ottobrio 1494 rit Ich aus Augspurg, kam gen *Vinedig*
adj 15 ditto, fuort mich *Hans Pfister* [20]) hinein. Ward bevolchen
Hans Stebehaber, Hans Lauginger [21]). Taten mich zuo Miss *Jerᵒ
Delanave.* Der starb im Aug. Blib bey seim weib bis auf ¹/₂
Ottobrᵒ 1495. Kam Ich zu *Guido D'Angelo.* Belib bei Im bis
ostren [22]). Da kam ich zuo *Ulrich Ehinger* [23]) Trager. Da ler-
net Ich rechnen in 5¹/₂ monet gar aus. Und darnach gieng Ich
auf ain schuol, da man biecher halten [24]) lernt. Das in 3 monett
aus, schrib Jornal und Schuldbuch fol. [25]) mein öltern mer zuo
Laid, dan Si mich forkomen laussen, unlustig wassen. Hetten
bruoder *Endris, Cristoff Welser, Laucas Echain.* braucht si auch
nit. Darum Ich vetter *Antᵒ. Welser* und ander fast schrieb und
batt, mich an ander ortt zuo schicken.

Dz ward verordnet, also:

Samstag In ersten vier fastentagen 1498 rit Ich gen *May-
land* In 4 tegen, auf Padua, Vyzentz, Bern zuo, was adj 2 febr.
kam in der Compᵗ. haus zuo *Anton Lauginger* [26]). Der was in

seyner rechnong verirt, daraus Ich Im halff unds krecht fandt, des mir zuo fil gluck und fudrong [27]) halff. Belib alda bis

adj. 24 april Ritt Ich mit guoter geselschaft gen *Lion.* for [28]) *Turin, Verzel* ubern *Monsines* [29]) etc. etc.

adj. 3 may 1498 Jar kam Ich gen *Lion,* und ward *Narzis Lauginger* bevolchen [30]). Der bedorft mein und behuolt mich in der *Welser geselschaft gescheft* bey Im bis adj 27 Jünio. Schrib In Capus [31]) und die Lioner rechnong aus; und zuo andrem fil brauchet er mich.

Adj 27 Junio kam Ich zu *Piero Deburg.* belib bei Im die sprach lernen, bis adj. 19 Jullio 1499 kam Ich von Im. Um mer zuo sechen lernen [32]) adj 29 Jullio kam Ich zu *Jan Rischier*, mintzmaister. Der zoch gen Maylaudt under tresorier. Belib seyn weib mit mir last der liouer mintz. Hett fil lastz und on zal gross vertraw: —

Von 19 bis 29 Julio was Ich in der Comp̄. dienst. Und bey genantem Piero Deburg, het 3 brieder gewachsender bey Im, die al mein heren wasen, lidt mich 13 monet on Mas fil, insonder mit össen, trinken. Seyns weibs karkeyt [33]) het kain mas. Aber ain Ris bapeir wer fol zuo schreiben, der listikait wir trieben mit esendt ding und wein, wir stalen. On des hetten wir al eehalten nit kinden gedulden [34]). —

adj 13 novembro 1499 ofnett mir Narzis Lauginger, wie ich in der Generalrechnong [35]) zuo Augspurg von *Antonio Welser, Conrat Vechlin* und *geselschaft* [36]) angenomen was. Und im namen der hailigen trivaltikait, maria seyner werden muoter, aller gotz hailigen kam Ich zuo In, auf *Ant̄. Welser* dyscrizion und der Comp̄. cost und claydong — 3 Jar on belonong. — —

Von p̄. bis 14 marzo ritt Ich gen *Avingnon* ettlicher gescheft der mintz halb.

Von 10 may bis 21 Julio 1500 Jar rit Ich gen *Paris, Ruan* auf der *Schelden* und besach *Mulins, Bruges, Tors, Blos* und ander schön Stett in *Frankreich.* Tat dise 73 teg ain wunder schone kurtzweilige Rais mit guoter geselschaft und der Comp̄. nutz mit einbringen der schulden.

Da ich adj. 21 Julio gen Lion kam, fand Ich die Rechnong beschlossen [37]) und bevelch, Ich sollte die Biecher, rechnong & übernemen, als ich dan tatt. 1500.

adj 8 Ottobr.̄ ritt Ich mit guoter geselschaft von Lion ins *Alvages* auff den marokanisch Safran-anlegong, [38]) verkramet al mein gelt nit wirsch dan ander [39]) kam adj 15 Novbr̄. wider gen Lion —

adj 15 Decb°. rit Ich gen *Genff, Freiburg, Bern* rechnong
alum von unsern factoren zuo nemen [40]), und um anders, kam
adj. 13 Jener 1501 wider gen Lion. —

Adj. 17 Febr. 1501 ritt Ich von *Lion* gen *Augspürg.* Was
das erstmal. Het underwegen in fil stetten zuo schafen, dz Ich
ob 24 teg nit anhaim plib. kam wider gen Lion adj. 27 april. —

adj. 24 Julio ritt Ich gen *Jenff, Freiburg, Bern* & rechnong.
etc. zuenemen, kam adj. 10 Aug°. wider gen Lion, krank. Gieng
also an XII teg um, und ward fast schwerlich und lang krank,
dz mir die erztet das leben absagten. Hett ain hitzig pestelen-
zials fieber, dz mir in grechten fuos schlug. Ward mir geraten
den luft verkeren [41]). Also

adj. 25 Ottob°. ritt Ich gen *Bendox, Jenff* etc. etc. krank,
kam adj. 15 Nov. wider. Also

adj 19 Decbr°. rit Ich gen Sct *Antonio de Vienes*, kam adj.
23 dit°. wider gen Lion. het meins fuos zuo des fuirs grosse sorg
gehept. [42])

Adj. 31 Marzo 1502 rit Ich gen *Jenff, Freiburg, Bern.* Luod
ain grose Sum Silber zuo Jenff per Lion, under denen die bei
600 Mark Im *Rotten* [43]) versanken, dz ain besuudre plag, mir
ain unmas gros leid was.

Kam adj. 17 april gen Lion. Adj. 18 dit° fruo rit Ich gen
Sissel zuom verdorben schiff, tatt unmas fil reytens, gros arbait,
mie, tag und nacht in *Savoya* hin und her, versünckem guot ze
hilff. —

Adj. 19 May°. rit Ich gen *Augspurg.* Doch am hinaus und
gen *Lion* reitten muost Ich an all zöllen abrechnen, hett zuo
Zirch, Bern, Freyburg, Jenff fil gescheft, dz Ich an jedem ort
lang still lag. Kam adj. 23 Aug°. wider gen Lion. —

Adj. 7 Ott°. rit Ich Ins *Alvages.* Am hineinreiten stuos mich
ain fieber terzana an. Noch also krank rit Ich hinein und tatt
ain nutzliche guote anlegong mit marokan: Saffran. Ubernettet
und erarbaytet mich. Rit also und kam gen Lion krank adj. 15
Nov., wunderperlich uberpolden dz gros hertz guoter wil. die
krankayt. [44])

Adj 12 Decb°. 1502 Ritt Ich im namen gottz mit *Simon
Seytz, Scipio Leveston* gen *Saragossa* [45]), auf *Tolosa*, da wir 9
tag lagen. Und um der kriegsleff zwischen Frankreich und Spania
ritten wir durch die gebirg *Roceval* etc. etc. (Pass de Roncevalles)
durch *Navarra* auf (über) *Pampaloua*, kamen adj 7 Jener
gen *Saragossa.* Fand wir king *Philips*, der am herausreitten was.
Simon und Scipio ritten ans Spagn°. king hoff fort per *Lixbona.*

Ich plib zuo *Saragossa*, kaffet etlich seim [46]) Ortsaffran [47]), er-
fuor merley des woll handels: Was bey *Bernart Salmes* on al
mas wol, lieb gehaltten —

Adj. 13 Jener rit Ich gen *Valents*, sach die triumpflich [48])
Sct. Sebastian und sonder Sct. Vizenz proces, dz ain uberaus
schon costlich wesen ist. Hett etlich wexel gelt zuo empfachen
und verwexeln. Rit bei *Jan Buchly de Metlin* brueder *pasqual*
ein. Aber *Cesaro Bersi* nam mich mit gwalt zuo Im. Adj. 27
Jener kam Ich wider gen *Saragossa*. —

Adj. 21 April Ritt Ich aus *Saragossa* alain mit aim unbe-
chanten trabantten, kam In *Castiglia* zuo *Siria*, [49]) rit auf *Medina
del Campo* und *Salamancha*, kam in *Portugal* zu *Monfaldo* &.
und adj 8 mayo 1503 kam Ich gen *Lixbona*, zöret bei *Julian
Jocunda* bis in Septbr°., nam Ich ain aigen herlich haus an. Und
gleich den Ott°., Noff°., Decb°. ward Ich schwerlich krank am
fieber, het gros hilff und rat durch fremd, dan Ich nit ain be-
kant mensch da fand, noch auff vil dutzend ob C°. (100) meyl
het. [50]) Primo Aug°. tat wir *den vertrag mit portugal king
der armazion 3 schiff, per Indiam* [51]).

Fuorn adj 25 Marzo 1504 aus. [52])

Die on mas enxtig mie, uberflisig arbait, gros widerwertikait
mir damit gegnet, ist unerschreibenlich.

Suma for die Comp°. armirt Ich ob $\frac{M}{21}$ Cruciati [53]).

Adj. 22 May° 1505 kamen *Sct. Jeronimo*, *Sct. Raffael*, und
adj. 24 Nof. *die Lionarda*. Da meret sich erst mie, anxt undt
arbait. Sonder erhuben sich on mas fil grosse und schwere
Recht [54]), den Ich aus wartet ob 3 Jar. Und die nutzong
diser armazion gerechnet wz *bey 150 pro Cento.* [55]).

Im Julio 1505 verpflichtet Ich mich mit *Rui Mendes* [56]) & &
zu armieren. In schiff *Sct. Vizent 1800*, In *Sct° Maria Delus 1320*,
in *St. Antonio 310* Cruciati. Fuorn mit *Tristan Decunha* [57]), der
uns unmasige gwalt tatt, al drei land endeck schiket. Und ver-
darbent St. Vicent und St. Maria Deluz; doch leit, gelt und guot
kamen aus, St. Antonio lang darnach gegen Lixbona. Ward das
gelt und guot in Specerei In India angelegt, auf Portugal king
Schiff geladen a LX. pro Cento frette et dietto [58]), also dz die
verlust clain was, muosten aber mit dem king rechten, zuolest
vertragen.

Gleich um disse zeit fong der sterbent an zuo Lixbona.
Floch Ich gen *Cazilios*, *Almada*, *Lumiar*, *Sta Maria Delus*, *Cal-
valada*, an mer ort, ainige heysser, da Ich die Nacht was, aber
schier al tag in die Stat rit.

Got behiet uns! Die pestilenz XImal im haus hett, mir fil
einkaufer, megdt & & sturben. Gott durch forpitt Maria seiner
werden muetter, Sct. Sebastian und Sct. Rochus, aler gotz hay-
ligen hat mich gar wunderperlich behiet, demnach Ich mit fil
leyten genanter armazion ze ton gehept hab, und sunst mit leitten
hab miessen vermischt sein. Ob 4 Jar starb es on mas, fast
on auffhoren. —

Die zeit ich in *Portugal* was, vom 8 May 1503 bis 27 Septb.
1508, underfong ich mich on mas gros und fil hendel, mit ver-
kaufen kupfer, pley, Zinober, Kecksilber und allerlai, insonder
Flemisch gwandt⁵⁹). Und an 3 Jar kam mir aus Niderlender
England, Brettania, Ostland fil schiff mit korn zuo verkaufen. —

Ich begab mich gen *Madera, Ilhas Dazors* ⁶⁰), *Cavo Verde*⁶¹),
Barbarien ⁶²) armieren ⁶³).

In Portugal kauffet ich fast fil Specerey, und tat gros kauf-
händel mit dem king⁶⁴). Und je kauffet ich Oel, wein, helfent-
zän, bomwol. Sant etliche mal in *Argarnie,* luoss Feigen, in
Andalusia andere Früchte kaufen. Von alem daz mir fürkam
wolt ich versuochen. Trib ain grossen namhaften handel. Hett
auch fil gehilfen, stets 3. 4, ja 6 hin u. her. —

adj 27 Settemb. 1508, mitwuch, raist ich aus *Lizbona* gen
Rastel. Da fuorn wir denselben tag in aim preton: ⁶⁵) Cabarga,
Patrono *Yvan von Duron,* gen *Casgalis.* Da fuorn wir 2mal ins
mer, und um widerwind kamen wir wider ein. —

Adj primo Ottob. mittag fuorn wir mit ob 20 schiff aus.
Zenacht ward der wind wider, dz ale andre schiff zuruck fuorn,
dan. (nur) wir hielten das mer, fuorn also in *Voltas* ⁶⁶). Am 8.
Ottob. was wir zwischen *Mondego* und *Porto.* Da überfuor uns
ain bisgayer ⁶⁷) adi. 8 ditto (zu) mitternacht, doch entrann wir
ihm. Am 12 fong uns an wasser mangeln, und fuorn in Voltas
bis adj. 17 dito und 8 meyl zuruck. Adj. 17 kam ein gewünsch-
ter Südwest, und kamen adj. 18 nachts *a la Baya,* fuorn den
gantzen tag darvor, bis adj 19 nachts kam wir ins *Port a la
Coromha* ⁶⁸). —

adj. 20 Ottobr rit ich von *Coromha* gen *Compostcla* zuo dem
hailigen hern St. Jacͨ mit meim schifhern, hochpotzman und
stiurman, kam denselben aubend dar und belib bis adj. 22 dito.
fruo ⁶⁹) rit ich *a la Coromha* und kam denselben aubent dar,
fandten widerwind. Schwuouom 4 franzosen schif und wir aufs
hochst zuosammen, den Seeraber *Mondragon* zuo suchen und In
angreyfen ⁷⁰).

adj 23 dito fuor wir aus *Coromha* aubens fast spat mit

guotem wind. Nach mitnacht kam ain torment sturmwind an uns, und ward so finster, dz wir ale schiff, ains vom andern verloren. Fuorn bis adj. 29 ditto, kam wir in *Bretania*. Zwischen *Ilha de Bas* und *Tarascon* (sic) landt de *St. Paul*. Da plib ich bei *Gilien Martin* [71]) den 29. 30. 31.

adj. 1 Novebr. fuor wir gen *Raschon*. Ist ain fein closter, zeigt man ein finger, sagend *St. Johans finger* sey. Am wider farn het wir on mas gros wind. Wasen fil felsen — wir in aim barel [72]), und in gross sorgen. —

adj 2 Novemb. fuorn wir aus *Bretania* mit andren 2 Schiff, kamen vor *Tunes* [73]) in Engelandt adj. 5 dito spat. Warfen anker, um dz fast finster und gros wind was. Ich sach aber das landt. Nach mitnacht ward der wind so heftig, dz die anker nit huolten und muosten gweling [74]) farn mit sturmwind und so gar finster, daz wir kain mark der benk [75]) sachen, noch pilotto zuo uns kamen. Adi. 6 dito am morgen um 8 ur sties wir auf ein bank, daz wir uns al des leben verwagen hetten. Aber got und Sct. Lenhart, des tag es was [76]), halfen uns, daz wir mit unmasigem gros wind denselben aubend gen *Armua* in *Seland* kamen. —

Adi 7 ditto zoch ich gen *Mittelburg*, adi 8 dito gen der *Fer* und gleich wider gen *Mittelburg*, adi 9 gen *Bergen*, und

adj 10 dito spatt kam ich gen *Antorff* [77]). — Allda und zuo *Bergen* im kalten markt hin und her, um zuo lernen sechen, plib ich bis

adj. 26 Decembr. (Dann) rit ich aus *Antorff* mit 4 guoten gesellen auf *Cöln*, *Mentz*, *Speir*, *Ulm* zuo, und kam gen *Augspurg* adj. 12 Jener 1509 zwischen 3 und 4 Ur mit gros freden.

adj. 17 Jenner ich gen *Sant Lenhart*, [78]) gong zuo fuos, kam adi 19 wider.

adj. 23 dito rit ich gen *Dillingen*, (und) kam adj. 24 dito wider gen *Augspurg*. Luossen mich mein herren hie umgan, gleich wol erlieben [79]) mit mein frainten. Bis auf 19 Merz tat ich mein erste pflicht und aydt, mit vertresten und verwenen [80]), mich nit mer in portugal ze schicken. —

adj. 24 Marzo 1509, mittag, rit Ich von Augspurg auf *Botzen* zuo, plib ich 1 Tag.

adj. 2 April kam ich gen *Vinedig*, und adj 4 dito zoch ich gen *Padua*, plib bei meim bruoder, *maister Gily* [81]), bis 11 April, fuor ich gen Vinedig.

adi 13 april, fruo, raist ich aus Vinedig gen *Maisters* [82]), da meine ros standen. Zuo *Vinedig*, *Padua* und *Terfis*, underwegen zuo *Trient*, underluos Ich kain schön gepey, furaus kirchen zuo

besechen, raist auch in die nachin um [63]), als *Monterdon* & &.
Hat des ain sondre grosse fredt, zuo sechen und zuo erfahren. —

adj 18 dito kam ich gen *Loretto*, da unser liebe fraw so
gnadig und on al zal wunderperlich zaichnett [64]), ain köstlich
gepey ist, blib 2 teg. —

adi. 24 dito kam ich gen *Rom*, mit meim bruoder, Doctor
Gilg, und (hatten) gross mie, fil anstös, widerwertikait. Denn
ober des Papst gegend der Venediger kriegsleyt mächtig lagen,
wir durch Ir hör muosten reytten. Plib 10 teg zuo Rom, zerend
mein geld [65]), bei her *Cristoff Welser* [66]), der mir unmasige guote
geselschaft huolt, des Papst weissen palast, sonder al kirchen
haltong [67]) alte und niu gepey sechen machet [68]). Het anderes
auch nit ze schaffen, dan am sechen grose kurtzweil. —

adj. 8 May rit ich gen *Civitavechia*. Da satzt ich mich in
ain franzosische galion, St. Bonaventura. Patron *Jan Catelan.* —

adj. 11 fuor wir vor *Genoa*, dz ich die stat berayt sach.
Wolt uns ain Caravel den Comerzio gen Genoa gweltigen [69]).
Schossen flux zuosamen, erwortten uns Ir, und kamen adi 12
dito, fruo, gen *Savona*. Plib alda bis adj. 15 dito, um dz wider-
wind was. Kamen adj. 17 dito, unsers hern fronliechnams tag,
in porto *Vila francha*, gongen gen *Niza*. Was steter widerwind,
ich des farens miedt. Also

adj. 19 dito, fruo, nam ich ain barel, fuor gen *Canas*, nam
ain Ros, rit denselben tag gen *Grassa*. —

adj 21 dito kam ich gen *Sanct Maximin*, da man *Scta Maria
Magdlena* hapthar, ain wunderperliche bix, ander fil und gros
haltong und gar fil kostlichkait zaigt.

adj. 22 dito, kam ich ala *Sta. Bauma*. Ist ain wunder hoch
gepey, kirchlin mit etlichen münch. Ist, da Sta. Maria Magdlena
gepiest hat, schön andechtig zuo sechen. —

adj. 22 May°. aubends kam ich gen *Marsiglia* [90]), ain gar
herliche Stat. *Da* zaigt man Sct. *Andreas*, sonder *Sct. Lasarus*
haptt in aim fast köstlichen, gantz gulden, mit fil stain ziertem
stuck, und ander fil haltong. —

adj 23. und 24 kam ich gen *Assat*, zaigt man *Sct. Anna*
haptt und ander gepayn, und sonst fil haltong. —

adj. 25 kam ich gen *Tarascon*, zaigt man *Scta Martha*, und
nachtz gen Sant Ant°. *d' Arles*.

adj. 26. ditto rit ich gen *Scta Maria Salamone* und *Jacobi*.

adj. 28 May°. mitags kam ich gen *Avingnon*, ritt am 29
dito alda aus.

adj. 1 Junio kam ich gen *Lion*. Da fand ich heftig brief,

Ich sollte per mar oder per terra gen *Lixbona, Madera, Palma*
raissen, des Ich mich widert[91]), um des verwenen der Compagnia,
und aigentlich zuo sagen Antonio Welsers, mich nicht mer In
Portugal senden wollten. Was un mas entrist[92]) Irs unerberns
begerens. Schrib Inen gnuog scharpf.

adi. 9 Junio, mittags, ritt Ich von *Lion* auf *Mulins, Bruges,
Orliens.*

adi. 17. dito kam ich gen *Paris.* Da plib ich 2 teg, ritt fort
auff *Valencianisch*[93]), da die schon lustig kirch, ain mechtige
hipsche Stat ist; zaigt man *Sct. Johannes taufers* haptt —
Brissel etc. etc. zuo.

adi. 23 dito kam ich gen *Antorff.* Fand alda *Conrat Imhoff,
Ulrico Honolt, Bartolomeo Welser*[94]), und scharpff brieff von der
geselschaft, dz ich gen *Lixbona, Ilhas de Madera, Palma raysset,*
des Ich mich fast wörett und der Welser Comp. ungestalt schrib. —
Ward mir Ir antwurt, dz Ich rayssen solt, bei meim aid ermant,
von den Iren darin starck angehaltten, dz anfang ernstlich un-
wilens was, daz Si mir so fest verstreten[95]) und zuosagen nit
halten woltten, ain solche rais beim Ayd an muotten. —

adi 16 Julio, mitags, fuor ich von *Antorff* aus mit grossem
unwillen, ungern, gen *Bergen*, kam adi 17 gen *Mittelburg.* Adi
19 fuor Ich gen *Bruck*, um dieselb furstlich stat ze sechen, kam
adi 22 wider gen *Mittelburg*, was mir der wind wider. Fuor
adi. 23 dito spaut gen *Flisingen.*

adi 25 Julio 1509, an Sant Jacobstag, fast fruo, fuor ich im
namen gotz von *Flisingen in Seeland* aus in ainem bisgayer nave,
Otho a Dareunda[96]), mit allerlay und schlecht windt; hetten aber
ain forder guot schiff[97]).

Fuorn also bis adj 2 Augusto; sach wir *Galisia*, und war
der windt ganz sudwest, dz wir mit Marter adj. 3 Aug. gen
Ferreria[98]), bey *Scta. Martha* kamen, ad. 4. gen *Vivero.* Da
plib ich, und unmas ungern, auf windt wartend bis adi. 12 dito.
was nur 12 meyl von *Sant Jacob*, und dorft nit dar raissen, sor-
gend etwaz versaumen. —

adi. 12 dito fuor wir fortter (weiter.) und kamen mit dem
schiff gen *Rastel*, und Ich gen *Lixbona* adj. 15 Aug. vesperzeit.

Adi. 24. 25 26 rit ich gen *Sintra*, an *portugal king hoff.*
Het merlay hendel[99]), bis

adi 8 Septembrio, an unser liben frawen tag nach der mös[100])
fuor Ich aus *Lixbona* in *Gabriel Alfonso* schiff gen *Ilha de Ma-
dera.* Da kam ich hin adi 13½ dito. Und um daz es zuo Lix-
bona starb, ward wir in degredo[101]) gelegt a *capo Sancto.* Da

handelt ich mit der *Welser Factor* [102]) von weittem, fraget und erfuor allerlay, befalch was mich nott daucht. —

adi. 17 Sept, nachtz, fuor ich in aim Castiglanischen Caravel mit *Hans Egelhoff, Jacob Holtsbock, Bartolme Kelli* (= Keller) und ander fil arbaiter, maister und diener, aus gemelter insel *Madera,* und kam gen *Ilha de Palma de Canarias* for porro [103]) adi 21 Septbro nachtz und plib alda.

Adi. 25 fruo rit wir gen *Tara Cortt*, (Tassacorte.) das verfluocht land genanter *Egelhoff* unsser geselschaft kafft het. [104])

Plib ich bis am 30 Septbro. Da solt ich lang pliben sein, gros (und) vil gut ordnung tan haben. Aber ich erfandt, daz got geb [105]), waz ich befelch nach meim abschid nit folstreckt wurd. Zuom wasserleiten, land bauen, etlich Jar gehoret, die ich nit pleiben wolt, gleich eylett, bei tag das land, leit, fich, die gantz nacht rechnongen (und) biecher besach, on al ruo. Eylet on mas, um den winter aus den Insseln zuo komen. Liess *Hans Egelhoff Obersten* mit sonst fil leiten dar. —

adi. 2 Ottobrio 1509, nachtz, fuor ich aus *Ilha de Palma,* von Porro aus, in *Bartolomeo Basadoni* schiff mit Jacob *Holtzbock.* Kamen adi 9 in der nacht gen Ilha de *Madera,* adi 10 dito, fruo, ans land gen Fonschal [106]). Da fand ich *Leo Ravespurger, Hans Schmid* [107]), in unser geselschaft haus ain erbermlichs Regement, unerbers wesen. Setzt *Jacomo* [108]) und *mich* uber die Conti, het tag noch nacht ruo noch frid, tatt boest ich vermocht, verordnet al ding, boest ich mocht. Luos *Holtzbock Obersten, Leo* und *Hans* under Im. Machet fil lang, gros protest, requirement widern Capitan und Contador, gross unrecht, hell gwalt si uns tatten.

adi 22 Ottobₒ het ich ain gros alermo und aufgleff for *Machiquo* [109]). Doch was ich also befraint, daz ich 3 nave mit al Irem volck, geschitz & & gantz mein hett Mich an edlen, um ain kamer si mir erbrachen, mein knechten schmechwort sagtten, wol rach, gros eer gwan — einleget. [110])

adi. 25 dito, fuor ich fast fruo aus porto de Machiquo in aim clain barinel [111]), und obstend edel, mein feind, al mit mir. Aber al schifleyt het Ich auf meiner seytten, daz ich Si nit forcht, frid mit In machet. Und adi ultimo Ottob. kam wir mit heftigem sturmwind for *Lixbona,* und was so gar dunkel im einfahren, daz wir unsers lebens besorgten, dan das land nit sachen, noch sechen nit konten, bis wir im port for *Casgalis* wasen. —

Um dz es zuo Lixbona noch starb, wolt ich nit in die stat, und rit in unsser haus *Alavalada,* kam doch altag for die stat, tatt und handlet, anordnet mit meim brueder *Hans*, der unser *Oberster* in Lixbona was, boest Ichs verstund.

Wasen meist mein hendel [112]), rechten widern king der armazion d' India, librong etlich zucker, und die gehederischen (sic) recht [113]) von Madera, Ilhas d'Azores etc. etc., das alles fil und schwer hendel wasen, sonder betriept laidig sachen. —

An Scta. Cattarina tag wolt Ich von Alvalada gen Sct. Cattarina reitten und fuol mir mein ros am kraden berg ab [114]). fuol das ros auf'n rucken, den satel zuo sticklin — überschluog sich. Ich kam wunderperlich darvon, on al laid. Also mag ich sagen, ditz tag erst niu geporn sey.

Adi 5 Decemb zoch Ich gen *Almerin* und *Sct. Erren*, da portugal king hoff huolt. Fast vilerlay gescheft ich da hett, Rechtten und anders halb. Belib also am hoff an baiden ortten, jetz da, dan dort, und het ain fast überaus gnedigen, gunstigen king, so vil, daz ich den mertayl der zeit, altag — die nachmittag er allain bei der küngin ist — bey In seyn muost. Kamen auch schiff aus India, und forgett [115]) ain armada per India ab. — Bey und in den Retten [116]) er mich oft berieffet, on mas gros liebe erzaiget. [117])

Adi 4 Febr. 1510 zog ich von dar. *Im urlaub nemen lüos der king die Kunigin und al sein kindt mit fil köstlichkait in sein kamer kommen, 4 sun und 2 dochtern in ordnung. küsset Inen alen die hendt, und nam mein abschid, Inen mein brueder Hans hoch befelchendt.*

adi. 5 febr. 1510, nachtz, kam ich gen Lixbona, von dar ich auch fast eylett, mein brueder Obersten, mit *Gabriel Steidlin, Jacob Ott* &. &. luos. —

Starb zuo Lixbona uns *Wolff Vetter*, — darum Ich in der Comp[t] haus nit kam.

adi 20 Marzo 1510 ritt ich von Lixbona mit Vetter *Ulrich Ehinger* und *Felix Rem*. Kam adi 21 gen *Sct. Erren*, luos mich oder mein dienst dem king ansagen.

Kam gen *Elvos*, frontiera de portugal [118]), mittags, adi 25 dito, in Castiglia gen *Badagos* zuo nacht, und gen unsser lieben frau *de Aguadelupe* adi 28 Marzo vesper zeit, am grienen dornstag [119]). Dz ist das reichest, bas geordnest Closter, fil meyl von steten und dörfer [120]), das al antwerk [121]) selber, ob tausend person, hat. Ubergros wunderzaichen da geschehen etc. etc., dergleich in der welt nit. — Ich war Domino Valdera, meines wirts, compadre [122]). Beichtet † fray.. Y[o]. de Sevilia [123]). (Wir) bliben da, — dz wir drey [124]) nit schayden mochten, dan wir uns da in drey weg tailten[125]), — bis adj. 3 April, mitwoch nach Ostern, und kam gen *Madrit*, da des Spagina king hoff was, adi 7 ditto, fruo. Don fernando was ain tag darvor In *Aragon* geraist; aber da [126]) was el Infante, *Don Fernando*, mit dem ich redet, fil fil conversieret, hand kusset. was el Delantado de las Canarias, Castiglia oberst kricht, G°. feruandez dar. Ich het mit Delantado ze ton, bis adj 9 April

Adi. 12 April kam ich gen *Medina Celi*, da was Spagina king. Rit mit Im und kam adj. 15 April gen *Saragossa*. Da was *Hans Völlin*[127]). Blib bei Im, wasen guoter ding.

adj 22 April rit ich von Saragossa, kam gen *Fraya*, frontiera d'Aragon. —

adi 24 April 1510 gen *Alquras Lerida* in Catalonien, und adi 26 dito gen unsser fraw de *Monserat*. Daz ist ain uberlobliche kirchfart, ain Closter, auf ainem hochen berg. Vil heremiten [128]) noch höcher. (als das closter.) geschechen on Mas grose wunderzaichen. Ein löbliche kirchfart. [129])

adi 27 nachtz kam ich gen *Barsalona* [130]), und

adi 1 May°. gen *Perpignan*, adi 2 gen Salssas, end [131]) Spanias — kam in Frankreich, ins *Languedoc*, gen *Narbona, Mompellier, Nimis*, da das alt gebey *Colosco* ist, a *Ponte Stt. Espirit*, adj 7 auf die gros *Lioner stras*. Adi. 9 fruo, gen *Viena*, da eben ain unmas fast costlich spil, Christi Passion, was.

Denselben aubendt kam ich gen *Lion*. Da fand ich *Antonio Welser* jung [132]), und *Hans Hausner*. Muost die aus dem haus. Ich forcht Unratz. Darnach ruoet ich etlich teg.

adi 15. may, mitag, rit ich von Lion Gen *Sct. Glaudio* [133]) kam ich adj. 17 dito. Rit auf *Genf, Freiburg, Bern, Costnitz, Lindau, Memmingen*, und kam

adi 30 May, an unsers hern fronleichnamstag aubends gen *Augspurg*. Gott hab lob! Ain weitte, schwere, grose Rais vollbracht! —

Gleich handletten wir In meins brueders *Endris* heyrott. Bei des beschlus hochzeit Ich plib bis am tag nach dem nachhoff [134]). adi 8 Aug°. rit ich von Augsburg. solt eilends gen Lion reitten. Kam gen *Ravespurg* adi. 9 dito, fast krank am gerechten fuos. Adi 12 dito erlahmt ich [135]) ganz und gar an al mein glider und leib. Ward je krank, je nit. (Die krankhait) fuor hin und her. lidt unseglich gros schmertzen und leyden. Gab got eben ain wunderperlich glück, (dass) ich alda krank wardt. Dan da was *Doctor Mathaeus*, der beremptest arzt disser lender. Der tatt gros fleis mit purgieren, cristiren — unglaplich — und laussen [136]), und zuoletzt schwitzen on mas. Bracht mich [137]), daz nur haut und bain an mir, gar kein fleisch, bluot was.

adi 5 Septbr. gong ich das erstmal aus. Wolt nit lenger pleiben. und

adi 12 Sept. rit ich von Ravespurg auf meim lieben und so guoten zelter [138]). Kam adi 16 Sept gen augspurg, schwach, und plib also hie, mit hilf (und) rat aller fraindt, ertzet [139]), um mir wider zuo leib und stärk helfen. —

adi 18 Marzo 1511 rit ich gen Ulm, zuo *Doctor Stocker*, und gen Ravespurg, zuo *Doctor Mathaeus*, um raut [140]), wie, oder wo baden, und kam adi 24 wider gen Augspurg. —

adi 15 mayo 1511 rit ich gen *Pfeffers* ins bad. Kam dar adi 20, und schicket mein lieb guot ros gen *Feldkirch*, an Jac⁰ Zoller, wirt.

Ich badet 4. 6. 8. 7. 5. 7. 7. 8. 7. 7. 8 9. 11. 8. 9. 5. 6. 4. 1 Stund, summa 127 stundt, mertail niechter am morgen. Schluog adi 30. 31 aus. Da badet ich die nacht 1. 1. 3 stundt. Schrepfet mir adi 23. 31 may — huolt mich onmas ordenlich nach meim Regement, — dan mir frauen nit [141]). —

adi 9 Junio raist ich von Pfeffers, kam 13 dito gen Memmingen auf *Conrad Vöhlin* selig Besingknus. [142])

·adi. 15 Junio gen Augspurg. —

Da wolten mich meine heren nun gen *Saragossa* haben. Des sperret ich mich ernstlich, wolt kainswegs raysen. Und focht fast mit gros fleis, um mein bruder *Hans* von Lixbona ledigen, das spred von stat gieng, undt der ander unwil was, zwischen der compan⁰ und mein. [143])

adi. 22. Junio rit ich aus Augspurg auf *Memmingen, Lindau, Costnitz. Bada, Bern*, und kam 29 nach *Freyburg*. (Da) half Ich Ir rechnong beschliessen, darin Si gar verwirt wassen. Plib 4 tag dar, tag und nacht im werk.

Ritt auf *Genf*, kam gen *Lion* adi 7 Julio. Uebernam ich *Hans Vöhlins* Rechnong, forget In heraus: [144]) Dar (um) und um die Rechnong gegrindt (grundlich) in die General-Rechnong zehaben ward Ich hinein gesant. —

ad. 2. Aug⁰. rit ich aus Lion auf *Mulins, Paris*. Da ,plib ich 6 tag, ritt fort gen *Bruck*, und kam gen *Antorff*

adi 18 Aug⁰. 1511 übernam ich die Bücher, rechnong, mit last all andrer hendel; het alain *Conrat Imhoff* ein zeit zuo hilf. Raysset in die merkt gen *Mittelburg, Bergen* in al merkt, auf etlich zalongen gen *Brück*, und gar oft an hof gen *Brissel, Mecheln*, je [145]) *Löven*. Plib also [146]) in *Brabant*

XVII monet. In der zeit verluoff sich, dz die Comp*. mein bruoder
Hans gen *Palma* haben wollt. Daruber verluof sich ungeschaf,
unfraintlich, wild schriften zwischen mir und der Comp*. Doch ich
errott In, und kam heraus. Copia aller schriften, auch wie er
gen Saragossa muost, wie fast wirs worten und dafür baten, sind
bei einander gebonden und wol behalten. (Das) alles machet
grossen unlust. —

ad. 30 Decbro 1512 rit ich aus *Antorff*, auf *Mechel, Löven,
Namu, Mars Bastuan, Arles, Metz, Nansse,* — (da hertzog *Lutring-
en* daz hipsch haus hat, *Sct Nicolo,* (ein) herrlich bau —)
Schermek, Strasburg, Raistet [147]), *Pfortzen* [148]), *Eslingen, Ulm,*
(und) kam adi 18 Jenner 1513, aftermontag gen *Augspurg*. —

adi. 8 Marzo 1513 rit ich im glait von *Augspurg* [149]), kam
adi 15 nach *Frankfurt*. Da plib ich, der Comp*. das boest ver-
helfendt, bis adi 29. Dan rit ich mit dem hertzog von *Braun-
schweig,* kamen gen *Cöln* adj. primo April und pliben bis zum
4 april. (Dann) rit wir von dar, und kam gen Anttorff adi
8 april. Rit gleich gen *Bergen, Mittelburg* und sunst im land,
an hoff, hin und her. —

adi. 15. Aug°. rit ich aus Anttorff gen *Bruck*, von dar in das
englisch hör [150]), darbey kaiserl. Majestät was mit unseglichem
gross gwalt und folck. etc.

Ich lag zuo *Ayre* 4 teg, rit altag ins hör und sach al ding
fast wol. *Teranana* was gewunen, ain clain aber unmas starck
stetlin, zelet 88 starck türn, 7 mächtige polwerk, im graben 3 tor.
Ward als [151]) abgeworfen mit unmas gros gros costen.

Rit adj. 3 Sept. gen *St. Omer*, da das schon closter ist. Rit
gen *Graflingen*, kam gen *Calix* [152]) adj. 4. Da kaufet ich etlich
serpelier [153]) englisch woll. Um es starb, eylett ich von dar. Adi
7 ritt auf *Denkirch, Niuportt, Bruck,* kam gen *Antorff* adi 12
Settbro. —

Die weil (ich abwesend war) hett *Antonio Welser*, jung, übel
haus gehalten. ℞ 734. β 7. g°. 10 vls [154]) verspilt, dazuo die
bezalong. Ward Im fil Jar in der Generalrechnong gegeben [155]).

adi 3 May 1514 ritt ich aus Antorff mit der jungen *Kunigin
von Ungern* auf *Tricht, Auch, Cöln, Mentz, Ulm* etc. etc. zuo, und
kam adi 20 dito gen Augspurg. Und was in meinem vertrag der
Comp*. nit verpflicht. Aber mein bruoder *Endris* het sich leich-
fertig bereden laussen, tat unrechtlich an uns. Ich handlet fil
mit *Bartolmeo Rem*, sein und uns brieder zesamen verbinden [156]).
Er wolt aber nit recht daran, erfand In wanckel und fortailig. —

adi 5. Junio rit ich gen *Dilingen*, und adi 6 gen *Kötz* zuo

2

D: *Wolff* [157]). Da kam Bartolmeo Rem [158]) auch, aber unstet, on beschlus. —

Da warb ich durch *Laucas Ehinger* an die von *Ulm*, *Riethain* ze kafen. Legt In (den Ulmern) 10000 fl. darauf mit alen fischerey gerechtikait.

Het mich mein bruoder *Endris*, um er sich der Comp: verpflicht het, uber zuo schreiben es on mich nit ton welen, entrist, daz ich vom handel laussen wolt [159]). Wolt mir aber mein Anschlag mit *Bartolomeo Rem*, noch *Riethain* nit gann [160]). Also (deswegen)

adi 14 Junio 1514 verpflichtet ich mich wider zuo *Welser Comp:*, doch muosten si mir ain stim geben, des si sich lang widerten, firchtend, Ir bieberey dest minder nach Irem wilen bringen mochtten [161]). (Aber Si mochtten nit bas.)

adi 23. Junio ritt ich aus Augspurg gestrackts (an einem fort) auf *Ulm*, *Mentz*, *Cöln* etc. und kam gen *Antorff* adi. 7 Julio 1514. Muost die Cassa haben, darzuo al hendel verwalten, in die Merkt raysen etc. wie for. (wie früher)

adi. 6. Ottob. 1515 ritt ich aus Antorff gen *Brüssel*. Adi 7 dito fruo rit ich alda aus auf der post, und rit 5. 3. 4. 3. 4. 4 posten, (und) in 6 tagen gen Augsburg, dan ich adi 13 dito fruoer, dan ich zuo Antorff fruo ausritt, kam. —

Im November fong die Comp: an zuo rechnen, aber nach *langem* und fast vil weren, (sehr ungern) über das ich saget weiter wolt, [162a]) muost ich weg, [162b]) des alten unwilen erinnert [163]).

adi 4 December nachtz rit Ich aus *Augspurg* auf der post. Dieselbe nacht nur 1, darnach 3. 3. 3. 3. 5. 2. 3 posten. Kam gen *Brussel* adi. 11 und adj. 12 decbr. mittags gen *Antorff*. Het von der geselschaft zuosagen, wan ich wolt, oder begeret, welten si mir gen Augspurg wider erlauben. Tat also aber dz triuest und böst in Iren hendlen, rayset in al merkt.

adi 9 April nachtz ward Ich erstmal an meim gerechten fuos krank, daz ich den morgen 10 dito nit gaun (gehen) kont. was geschwollen und het kein Wee dran [164]), und adi 2 Augo, fast fruo, ward mir am glincken fuos fast wee und mir geschwolen. Adi 9 Jener 1518 das erst mal in lenden. Got wol es bessern, mir entfieren durch furbitt Maria und aller Hayligen.

adi. 27 Ottobrio rit ich aus Antorff, und mit kais: Majest. botschaft aus England auf *Brissel*, *Nama*, *Bastnau*, *Trier*, *Strasburg*, *Ulm* etc. und kam gen Augspurg adj. 13 Novbr. 1517 spatt.

Erfand, daz *Antonio Welser und geselschaft* Ir General-Rechnong 8 tag darvor beschlossen, tag, fil von der nacht gesessen,

onmas fast geeilt hetten, untriulich, gefarlich und unerber, al
ding ring angeschlagen, um dz Si al gelt mit ¹/₃ abkünden,
Jacobo Welser und fil ander urlauben wolten. Hetten den Schul-
den durchaus 10 pro Cento a Kapo (de Ano?) ¹⁶⁵) abrochen, fil
guot bös gmacht, schentlich hendel darin geiept. (geübt.) Also
auf 17 Nov. verwis und zaiget ich gar drutzig und aigentlich
an — wz *Antonio & Bartolomeo Welser, Peter & Hans Hainzel,
Narcis Lauginger, Simon Seitz, Hans Vöhlin* — verwis Inen Ir
misdat, zaigetz In mit der kreidt, redt In an Ir eer, luos Inen
nichtz dahinten, treet ihnen ich wiste ales, des ich Si zich, be-
ziugen ¹⁶⁶) mit Iren selbs schrifften, als: Si hetten mir verboten,
Piper unter 26¹/₂ g°. nit geben, (des wir zuo Antorff vil hundert
säck hetten) und den um 22 g°. angeschlagen. Wisendt ich (Ich
zaigte ihnen dass ich) ob hundert säck per 26¹/₄ g°. Jars frist
um Ir selb Schuldbrief verkauft hett. Auch hetten Si in fil brie-
fen gen Lixbona bevolchen, piper um 26¹/₄ + (Cruciati) bar kau-
fen, das gelt ee zuo wexel aufnehmen, und Si hetten etlich hun-
dert Säck alda kaft und per Rest (und noch liegen) den Si um 24 +
angeschlagen, dero denoch fil zuo Antorff, Aquamorte ankomen
wasen, und dergleich bösse, unerliche stuck fast vil, unverschämpt,
wie ich denn gar aigentlich ales, was sich vom 13 Novb. 1517
bis adi 9 April 1518 (verloffen) auf 12 bogen papeir uberschrie-
ben und verzaichnet, und auch darbey hab gebonden Copia des
anschlags, so *Ulrich Honolt* und ich Inen adi 22 Ottobrio beschaid
über Antorffer rechnong schicket, auch (was) ich adi 12 Ottob.
meim bruoder schrib, und etlich Ir brief, auch beschaid über die
Lixboner Rechnong, und Spagnia Seg°. ¹⁶⁷), darin sich grosse ge-
far, verfortailen, dero von Ine komen, erfint. Dan Si iren parttitor,
der ob (über) 400,000 fl. was, fil under 100,000 fl. bracht, und
hond (haben) In ¹⁶⁸) auf künftige Rechnong ain merklich grossen
firrat (Vorrath) behalten, wie mir *Jac°. Welser* saget. Also mochtz
der weltt nennen, uns geselschaftern abgerapt, (abgeraubt) den au-
dern abgestolen. —

Ir antwurt was, Si hetten nit geirrt, noch nichtz vergessen,
redlich mit der merern stimm die anschläg getan, darbey wurd
und miest es beleiben. — Darauf bat ich Si um vrlaub. — ¹⁶⁹)

Die schmechwort litten Si, aber kainswegs wolten Si mir
vrlaub geben. Verkertten an der erst hertte mit grossen tree-
wortten ¹⁷⁰) — darnach fraintschaft und fil auch mengerlei bit-
tens, zuom letsten fil und gross lon und fürlegong, mir fil als
dem aler maister alzeit ton, vnd meins bruoders *Hans* partitta
In mich stellen, mit *Endris* vertragen.

Aber kainswegs wolt ich bey diser vnerberkait bleiben etc. Verluof sich onmas fast fil geschickt und ungeschickt reden darzuo, das Ich mein bruoder *Hans* mit so fast fil schriften und hart vermocht — Si In nit urlaupten aber verschickten, doch gen *Genoa, Vinedig, Florentz, Rom* vom 11 Decbr. 1516 bis adi 2 April 1518 auf sein selb beclaydong und Si mir unverschempt schriben, Ich solt auf mein wacknuss herauf reytten, gepar überschwencklichen grossen unwillen.

Dan alweg je und je nam ich mich bruoder *Hans* hocher geflisner, dan mein selb sachen an, mit stellong seiner partitti etc.

Daz hab Ich zuom tail for ursach anzaigt, daz wir urlaub haben, kainswegs pleiben wellen. —

adi. 24 Decembrio 1517, dornstag am Weihenecht aubend, über ales fast fil und mengerley verlafens, anhaltens und bitten, ward *Ich,* auch mein bruoder *Endris* von *Antonio Welser und geselschaft* unssers verpflichts, ayds und dienst erlassen und gutig geurlaptt — und darnach adi 9 April 1518, bruoder *Hans* dergleichen. —

Auf die lest alles mit fraintlichen und gütigen worten, mit lieb und Erzaigen guotes wilen, erpietten, ain tail dem andern alzeitt lieb und dienst ze ton, (Im handel,) aber In der fraintschaft etc. nit geschieden seyn.

Ward unsser abschid, und Ich von Inen frey. Muost Si quitiren, gros und fil nachgeben leiden, in meiner quitong bekennen, des nit ist noch war was — dan mir *Bartol⁰. Welser* treet (drohet) mir tails meins guots legnen (abläugnen). Und um mit Inen nit in Recht wachsen, quittirt ich Si. Dan mir kainer von 6 geselschafter, die auch erst jetz von Inen komen wassen, beistand ton woltt. — (Ich) Hoffet noch trawett auch kein recht, hie, noch bey kaiserl. Maj gericht erlangen, und ward mir von Jederman geratten, das mein fridlich ze nemen. Bran doch inbrinstig, mit Inen zuo rechten, sonder meiner quittong halb, und die warheit an tag ze bringen. Aber von al mein frainden und guotz ginern ward es mir wideratten. Dan Si ain anspruch hetten, mich noch 2 Jar mügen behalten — und wo Si recht und frumiklich gehandlet, das Ir so gar nit umkert, — hetten Si des recht gehapt etc.

Als ich dan al verloffen wort und hendel gar nach der leng auf foranzaigt 12 bogen papeir geschriben und wol verwart hab: —

Also bin ich gemelter geselschaft vom 13 Novbro 1499 bis

adi 24 Decbro 1517 in Irem verpflicht, costen und lon gewest
— ist 18 Jar, 1 Monet, 12 teg — *nach meim verdienst aufs
übelst belont* [171]).

---

adi 10 April 1518 ritt Ich aus Augspurg gen *Wördt, Mon-
heim, Weyseburg, Rott* etc., kam adi 12 gen *Nierenperg*.
Ritt bei Vetter *Jacob Welser* ein, der mir gros lieb, eer, dienst
bewis. Ich sach das Haltong und triumpf derselben zeytt, [172])
ritt von dar adj. 19, kam gen Augspurg adi. 21 dito.

Adi 17 Mayo 1518. Im namen der hailigen ungetailten tri-
valtikeit nam Ich mein weib, Junkfraw *Anna Ochainin* — und
adi ultimo dito hetten wir hochzeit. Gott verleich ain guoten
anfang, bössers mittel, alerboestz end, durch fürbitt der edelsten
Junckfraw Maria und als (alles) himlisch hor (heer).

In der namen machet ich auch mit mein briedern: *Endris,
Hans, Ulrich Hunolt, Jery Meiting* geselschaft. Die fong
adi p̣ᵒ Settbro an.

adi 23 und 24 Junio rit ich mit *Ulrich Ehinger* gen *Köts*
zu *Dᵣ. Wolff* (Rem).

ad. 28. 29 Agosto ritt ich gen Sct Lienhartt und wider haim.

adi 14 Settembro ritt ich uff *Ulm, Faihingen, Pfortzen,
Strasburg, St. Nicolo Port, Metz* durch *Ardennas* [173]), *Pastuan* [174]),
Nama [175]), *Brissel*, kam adi 1 Ottobrio morgens gen *Antorff*. Da
ritt ich bey Juan Gabriel *Bongarten* [176]) ein, der mich on al mas
wol, erlich, wolfail huolt. Den monet December und theils Jenner
1519 was ich fil zu Bergen, ritt oft hin und her, zuo und ab. —

adi 19 Jenner 1519 ritt ich aus *Antorff* mit den posten zuo
post uff *Brissel, Bastuan* & zuo. Ritt altag 2 Posten bis gen
Strasburg. Da vernam ich Kayser *Maximilians* abgang (Tod)
und wie *hertzog von Wirtenberg* for *Reitlingen* lag. Was betriept,
doch wagt Ichs im namen gots, ritt wir K. *Carolus* Diener uf
Pfortzen, Öslingen, Gepingen &. kam gen Augspurg adi. 2.
febr. Got hab lob. — [177])

adi. 23. 24 may ritt ich gen *Dilingen, Ulm* und kam adi 26
ditto wider haym.

ad. 28 Agosto ritt ich gen *Ulm*, kam adi 2 Settb. wider gen
Augspurg.

adj 19 Decembr. ritt ich gen *Ulm*, mit *Ulrico Ehinger* zuo
handeln, adi 23 wider haym.

Adi. 15 Marzo ritt ich im namen Gotz gen Frankfort im
gelaitt, und kam dar adi 24 ditto.

Adi 4 April fuor ich in aim Naken [178]) von dar, kam adi 6, Karfreytag, fast fruo, nach *Cöln.* Rit in *unserm* haus bey *Jery Meiting* [179]) ein. Zoch darauff bald gen *Bergen.* Da plib ich den Ostermarkt. — Darnach tatt ich 2 Raissen an *hoff gen Brissel,* in *Jacobo Fugger* dienst. Blib 3 und 5 tag aus. —

Adi 9 Julio, spat, ritt ich aus Antorff, uff *Cöln, Mentz, Speir, Ulm* etc. kam gen Augspurg adi. 21 Julio abends. Gott hab alzeitt lob. —

ad. 11. Marzo ritt ich im namen Gottz aus Augspurg im gelayt in die fastenmess, und kam gen Francfurtt adi 19 dito. Blib 1½ tag zu *Wurmbs,* da was ain grosser Reichstag. —

adi. 2 April fuor Ich gen Mentz. Plib da etlich güter halb 2 tag. Adi 4 fuor ich von dar, kam gen Cöln am 6 ditto, ritt von Cöln am 8, und kam gen Antorff adj 11 April. Vom 14 april bis 7 Mayo was ich zuo Bergen.

adi 23 Mayo fong mir an wee werden [180]), darauff ich mich purgieren luos. kam mir ins glink [181]) knie. Bis 26 kam es mir in das gerecht [182]) knie. Bis adi 29 in die fies mit peinlichen schmertzen, hin und her, da und dort, bis adi 2 Junj. Da fong es an etwaz bessern. —

Bis adi 13. 14 Juno ward es wieder örger [183]) dan nie. Vom glink in grechten knie. Adi 18 kam es mir in glinken arm, an 3 ort, weret 1 nacht und 1 tag. Dergleich schmertzen hab ich nie mer empfonden. —

Adi 20 dito stuos mich ain heftig fieber an, und vergong mir aler schmertz, kam mir in glink hand, am aubend in das gesess und gemecht. Adi 28 in baid hend. Adi 29 ward ich wider kradt [184]). Gleich darnach wie for, luoff hin und her, verkernd [185]) al tag und necht oft. Adi. 3 Julio spatt kam es mir in buod hend. —

adi. 6 Julio luos Ich mich also krank und schwach uff ainem hetzwagen [186]) gen Cöln führen, und kam gantz abkommen, elendt adi 11 dito gen Cöln. Plib alda bis 22 Agosto in *Endris Imhoff* haus, da mir on al mas gantz uberaus triulich, gietlich getan, fast wol, mit lieb und fleis ausgewartt ward [187]) von fraw *Agnes Imhoff* und andern. Luof mir mein krankhait hin und her, wunderperlich. Oft in 6. 8 ortt, in tag und nacht, je mit, je on schmerzen — je was gar nichtz. —

adi 27 Julio fong es an, und ward mir al necht die ein Im glinken arm, hand, die ander im grechten arm, hand fast wee, bis 5 Aug. Da fong ich an al aubend zwischen 11 und 1 ur gar erlamen. Al morgen, zwischen 5 und 7 ur ward ich wider krad.

Dz weret (dauerte) 12 tag. Mocht auch gar nichts schlafen al
obstend zeit, aine um schmertzen, die andere on, und je mer
schmertzen, je mer ich schlief. Doch in fil tegen nie ½ oder
1 stund an ainander. Was also ein gar und gantz unstet, ver-
kerlich ding, das nit zuo erschreiben ist. —

In Antorff hett ich *Doctor Caspar Lertt*, zuo Cöln, *Doctor
Heinrich Schart* und *Doctor Jan* im engel. — Adi 24. 25 Julio kam
Doctor Jac°. Obel zuo mir, het auch ains berucmten (?) Juden (?) ratt.

Der (derer) aler salben, baden, latwerg, trenklach [188]),
pulfer, sonder im Rucken, im Nacken schmirben [189]), was on mas·

Adi 31 mayo luos Ich mir fil pluot, in Antorf, heftig pur-
gieret adi 19 may. In Cöln purgiert adi 15. 31 Jul°., 9.
13 Aug°. on daz wirket mein natur recht und stet wol.

Adi 22 Julio fuol Ich in ain fast grosse onmacht, und brach
von oben und unden. Das tatt mir bas [190]) den al doctores und
apotegen. —

ad. 22 Aug°. krank, elend und schwach fuor ich zuo schiff
aus köln, gantz undultig, dan kain doctor, noch ander, konten
mir sagen, waz mein krankhait were. Sagten von gift, oder frau
vergeben, über natur gewirkt, ainer diz, ander jens. Etlich von
überflisse fil flis [191]). Das glab *Ich*.

adi 28 Aug. kam ich gen *Mentz*, fuor uff aim karren adi.
29. 30 gen *Wurmbs*, *Speir*. Adi 31 uff der stat Speir burs-
wegelin und kam gen Ulm adi. 3 Settbr, also krank und schwach.
Da fand Ich mein muotter, weib, brieder &. Wasen den
sterbend [192]) von Augspurg geflochen. Gott hab lob und dank,
er mir so gnedig her verholfen hat. Dan Ich je ain onmas schwere,
seltzam, schmertzliche, verkerliche krankhait ghept hab.

Adi 10 Sett°. fuor Ich krank gen *Ravespurg*, zuo *doctor
Mattheus* um rat. Der ruott mir in das *Wildbad*. Adi 14 dito
kam ich wider gen *Ulm*. —

adi 19 Sept: Im namen gotz fuor ich aus Ulm, mit rat
Doctor *Mattheus* und *Doctor Ambrosi* [193]), dem ich ain aigen
boten schicket. Nam ich mein weib mit, und kam in das *Wild-
bad* bey *Kalb* adi 21 Sept: —

Adi 23 Sept fong Ich an baden.

Badet 3. 4. 5. 6. 7. 7. 7. — 7½. 7. 6. 5½. 6. 7. 6. — 6. 7. 7.
7. 7. 6. 6. — 7. 6. 6. 5. 4. 3. 2. Somma 162 stond. [194]) An dem
ersten badet ich bei 14 tag im *hern*, darnach im *gemainen grossen
bad* [195]), um daz (es) wermer und mer geselschaft was.

Das baden erzausset, ersuochet mich on mas gnach [196]), al
um und um.

Undeet adi. 31 Sept (und) 3. 7. 16. 17 Octob ward [107]). Uff die lest ich gar nichts essen mocht, kein wein schmecket. Schwais- battet [108]) und koplett [109]) adi 3 Octob. — (Ich) Fuor aus dem wildbad adi 21, (und) kam mit meim weib gen Ulm adi 23 October.

Erschos das baden onmas wol an mir, (hatte den besten Erfolg.) kam mir zuo guotten. Gott hab lob alzeitt. —

adi 19 marzo 1522 fuoren mein muoter, weib, adi 20 ritt Ich aus Ulm gen Dilingen, kamen wider gen Augspurg adi 21 marzo. Got hab Lob! —

adi 25 april ritt ich gen *Dietfortt*, kam adi 26 ditto gen *Nierenberg*. Ritt von da am 21, kam gen Augspurg am 23 May. Got lob und dank! —

adj 25. 26. 27 May ritt ich gen *Kötz, Ulm* und kam wider her gen Augspurg.

adi 16 Octob ritt ich, kam adj. 19 gen *Nierenberg*, ritt von da adi 26, kam wider adi 29 Novemb her gen *Augspurg*. Waz der Reichstag, darzuo on mas unsicher.

adi 29 Julio 1523 ritt ich gen *Nierenberg*, kam dar adi 31. Ritt von dar adi 24 und kam adi 26 August wider her gen *Augspurg*. —

adi 11 Octob ritt ich gen *Ulm*, kam adi. 15 dito wider her. —

adj. 7. marzo 1524 ritt ich aus *Augspurg*, und kam gen *Frankfurt* adi 14 dito. Fuor von dar adi 29 dito, kam gen *Köln* adi 1 April. Alda was meins schwagers, *Stoffel Echen* hoch- zeitt. Darauff ich krank ward bis adi 13 April. Da ritt ich aus und kam gen *Antorff* adi 16 april. Ritt in *Berger markt* hin und her, blib danider bis adi 27 Junio. Ritt auf *Cöln*, fuor gen *Mentz*, ritt uff *Speir*, *Öslingen, Ulm*, kam gen Augspurg adi 9 Julio 1524. — Got hab lob! —

adi. 8. August 1525. Im namen gotz fuor Ich mit meim weib &. gen *Gintzburg, Geislingen, Öslingen, Weil*. Kamen in das *Wildbad* adi 12 dito, und Ich fong an zuo baden. adi 13 und badet: 2. 4. 6. 7. 7. 7. 7. — 6. 7. 7. 7. 7. 7. 7. — 6. 7. 7. 7. 7. 8. 7. — 7. 7. 7. 6. 5. 6. 3. Somma zesamen *177 stond*, ales im *grossen hernbad*, on etlich gar wenig stond im *clainen hern bedlin*, adi 9 Septbr. aufgehört. adi 23 August schwaisbatt. — Hab stet fast grossen, mir ungewonlichen durst gheptt, bei ainer Eslinger mas al malzeit — dazwischen nix — drunken. Bin hin und her austailt, in mer mal fast ausgeschlagen, sonst kain sundere empfintong, weetagen oder wirkong gheptt.

Fuor aus dem wildbad gemelten weg adi 11, kam her gen Augspurg adi 15 Septbr — doch sein wir zwei tag zuo *Ulm* stillgelegen.

Hat mir, insunder meim weib, buod raiss selchs baden uber aus wol taun. Gott hab alzeitt Lob. Amen! —

Adi 21 Febr. 1526 rit ich gen *Minchen* in meins bruoders *Hans* dienst [200]) und kam adj. 26 ditto wider. —

adi 11. April ritt Ich gen *Nierenberg*, uff Wörd, Weisenburg und for (zurück über) *Nerlingen* etc. etc. kam ich adi. 26 ditto wider her gen *A*ugspurg. —

☩ Jhus ☩ [201])

adi. 8. May 1527 ritt ich gen *Minchen*, kam adi 10 ditto wider her gen *Augspurg*.

adi. 1 Junio ritt ich von hier nach *Ulm, Speir, Mentz*. Von da fuor ich zuo Schiff bis gen *Remmagen*. Ritt von dar auf *Rembach, Dürren, Auch*, kam gen *Antorff* adi 13 fruo, sampt mein knecht und pferden. —

adi 26 Julio abens ritt ich aus *Antorff* auf *Auch, Cöln, bis* gen *Rens*. Fuor Ich über Rein, ritt übern *Hundsrück*, fuor bey *Mentz* wider übern Rein, und ritt von dar auff *Wurmbs, Össlingen, Ulm* etc. kam gen Augspurg adi 8 August. Gott hab lob, ere und dank!

adi 6. April 1528 ritt ich gen *Ulm*, kam adi 9 ditto wider her, was *L. Ehinger* halb. —

adi 19 Junio Ritt ich gen *Lindau* uff *Ursel Herlerin* hochzeit, kam dar adi. 22, und wider her gen *Augspurg* adi 28. Und adi 29 ditto ritt Ich gen *Ulm*, adi 2 Julio nach *Dilingen*, kam her gen *Augspurg* adi 3 Julio 1528. —

adi. 3. April 1529 ritt ich gen *Nierenberg*, kam her adi 23 dito.

adi 5 Junio ritt ich gen *München, Wasserburg* etc. kam gen *Saltzburg*. Adi 8 ritt ich gen *Richehall, Halle* etc. und plib bis adi 16. (Da) Ritt ich von *Saltzburg* aus, kam adi 19 ditto wider her gen Augspurg. —

Vom 23 August bis 23 October bin ich heftig und fast krank, mein mag (Magen) gar entrist, und ich am potegran heftig beschwert gewest. Erst in (den) hüften, gesess, darnach in beyde knie, fuoszechen, hendt, jetzt da, dan dort, unstet, hin und her schmertzlich painiget. Zwaimal 4 oder 6 tag gut worden, und über (trotz) alle mäsige und vom Doctor verordnete ordnong, recht hal-

ten, adi 13 Sept, und 8 October heftig wider nidergefallen, kain
speis, drunk können behalten, fir und fir undeet, gantz schwach
worden und abkomen. Fast ein ding gwest, wie mir im 1521 Jar
was zuo *Antorff*, *Cöln*, daz ist hie fornen verzaichnet. etc.

Dornstag adi 4 November ward Ich, suntag darnach mein
weib, baid fruo ¼ stond vor 2 ur morgens am *Englischen Schwais*
krank [202]), und schwitzten Jedes stet 24 stond. Darvor adi 3 dito
abends starb unser fromer, triuer diner, *Melchor Betz* daran. Mit
mir ward mein kelerin [203]), gleich darnach mein kinds- und under-
magtt, auch in diser zeit meiner muoter 2 megtt krank. Was ein
on mas erschrekenliche plag durch die gantz statt, floch fil volks,
und die (welche) pliben, warden mertail krank, und starbend an der
erst fast fil. Ich hab darnach adj. 9. 23, und mein weib adi 10
Novbr, Ich nachfolgends 2 oder 3 monet, desselben faisten dik
übelschmeckenden schwais oft 4. 3, mertail 1 In 2 stond geschwitzt.
Wir baide darnach schwach, und zuofällig gwest. Und hat disse
erschrekenliche krankhait bis end ditz Jars gewertt. —

adi 2. Marzo 1530. Im namen gotz fuor Ich mit meim weib
etc. gen *Gintzburg*, *Geislingen*, *Öslingen*, *Weil*. Kam Ins
Wildbad Kalb adi 6 dito und fong an zuo baden adi 7. Und hab
gebadett: 5. 6. 0. 6. 6. 8. 7. — 7. 7. 7. 8. 7. 7.7. — 8. 4. 8.8. 7. 7. 7.
7. 6. 8. 7. 5. 4. 3 aufgehört auff 3 April. Somma 177 stond geba-
dett. — Ich hab mich hie, for meim verraissen fast wol, darinnen
(im Bad) adi 9 Marzo wider purgieret, und adi 22 mein pirole ge-
nomen. Gebatt Im Schwais, kopflet adi 24. 31 marzo — Fong an
adi 13 april fast ausschlagen. Daz weret bei 8 tag. Nichtz dester-
minder badett Ich streng, also daz ich adi 28. 29 April etc.
wider ausschluog, darmit ich mir fil schaden getan hab. Sollt min-
der (weniger) stond badt, bälder aufgehort haben. Fuoren adi 4
April wider aus dem bad gen *Weil*, *Öslingen*, *Geislingen*, *Ulm*,
Dilingen, und kamen adi 9 ditto wider her.

Badett mein weib auch, und was dennocht schwanger. Erfands
aber also in Rat [204]).

adi 8 Febr. uberfiel mich ain gehlingen krankhait und bewok-
nus von flissen [205]) mit aim haptwe, also daz ich ain zeit aler ver-
nunft und wissen berapt was. Die Doctors cristierten und pur-
gierten mich flugs. Was meins lebens klein hofnong.

Adi 10. 11. 12 dito drang solch krankhait oder bewogung oben
wunderperlich gwaltig von mir, also daz ich in dissen 3 tagen
bei 200malen ob (aber) 16 mas undeet, fast gallen und tail
schleim etc.

(Ich) Hett mich got gantz guotwillig begeben ins Sterben. Dem (befahl) ich mich, und mein weib, kind, gütter & und befalchs meim bruoder *Endris* und *Marx Öchen* aufs höchst. Aber ends monets wards besser. Got Lob. —

adi 12 April ritt ich gen *Nierenberg*, kam adi 28 wider. —

adi 8 May ritt ich, mein bruoder *Endris* gen *Ulm*, kam adi 10 ditto wider.

adi 1 Settembrio 1532 ritt ich im gemain gelaitt gen *Frankfurt* in die herbstmess, um mit *Antonio von Bomberga* uff ain nuis zuo handlen [206]), der von Antorff alain darum dar kam. Hett auch mit (mir) *Martin Frantz* [207]), (denn ich hatte) fil ze ton. Kamen dar adi 9, ritt von dar 19, und kam her adi 26 Settembrio.

adi 22 May 1533 ritt ich uff Wörd gen Nerlingen. Allda handlett und nam ich *Lenhart Hofmann* von Nierenberg an [208]). Ritt adi 23 gen *Dilingen* zuo meiner schwester *Madlena* [209]), adi 24 gen *Gints-burg*, meim weib entgegen, die aus dem *Wildbad* kam. Mit der kam ich adi. 25 ditto her [210]). — —

adi 20 Marzo 1535, fruo, fuor Ich gen *Weissenhorn*, zuo herr *Anton Fugger* [211]) uff sein bitt und beger, der *anderen grossen Spa-nischen Sach* halb; darin er mir $^1/_{10}$ gab [212]) und in ainem Adleri-schen Wexel (Aquileja) 50 fl. schankt. Kam adi 24 dito wider her. —

adi 11. Julio abends, zwischen 3 und 4 ur, griff mich gott mit seim gwalt an, des man nennet den schlag, und erlamet mir mein gerechten Scitten, foran mein grechten arm fast, die hand gar, (ganz) schenckel und fuos gnuog. Doch begnadet er mich hoch, daz er mir mein vernunft ganz und guot, auch die sprach luos. Ungefar 4 tag hett ich daz potegran an der grechten hand heftig. Aber in meim zuofall und darvor was ich frölich, gar guotter ding. Und (darum) daz (es) in hundstagen was, dorften, oder westen (wussten) oder woltten Doctor *Ambrosius* (Jung.) *August* und *Adolf* [213]) nichts sonders fürnemen. Purgiertten mich adi 12. 18. 22 und 24 ditto. Drauf machten Si mich schwais baden. Darnach fongen Si an mich zuo been und heftiger und mer zuo salben. Nur 2 mal. Tat mir wol, aber beweget mir ain heftig gros pote-gran an meiner gerechten seitten, hand, fuos, prust, gesess etc. etc. Das weret (dauerte) mit gross schmertzen vom 25 Julio bis 23 August. Also da das potegran mich nit salben wolt lassen, ruotten (riethen) Si mir ins *Wildbad*. Darzuo gaben Si mir fil provisiones, insonder mancherlay pillen. —

In der zeit fong es lenger je mer ze sterben (an), daz fast fil folk floch. Schicket ich mit meiner muoter meine drey kind, daz *Annelin* und tails [214]) megd gen *Ulm* adi 12 August. Warf der

fuorman um, und meim sun ain axelbein aus, meiner muoter fast
übel und schedlich.

Adi 17 August fuor Ich fast krank und schwach mit meim
weib, knecht, megd und hausrat gen *Ulm*. Kam dar adi 18 ditto,
und besseret sich am faren mein sach wol. Het *Sebolt Stoffel
Giengers* haus, ain schon gmachsams[215]) und gross haus in be-
stand[216]). Plib dar bis

adi 25 ditto, da fuor ich mit meim weib, (die gros schwanger
was,) knecht und megd ins *Wildbad*, auf *Öslingen*, *Geislingen*,
Weil etc. zuo, kam adi 28 dito spat dar. Tat mir Endrong des
lufts, faren etc. wol, purgieret mich wol und ruoet also 3 tag,
badet nit.

adi 1 September, mittwoch, fong ich an zuo baden, stetlich
und wenig. 3. 4. 5. 5 — 5. 5. 5. 5. 5. 5. 5. — 4. 5. 5. 5. 5. 0. 5. —
5. 5. 5. 5. 5. 5. 6 — 5. 5. 5. 5. 5. 5. 2. — 5. 5. 5. 5. 5. 4. 3 — 4. 3
Somma 188 stond.

Man muost mich allemal In und aus dem bad auf aim sessel,
dergleich in (die) Herberge, auf und ab (tragen). Het zway stark
knechtt.

Dise badfart hat mir an meynen glider wol noch nit wee
taun, aber mein leib, happt, glinken glider fast wol bekomen.

Adi 12 Sept fuor Ich mit meim weib etc. (die nit gebadt
hatt) aus dem wildbat, in grosser gefar Stras - Raberey halb.
Nam fil folck, glait, Reiter, fuosknecht zuo mir, verglaitet gar
fil geltt, und kam adi 16 Sept. gen *Ulm*. Da fand Ich mein
muoter, kindt, tails echalten, hausrat, schreibstub etc. plib
dar bis

ad. 18 febr. 1536 Fuor mit meim weib, 1 sun und 3 dochtern,
megdt, knecht und hausratt, schreibstub, schriften etc. von *Ulm*
und kam adi 19 dito her gen *Augspurg*, noch am krechtten arm,
hand, und schenkel, fuos gantz lam und kripel. Der almechtig
her hab eer, lob und dank in al sein werken, amen! —

adi. 21 Augusto[217]) 1538 fuor Ich mit meym weib, knecht, jun-
gen magdt Ins wildbatt, uff *Ulm*, *Tibingen*, *Kalb* etc. zuo.
kamen ins wildbadt adi 25 ditto mitags. —

Fong an zuo baden adi 26 August. Badett 3. 4. 5. 6. 7. 7. —
7. 5. 7. 6. 7. 7. 6. — 6. 7. 7. 5. 7. 6. 7. — 6. 6. 7. 6. 4. 4. 3. 3.
Somma 28 tag und 161 stond. Badet fast ordenlich, tatt mir
auch wol in glidern und sonst etc. Adi 23 Sept. fuor wir
im Frankfurter grossen glaitt wider her, uff *Össlingen*, *Geislingen*,
Gintspurg. Kamen adi 27 September wol her. Got hab lob
um ales und dank amen! —

adi 28. Julio 1540 fuor Ich mit meim weib, knechten und megd ins Wildbad, uff *Yetingen*, *Ulm*, *Geislingen*, *Eslingen*, *Weil*. Kamen ins Wildbad adi 2 August.

Da fand Ich ain meiner Jünger schreiber [318]. Fong an zuo baden adi 3 Aug. Badett: 3. 4. 5. 5. 7. — 7. 7. 6. 6. 6. 6. 7. — 6. 6. 7. 6. 7. 6. 7. — 7. 7. 6. 5. 4. 4. 4. — 3. 3. 2. 0. Somma 29 tag und stond 160. Was dis bad onmas kreftig, tat mir fast wol. —

Adi 2 Septbr fuor Ich auf *Weil*, *Öslingen*, *Geislingen*, *Dilingen* zuo meiner schwester. Kamen her gen Augsburg adi 6 September. Got hab lob. —

[Damit schliesst Lucas Rem das Tagebuch seiner Reisen. Von einem seiner Enkel folgt dann noch dieser Nachtrag:]

adi 15 Julio 1540 hat mein anherr selig, Lucas Rem, sein testament gemacht sampt meiner anfrawen. Man ist aber demselben nit nachkumen.

adi 22 September 1541 ist Lucas Rem, als er seine tag vil und mancherley ausgestanden, seinen kindern Ehr und Gut verlassen, aus disem Jamerthal verschieden, laider vil zuo früh seinem Son und seinen kunftigen encklin. Doch im 60 Jar seines alters.

adi 17 January 1575 starb sein hausfraw, *Anna*, geboren *Ehen*. Dise hat sich nach ires hauswirts tod treffenlich prächtig gehalten. Und ob wol mein anherr sel. in seinem Testament versehen, daz wo er stürbe, und sein Son zuom handel noch nit taugenlich were, daz sein handel verkauft würde, dessen alles unangesehen, haben die Testamentarj solches nit geacht, sonder Ir den handel übergeben und Si machen lassen, daz hernach zu meines Vaters sel. grossen schaden geraicht. Wie Sie dan auch ain Codicill gemacht, davon im roten Büchlin weitläufiger, so wie Sie den mansstammen und die billigkait betrachtet hab.

(Darauf folgen drei leere Blätter.)

✝ Jhus maria. Anna. ✝

— Memoria meins guottz. —

Mein Muotter hat mir im ottobrio 1502 Jar fir aigen und frey
    übergeben wie jedem andern meiner brieder [219])   fl. 2000.
Mer im Settembro 1511 Jar darzuo geben . . . . „ 1000.
Noch hat Si uns 4 briedern aim Jeden, und mir auch
    geben im Ottobrio 1518 Jar . . . . „ 500.
    Notta. Im ottob°. 1502 fong ich an zuo gewinnen In *Ant°.*
Welsser, Conrat Felin und geselschaft. Lagen mir zuo follem gwin
obstend erst fl. 2000.: darzuo vertratt Ich meyner Muotter auch
sovil. Was der geselschaft Nutzong die 3 Jar 1502. 1503. 1504.
—. *31 pro C°.* —
    Jar 1505. 1506. 1507 hett Ich ain grosse firlegong, hett
namhaft, dapfer, best hendl auf mir in ferren Landen, und was
unsser nutzong
        — *39 pro C°.* —
    Jar 1508. 1509. 1510 schmelert man Jederman sein firlegong.
Mir auch etwz. Und gwannen Nun
        — *15 pro C°.* —
    Jar 1511. 1512. nam Ich weyt Raissen aus, daz ich alayn
gen *Antorff* wolt. Und ander unwilen sich (wegen) bruoder
Hanssen erhuoben, hett (ich) clayn firlegong. Gwannen nit mer
dan   — *11 pro C°.* —
    Jar 1513. 1514. 1515 wz ain zerritt unainig ding in der ge-
selschaft, gewannen
        — *16 pro C°.* —

Jar 1516. 1517. hett wir gros gluck In *Portugal* und *Frank-reich*, gewannen dise 2 Jar

— *30 pro C°.* —

Disse foranzaigten XVI Jar, nemlich VI Rechnongen, hab ich meyn muotter in Augspurg, noch ausserhalb, nichtz cost. — In nottigen gepurenden costen auf der geselschaft, in unnotigen, lustigen mein selb cost gwest. — Hab also hin und her alt schriften zesamen claupt, und erfind, daz ich in gemelten Jaren des meyn zwischen 900 und 1000 fl. verbraucht hab. — —

Die ersten drey Jar, zuo *Lisbona*, hab ich fil um fremd niu papagey, katzen, ander seltzam lustig ding, und dan lesten 3 Jar zuo *Antorff* um gemel [220]), tafeln, tiecher etc. den mer-tail verkramt und verschenkt. Sonst die andern [Jar] karg, gnach, einzogen gwest. —

Hab mit Seguriern [221]) etlich fil gelt gewonnen — Nie nichtz, des Namen hab, verspilt, aber in Niderland auff 3mal etlich hun-dert gulden gewunnen, und mit obstendem onworden [222]).

Adi. 6 Novembrio 1517 auf beschlus Ant°. Welser und ge-selschaft Generalrechnong erfint sich, daz Ich bey Inen hab fl. 9440. als in als. Die sollen Si mir in den 4 nachsten Frank-furter messen zallen. Ain jede Mess fl. 2360. nach Laut ains Irs schuldbrief. —

Vom gelt, das mir und meim weib uff primo Junio 1518 uff unser hochzeit von fil Leytten gapt ward [223]), wie in dissem clar stat, nam Ich zuo andrem darvon in gold fl. 200. —

Item Mein weib hatt mir im Sept bis November (on claider, claynetter [224]), hausratt, des Si erorptt hat) zuobrocht:

heyrot guot . . . . 3000.
for die Forkong [225]) und ½ hochzeit . . . 500.
und noch des Jeren . . . . 500.
Tuot Ich bar empfangen hab gold . . . . fl. 4000.

adi. 23 Agosto 1518. Im namen der hailigen, ungetailtten triuvaltikaitt hab Ich mich entlich geselschaft weis mit mein briedern *Endris* und *Hanssen*, und *Uolrich Hanolt* vertragen, uff 8 Jar, anfachent adi primo Septembro, veraint, verbonden und verschrieben,

Wie wol ich ob XI Jar daruff und darmit umgangen, zuo der lernong gros uffmerken, kundschaft der leytt, fraind ze machen, den handel ergrinden (fil mir miglich gwest ist) onzalparn fleis, mie und laid, uncost, und, damit mich der Welser gesellschaft ins Niderland legtten, gros schaden und entgeltong gehept und

erlitten hab, und stet, fir und fir, mein brieder gefliss und hoch
angehalten zuo verzaichnus und Erfarong und uff den dodt Ich
got schuldig bin, (darauff will Ich anch sterben) daz ich mein
aigen Eer *minder*, Nutz noch fuog *nie* betrachten noch beden-
ken hab wollen (dan Ich zuom handel grosse, zuo weiben clayn
lieb und lust gcheptt hett) alain unsser brieder gemain Nutz und
frommen, der Remen Namen Er betrachtt: hab ich mich begeben,
daz **Endris Rem** [226]) **und geselschaft** geschrieben und
unssers frommen vaters zaichen (doch unverändert) gefiertt werde. —

Und um meyner brieder ungnuogsame, clainer Erfarnus,
kainer geschäfft kentnus, noch grund der hendel willen, verur-
sachet mich, daz ich lang vorher pratezieret, und zuo uns in
geselschaft nam *Uolrich Hanolt*, auch *Jerg Meyting*.

Der (letztere) kam adi 17 Jener 1519 zuo uns, wie in unsserm
vertrag-geselschaft-buoch statt 17 Artikel. —

Gott, die [227]) und mein werk nim ich zuo zuigen, daz ich
aigne eer noch nutz bedacht, noch gesuocht hab, aber meyner
brieder, bei den Ich gros undankparkait, kain erchantnus erfon-
den hab. —

Adi. 1 Septembro 1518 leget ich in unser der *Remen* gesel-
schafft fl. 9000. zuo folem gwin und verlust ze vertretten   fl. 9000.
Mer fl. 3000. von den leg Ich $1/3$ bevor.
Darzuo hab ich ale Jar Lonong . . . fl. 200.
for claidong . . . . „   50.
berossung . . . . „   25.
bis zuo nechster Rechnong.

adi. 30 Ottobrio 1521, In Ulm, [228]) beschlossen wir entlich
ain General-Rechnong, und erfanden von gnaden gottz *24 pro
C. Nutzong.*

Das traf mich zuo meim tail uff $\frac{M}{XI}$ fl. (dann
ain tausend leg ich bevor) tuott . . fl. 2640.
Mer 3 Jar lon, berosong, claidong . . „ 825.
Tuott mit sampt mein $\frac{M}{XI}$ hapt-guot . . . . . . fl. 15465.

Adi 1 Novembro verfolgt [229]) hinfir unsser vertrag und ge-
selschafft (doch nuie Rechnong). Und um meiner verwantten
gros ungeschicklichkait, meiner brieder unmasige grobkait, un-
erchantlichait, und fast fil onordnong, bin ich jetz wilens nach
end disses vertrags (wo nit grose verkerong geschicht) mich nit
lenger verbinden, noch in unsserm unwesen, da doch regel noch
ordnong ist, lenger nit beleiben (aus fast onzal fil erhaft ur-
sachen, die Ich in aim besondern verzaichnusbiechlin hab).

Und aber, um In (en) mein gros mie und fleis, alte triu, (wie ich doch in gar nichts, weder gros noch clain, mein selb aigen Eer und nutz nie gesuocht hab, noch such,) zu greifen [230]) (zuo) geben (sonder um damit Si ze clagen gar kain ursach haben mögen, noch überkomen) und ob Ich Si zu erchantnus Ir selb, und kinder eer, nutz und wolfartt erwaichen möcht, auch um unsser geselschafft, der *Ich* doch, nach gott, anfenger und alles ursacher, beschicker und anordner gwest bin, und die in ain guotte erliche ordnong, ansechliche Regierong, in erliche nutzliche bestendikaitt mit gottz hilf bringen mocht — hab Ich verwiligett, und von selbs gestelt, und zuo vertretten nit mer begert, dan bruoder *Endris* und *Uolrich Hanolt.* — Also uff

ad. 1 Novembro 1521. bis zuo nechster rechnong (die sol man in alweg beschliessen for p. Sept. 1524) sol Ich vertreten in der geselschafft zuo follem gwin und verlust fl. 10500. — So vil hab ich in die Comp. gelegtt, Und ich sol kain belonong haben, noch firclaider [231]), dan (ausgenommen wann) ich raisse, so ists wie for.

Ueber das hab Ich in gemeltter unsser der Remen geselschaft gelegtt fl. 3000. — Darvon selen Si mir Jerlich 5 pro C. Zins zalen, anfachend ad. 1 Nov. 1521. Und daz, um for [232]) Uolrich Hanolt ungeschikt, gar unbiliche wort triben hat, mit meim gelt, des Ich ⅓ bevor ligend hett, daz Ich woll, (aber Ir kayner ze clagen hab) bis kinftigen vertrag, mag Jeder wz Im guot dunkt bedingen.

Adi 15 Junio 1525. in *Augspurg* haben wir ain *General-Rechnong beschlosen.* Von gotz gnaden *30 pro C.* gwin erfonden [233]). Were haptguot . . . . fl. 10500.

Und gwin 30 pro C. on das ausgesetzt gelt, tuott . „ 3150.

Mer gemeltt 3000 fl. und dero zins, ungefar . . . „ 3550.

Hat mich die geselschaft vererrt ain Rais gen Antorff und 3 gen Nierenberg in als zesamen . . . . „ 320.

Mer costgelt, das der geselschaft diener Ros bei mir verzort hond, samt R. Fernandez und ander fil gastongen und underhalt meins Ros Somma dz ales „ 430.

Soma wie forstatt. Daz mir die geselschaft sol uff ½ Junio *fl. 17950.* . . . . fl. 17950.

darvon ich aber zuo meim teglichen gebrauch genomen hab und nemen werd (wie es in unssern biechern lautter statt) on not da zuo melden. —

Notta. *Endris*, mein bruoder, *Ich* und *Uolrich Hanolt,*

haben im namen gottes unsern vertrag XVI monet erlengert,
nemlich uns zuo ainander verbonden bis den letsten tag Decem-
bris 1527, und fil foriger artikel verendert, wie dan in demsel-
ben der geselschaft gehaimbuoch lautter stat, von uns unterzaich-
net. Und sollen uns hinfiro schreiben: *Endris und 'Lucas die
Remen*, mit unserm alten zaichen etc.

Also dz ich adi 16 Junio 1525 iu gemelt unsser nuie verani-
gong leg erstlich zuo folem gwin und verlust in gold   fl. 14000.
Mer dazuo . . . . „ 2400.

Darvon leg ich ¹/₃ bevor, also daz ich auff ain Nuis
   in unsser geselschaft hab Haptguot . . . . . fl. 16400.

Darvon selen mir aber 800 fl. nichtz gwinen, und bin unver-
bonden ze rayssen, alain gen Nierenberg, Ulm, und nit weitter,
mag auch fir mich selb, waz mir gliept, handlen etc. —

Zuo wissen ist, daz wir in verschiner unsser rechnong XII
zweifelheftig schuldner gar ausgesetzt haben²³⁴) fl. 4634 und dar-
zuo bar gelt fl. 2500 auf fursorg künftigs schaden, dan (während)
wir al ander schulden (was nit gwis verloren ist) for guot an-
geschlagen. Also, was von gemelten fl. 4634 und fl. 2500 —
einbracht wird, daz sol Jedem nach anzal forigs partidor bezalt
und gegeben werden.

Adi 24 Julio 1528 haben *Endris Rem*, *Uolrich Hanolt* und
Ich die fl. 4634 und fl. 2500, (die) wir adi 15 Junio 1525 aus-
satzten, wie hiefor statt, überrechnet und erfonden, daz uns mit
dem zins draus ist worden fl. 3960. Davon ziech wir ab for
etlich bös schulden, (die) wir for guot angeschlagen hetten
— fl. 1545 — und bös waren —

Wie dan abgeredt ward, rest auszutailen fl. 2415. Trifft
mein tail fl. 583. —

Darnach aber hab (en) wir um gotts und gwissin willen *Jan
Delsegaro* zuo *Calix* armen Erben verschaft fl. 131. Trifft mein
tail fl. 31¹/₂.

Rest, das mir in disser austailong worden ist, fl. 551¹/₂.
Und ward *Jörg Meiting*, *Hans Remen selig Erben*, und *uns ob-
stenden* auch also, Jedem ain gepürend tail geraicht, und mir
fl. 551¹/₂.

Mir zuo vorgebenlicher gedächtnus:

Daz ich adi primo November 1521 über (das) was ich in die
geselschaft legett, hat ich bevor, uff künftig uncost ungefar bei
fl. 700, und huit, adl 16 Junio 1525, hab ich on (ohne) obstend

fl. 16400. auch bevor uff künftig uncost fl. 700. in gold. Die ligen on Nutz; sol si aber erst in 3 Francfurter messen emphangen. —

adi 30 Mayo 1527 haben wir, *Endris*, *Lukas*, (die) *Remen* mit *Uolrich Hanolt* ein überschlag gemacht, anstatt ainer haptrechnong, die wir nit haben kinden machen, an gebrech notigs beschaids von Lixbona und etlichs edelgestain in Spania, ains kläglichen Trogerey kaufs etc. etc.

Und nach alen greilichen, grossen scheden, die wir zuo Lixbona, ufm meer, sonder ungeschickt hendel unsserer diener, unmasig uncosten, sonder 2 bös gros schulden, erlitten, noch haben wir (so haben wir doch noch) seit 15 Junio 1525 gewonnen 4½ pro Cent, des [235]) Ich Got lob, nach gestalt der sachen, und allen lefen, erlittenen Scheden etc.

Und wie hievor stet, hab ich dise zeitt vertretten for foll fl. 15600.
zuo 4½ pro C°. gwin tuott . . . . „ 702.
Mer zerung unsserer diener ros, underhalt meins ros
½ Jar . . . . „ 176³/₅.

Notta. Selch gwin und zerung hab Ich mir lassen abschreiben von dem gelt, des ich teglich zuo meim brauch gnomen hab, und beleiben mir auf ditto an meim Conto corente bey fl. 146. die wirt ich täglich nemen und brauchen. Und bleibt mir in der geselschaft wie for fl. 16400. Darvon leg Ich fl. 800 bevor. Rest ligt zuo gwin und verlust wie jünxt fl. 15600.

Ueber das ales beleibt vorstehends ausgesetzt gelt, also wie vor [236]), und mer dazuo, unaustailtt, unser vertrag partidor gantz wie vor unverendert. Bis end disses Jar sel wir wider rechnen, alsdan *Uolrich Hanolt* von uns schaiden. [237])

Mit meim bruoder *Endris* hab Ich ain abred taun uff kunftigs, wie ichs besonder verzaichnet hab, hernach, ob got wil, verzaichnet wirtt. —

Adi 30 Augusto 1528 haben wir, *Endris*, *Lucas Remen*, und *Ulrich Hanolt* ain *haptrechnong* beschlossen, in der gemelter Hanolt von uns ist komen. Und um daz wir nit gnuogsamen beschaid von Lixbona, in Spanischen wexel etc. zweifel hetten, und um anders, satzten wir ob XVIII Tausend goldgulden aus und schluogens vor nichtz an. —

Darum, und um ander fil gros scheden, die wir erlitten, hetten wir noch 23½ pro Cent.
Traf mich auf 15600 fl., die Ich für fol vertretten hab
schaden fl. 3666.

3 *

Nachfolgeud vertrug uns *Hans Hanolt*, daz wir Uolrich
Hanolt geben solkten von obstenden ob XVIII Tausent fl. 12500,
als fil Im gepürt. Und um daz es selichs, und ob gott wil, mer
wert ist, setz ich mir auch, als fil mir gepürt von gemelten
XV Tausend VI hundert Gulden, tuot mcin tail mer . fl. 4314.

Rest were disse XV monet gwin fl. 648.

Und was aus den XVIII, dan XIII tausend gulden wird, das
hat bruoder *Endris* und *Ich* zuo gwin und verlust, auch ale
schulden, si werden bös, sorglich oder verloren, über uns ge-
nomen. Gott geb uns glück. —

Somma adi 1 Junio 1527 hett ich haptguot mit meim
    firlegen . . . . fl. 16400.

Mer das ausgesetzt gelt des 1525 Jar . . . . . „ 551½.

Mer obstenden gwin, des er mer, dan der verlust ist „ 648.

So bin Ich verert worden um ain rais gen Antorff,
    aber solichs von dem nuien kinftigen handel,
    um Uolrich Hanolt wilen . . . . „ 250.

Mer costgelt unserer diener Ros etc.
    dise XV. monet gehept . . . fl. 52. —

und underhalt meins ros . . . . „ 31¼. —

um holtz, kertzen etc. . . . . . „ 8¼. — „ 91½.

wie in unsern biechern von alem klare Rechnong
    krecht und wol gehalten wird.

Somma herab . . . . fl. 17941.

Von denen leg Ich auf ain nuies in unssern handel
    fl. 17500.

Rest fl. 441. bin ich gar nach al schuldig etc. —

    adi. 1. Settembro facht der vertrag uud unssere nuie hand-
long an, die *Ich* mit meim bruoder *Endris* vorlenxt abgeredt hab
auf 4 Jar, also, daz Ich al sorg, last, ze ton und lassen etc.
übernim. Darum sol Ich sovil 5, als er 3 vertretten, nemlich
Ich al mein vermigen, wie in unsserm gehaimbuoch a Rubro 22
in 25 nach inhalt 12 Artikel lautter statt. — — —

    Und hab auff dito haptguotz in unsserm handel. fl. 17500.
Die vertritt ich gar und al zuo gwin und verlust. Der almech-
tig got verleich uns in alem fil seiner göttlichen guad und gluck.
amen.

    Tuot dz Ich im handel hab fl. 17500.

Notta. Aber mir zuo vergebenlicher gedechtnus, daz mir auf künftige zerong nichs bevor statt. Waz Ich bedarf, muos Ich vom kinftigen gwin nemen, dieweil solch gelt verzinssen. —

In Augspurg.

adi. 1 Ottobrio 1530 hab *Ich* mit meim bruoder *Endris* ain *hapt Rechnong* gehalten, und mit gotz hilff in 25 monet nutzong erfonden von mein . . . . fl. 17500.

die ich im handel gehöpt und vertreten hab, *23 pro C*. Tuot gwin . . . . „ 4025.

Mer vererong ainer Rais Anno 1529 gen Niernberg ins haltong etc. . . . . „ 50.

Mer zuo underhalt meins Ros, zwey Jar . . . . . „ 50.

Mer costgelt unsser diener, und Ros, bei mir in 25 monet verzört . . . . „ 265.

Um holtz und kertzen vom meinen int Schreibstuben geben diss zeit . . . . „ 20.

Soma herab . . . . fl. 21910.

Von dissem hab ich gelegt und leg uf ain Nuis uf 1 Octob. 1530 in unser gwerb und handel $\frac{M}{20}$ fl. in gold. Die sol Ich zuo folem gwin und verlust (ob got wil) bis schierest Rechnong vertretten. fl. 20000. —

Vom Rest fl. 1920. bin ich in unsserm schuldbuoch schuldig bey fl. 1230. Also bleibt mir auf kinftig zörung bey fl. 680. Und mer den gwin vom übernommenen, oder ausgesetzten gelt in nechster rechnong. Daz ist und kan noch nit so bald gerechnet werden, um der Spanischen schuld und keksilber etc.

Adi 1 Decembrio 1532 hab *Ich* mit meim bruoder *Endris* *ain haptt Rechnong* beschlossen, die angefangen hat uff 1 October 1530. Da het ich Cavedal . . . . fl. 20000.

Hat got mit sein gnaden und hilf zuogeben, daz wir disse 26 monet Nutzong und Erobert haben 29 pro C., tuot mein tail . . . . „ 5800.

Mer bin Ich verert oder belont worden ain Rais gen Nierenberg ins Haltong 1531 . . . . „ 50.

Mer ain Rais in die herbstmess 1532 gen Frankfurt, zuo Antonio Bomberga [238]) . . . . „ 150.

Mer underhalt meins Ros genant 26 monet . . . . „ 69.

Uebertrag fl. 26069.

Mer costgelt unsser diener, der in disser
zeit fil, und lang bey mir in meiner cost
gewest sind . . . . fl. 270.

fir Ros . . . . „   67.

Etlich fil und gros gastongen 23¹⁾ Ich dem
handel zuo guott gehept hab . . . . „   50.

Mer um holtz und kertzen in die schreib-
stuben . . . . „   24.

Soma, als gold fl. 411. „   411.

Soma in als . fl. 26480.

Von dissen hab Ich gelegt, und leg im namen der haligen
ainigen Trivaltikait auf p°. Dec. 1532. In unsser gwerb und han-
del fl. 25000. in gold, mir zuo folem gwin und verlust ligen
bis kinftige Rechnong . . . . fl. 25000.

Vom Rest fl. 1480 bin Ich im schuldbuch schuldig fl. 890
ungefar, also daz mir über als uff kinftig uncosten pleiben fl. 610.

Und mer das ausgesetzt oder angenomen gelt im August
1528, sovil des etlich hundert dukaten sein wirt, ob got wil; ist
noch nit am endt.

Mer was gott gwinn gibt in dem grossen handel der +
(Cruciati) und ¼ in Spanien, darin wir an *Fuggers* tail ¹/₁₀ haben,
hoff es werden etlich Tausend Dukaten sein. 24⁰⁾

Adi 1. August 1534 hab Ich mit meim bruoder Endris ain
hapt Rechnong beschlossen, die angefangen hat uff p°. Dec. 1532.
Da hett Ich haptt gutt, des mir zuo gwin und verlust
gleggen ist, in gold , ... fl. 25000.

Hatt got mit sein gnad und hilff geben in 20 monet
17 pro C., tuott . . . . „ 4250.

Mer costgelt unsser diener . . . . . . fl. 195.

Unsserer Ros zörung . . . . „   26.

Um holtz, kertzen . . . . „   24.

Underhalt meins Ros . . . . „   53.

Soma in als . . „ 208. „   208.

Mer gepürt mir vom grossen Span. handel der +ᵗᵃ
und ¼ etc., in dem wir tail mit, oder in der
hern *Fugger* halbtail ¹/₁₀ hetten, vom Febr. 1530
bis jetzt, insonder 24¹⁾ fir *mich* und *Endris* (ausser-

Uebertrag   fl. 29458.

balb gemainer handlong) gehept hab, nach vermig ainer besondren verainigong, wie im schwartzen buoch a Rubro 66. guoter beschaid statt — tuott mein tail gwin, abgezogen fil Interesse und uncost, nett als gold . . . . ,,   5000.

Soma in gold   .   .   fl. 34458.

Von welchen fl. 34458 nim ich aus, auf genannten p°. August aus dem handel (uff des ich forhin schuldig bin, fast fil den mercrtail, und wenig auf kinftig,) mein zerong und costen fl. 1480. Rest mir im handel . . . . fl. 33000.

zuo follem gwin und verlust, uff kinftige Rechnong und zuo meiner teglichen zerong obert (übrig sein) mir bey fl. 240. und nit mer.

Mer beleiptt ungetailt dz im 1528 Jar ausgesetzt und angenommen gelt, drum (weil) das nit fol einbracht ist. Wird kinftige Rechnong vergleicht, ob got wil. Der verleich in alem sein milte gnad, giete und fil glucks. amen. —

In Ulm.

Adi. 1 August 1535 hab *Ich* mit meim bruoder *Endris* ain *haptt Rechnong* beschlossen, die angefangen hat adi p°. August 1534. Da hett Ich haptgutt, das mir zuo gwin und verlust ligt, gold . . . . fl. 33000.

Und het uns gott geben sein gnad und *10 pro C°.* gwin, tuott . . . . ,,   3300.

Mer costgelt unsser diener . . . . . . fl. 119.

Ros . . . . ,,   16.

Holtz, kertzen, gastong . . . . ,,   22.

Meins ros underhalt . . . . ,,   32.

Soma in als   .   .   fl. 189.   ,,   189.

Mer haben wir abgerechnet alles des vor ausgesetzt gelt, (in der Rechnong beschlossen adi 28 Aug. 1528,) (das) uns in den 7 Jaren von Spanien, Portugal und anhängenden Sachen worden ist, (nämlich) über die 12500 fl. in gold, um die wir's von Uolrich Hanolt angenomen haben. Und uber ale grose sorg, wacknuos, verlust der zeit, mein onzal gros und fil mie, arbait, fleis, ist überschuss, wie im schwartzen buoch a Rubro 59 und 95 statt,

Uebertrag fl. 36489.

gold fl. 2049. — Darvon gebirt mir ⁵/₆. Tuott
mein tail . . . . „ 1280³/₄.

Also hab Ich adi 1 Aug. obgemelten tag. in gold fl. 37769³/₄.
Von dissen hab ich gelegt und leg im namen der hailigen
treihait in handel zuo gwin und verlust hinfüro gold fl. 33000.
Selen die also bis in die nachst kinftige rechnong ligen.
Und mer pleibt mir im selben Register. Darvon sol man Järlich 5 pro C°. zalen. Tuot mer . . . . fl. 3000.
Rest fl. 1769³/₄ hab ich abgeschriben zuo vergangen und
kinftigen uncosten.

In Augspurg.

adi 1. August 1536. hab *Ich* ain *haptt Rechnong* mit meim
bruoder *Endris* beschlossen, die angefangen hat adi p°. Aug. 1535. —
Da hett Ich haptguott in gold . . . . fl. 36000.
Und wiewol ich in *Ulm* geschriben hab, Ich lege von
denen (diesen) $\frac{M}{III}$ fl. um zins, und vertrette nun $\frac{M}{33}$ fl.,
sohab, da ich herkomen bin, im gehaimbuoch verenderong unssers vertrags gefonden, daz ich al
mein haptt für fol vertretten sol, aus welchem
vertrag Ich nit gan, aber halten will, und vertritt
disse Rechnong von p°. August 1535 bis p°. August
1536 zuo gwin und verlust adi p°. August 1536
gold fl. 36000. Hat uns gott mit gnad und hilf
geben *11 pro C°.* Tuot mein tail gwin, gold . „ 3960.
Mer costgeld für unsser diener . . . . . fl. 156.
Unsserer ros . . . . „ 16.
Um holtz, kerzen . . . . „ 15.
Merlai gastong . . . . „ 10.
Unterhalt meins ros . . . . „ 32.

Soma . fl. 229. „ 229.

Soma in als, gold . fl. 40189.
Von solchem alem schreib ich mir im schuldbuoch ab fl. 189.
Damit pleiben auf ein nuis im handel, die vertritt ich für fol
zuo gwin und verlust fl. 40000 in gold; tuot in gold . fl. 40000.
und bleib im schuldbuoch schuldig bey fl. 103¹/₂.

Adi 1. August 1537 hab ich, nach absterben meines frommen
bruoders *Endris* selig, ain *haptt-Rechnong* beschlossen, die angefangen hat adi p°. August 1536.

Da hett ich haptguott zu folem gwin und verlust in gold fl. 40000.
Hatt uns gott hilf, gnad. *11 pro C°.* gwin geben. Tuott
in gold . . . . „   4400.
Mer cost für unsser diener, Ros Zerung, holtz,
kertzen etc. . . . . „   226.

Soma gold . . . fl. 44626.

Von solcher Soma nim Ich aus dem handel zuo meim teg-
lichen brauch, und daz ich auf dito schuldig bin im schuldbuoch
fl. 1814. 18 *β*. 10 den. gold — darfur las Ich mir abschreiben
fl. 2626. in gold. Also bleibt mir auf ain nuis adi. p°. Aug. 1537
in meim selb aigen handel der jetz *mein alain ist.* gold fl. 42000.
und hab bevor geschrieben fl. 811 im schuldbuch auf künftigen
brauch.

Und nach diser Rechnong hab ich mit meins bruoders *Endris*
seligen *Erben* abgeraitt [242]), und vom handel gesindert [243]), wie
im Register a Rubro N°. 5, und dem schwarzen zins und schuld-
buch a Rubro 92 lautter statt, und in meim nui schuldbuch
a Rubro 10. klar alles getragen ist und statt.

In Augspurg.

Adi. 1 Marzo 1540 hab ich *ain haptt Rechnong* beschlossen
für mich und mein Erben alain, die angefangen hat adi p°.
August 1537.
Da hett ich haptguot gold . . . . fl. 42000.
Hat mir gott gnad und 21 pro C°. gwin geben in 2
Jar 7 monet, tuot . . . . gold „   8820.
So hab ich ain aigne für mich alain getane handel
mit den Fuggern in Spagnia gehept, ¹/₁₀ von
assiento der $\frac{\text{M}}{600}$ Dukaten, adi p°. August 1538
fleisig abgerait al costen, uncosten, der Fugger
diener lon etc. und 8 pro C°. von alem gelt, das
ich vom handel genomen darzuo braucht hab,
und da von gwin abzogen, fast fil und gros sorg,
gefar, mie, fleis, arbeit gehept, den handel [244]) fast
allen verwaltet, und übrigen gwin gehept, wie
im schwartzen schuldbuoch oder zinsbuoch a
Rubro 112 guott und brait beschaid statt, nem-
lich gold . . . . „   4700.
So hab ich von p°. Aug 1538 bis primo Marz 1540
gemelt gelt zuo zins haben ligen a 5 pro C°.,
tuott 1 Jar 7 monet . . . . „   372.

Uebertrag fl. 55892.

So betrifft diese Rechnong costgelt für meine diener
Ros, holtz, kertzen und gastong, wie im Register
N⁰. 6 a R. 12 lauter statt . . . . gold . . „ 528.

So hab ich adi 8 Ottobr. 1539 das ausgesetzt gelt im
1528 Jar darvon hie fornen auch fil stat [2ᵗᵉ]), ent-
lich beschliesslich clar abgerait, und erfindt sich
fortail fl. 895⁹/₁₀. —

Davon gepüren mir ⁵/₈ wie im schwartzen schuld-
oder zinsbuoch a Rubro 95. 96. lautter statt gold „ 560.

fl. 56980.

Soma herab, das mir gepurt und ich erobert hab. gold fl. 56980.
von welchen mir bezalt ist uff 2 mal und jetz beschluss diser
Rechnong in als fl. 2980 zuogeschrieben, nemlich fl. 560. 235 —
jetzt fl. 2185 = Soma fl. 2980.

Also ist mir in meim Selbs handel adi p⁰. Marz 1540 hapt-
guot zuo folem gwin und verlust wie im Register aus N⁰. 6
a Rubro 1 lautter statt. Tuott gold oder golds werth fl. 54000.

1541 den 22. Septbr. starb Lucas Rem, und somit ist die Rechnung
seiner Handlung vollständig. —

Meins heyrotz beschlus, hochzeit, ausgab, verschenken. Was mir mein weib zuobracht hatt, und was mir gapt ist.

---

† Jhus maria 1518 †

adi 17 may⁰ In Augspurg.

Im namen der hayligen trivaltikaytt, Maria der edlen Junckfraw und gepererin und ales himlisch her.

. Auf fil, lang und ernstlich anhaltten meiner Ersamen muoter, brieder und ander fil vertraut fraind und guot günner, adi 14 May⁰ 1518 ward mein heyrott durch *Lucas Welser* und *Bartolmeo Rem* mit *Marx Echäin* und *Conrat Relinger* abgerett, und adi 17 ditto, montag zwischen 1 und 2 ur endlich beschlossen zwischen mir, *Lucas Rem*, und Junckfraw *Anna Echäinin*, weilendtt *Jerg Echäins* und *Anna Endorferin* eeliche dochter. Gott verleich uns fil gluck zuo sel, leib, Er und guot.

Fir mich wassen beim beschlus: Burgermaister *Jerg Vetter, Lucas Welser, Weygand von Dinhaym, D¨. Wolff Rem, Wilhelm Rem, Bartolomeo Rem, Matheus Rem, Jerg von Argen, bruoder Endris.*

Fir Si wassen: *Marx Echäin, Uolrich Weys, Stefan Endorfer, Conrat Relinger, Uolrich Relinger, Hans Bongartner, Hans Lauginger* elter.

Notta. Ir anhern heud gehaissen: *Jerg Echäin* und *Hans Endorfer*, und Ir anfrawen: *Clara Relingerin* und *Barbel Greslerin*.

adi 30 May⁰ 1518, an aim montag, hetten wir hochzeit, daz wolt Ich haben, kainswegs lenger wartten.

Was der ausgang in *Matheus Öchäin seligen Erben* haus, da *Stefan Endorfer* wonet.

Kirch zuo unsser lieben fraw.

Die mäll ²⁴⁶) und fest ²⁴⁷) in meiner muoter haus.

Statt hernach die uncosten, (welche) Ich getan hab, um mich und Si claiden, und was Ich verschenkt hab, und darnach die gabong darbey.

Ist zefinden, wer geladen gewest ist.

† Jhus maria †

Statt hernach, was ich for mich auff meiner hochzeit verclait hab. ²⁴⁸)

	fl.	β.
Um 8¹/₄ elen fast fein schwartz Lindisch tuoch zu aim hochzeitlichen Rock, (die) cost in Antorff fl. 13. 12. Um 3 elen Samet, in Antorff kaft fl. 4. 10, zuo verpremen. Macherlon β 10. Soma	18.	12.
Um 4 elen obstends tuoch zu aim palt Rock fl. 6. 12. Um 1¹/₂ elen Atlas, hie kaft, fl. 3. Macherlon β 7. Tuott	9.	19.
Um 5¹/₂ elen schwartz Samett zuo aim wames, cost in Antorff fl. 7. β 14. Fuoter, franssen, macherlon fl. 1. 6. Tuott	9.	—
Um 1¹/₂ elen Mechler Rosen tuoch fl. 1. 13. Samet zuo verpremen β 10. Macherlon β 2. Fuotter β 3. Nestel etc. β 1. Soma	2.	9.
Um ain nui barett, cost	1.	10.

Zuom Nachhoff ²⁴⁹) verclaytt:

Um 8¹/₂ elen fein graw Lindisch tuoch, cost mich zuo Antorff fl. 9 — und 3 elen schwartz Samet fl. 4. 10. Macherlon β 10. Tuott	14.	—
Um 5 elen braun damast zuo aim wames fl. 7 — Barchet-fuoter β 7. Macherlon β 6. Nestel β 2. Sᵃ	7.	15.

Um 1½ elen braun Stamet²³⁰) zuo hossen fl. 1. 16.
Zendel darunder β 4. Fuotter β 3. Macherlon β 2. 2. 5.

Soma *Ich* verclaytt . . . . fl. 65. 10.

☦ Jhus maria ☦

Statt hernach, was ich meim weib geschenk geben, und für Ir
claider etc. bezalt hab:

	fl.	β.
Erstens: Ain gesicht Ring, ain schon gros Rubin korn. (Den) hab ich ob 10 Jar gehept. Ir adi 17 may geschenkt, ist wertt	30.	—
Ain braite guldine ketten, dabei 40 Dukaten ungarisch, 36 fl. ²³¹) Tuott mit 6 fl. macherlon, das Si cost	98.	—
Um ain diemant Ring, cost mich 32 fl. und um ain Safir, in gold gefast fl. 24. Dis baid Ir zuo gemechel Ring ²³²) adi 30 Mayⁿ angesteckt	56.	—
Noch hab ich Ir geschenkt ain guldine brunen kettin ²³³), darbei 15 Dukaten und 15 fl. mit macherlon . .	36.	—
Mer ain clain Rubin, kaffet Ich und luos einfassen. Schankt Ich Ir nach der hochzeit	10.	9.

Notta :
Das Marx Echäin meim weib hundert gulden geben hat.
Darvon hat Si kauft 2 girtlen zuo der hochzeit, bei 20 fl. —
Ain b. atlas underrock: Irem schneider, nuis und alts zalt,
auch mein breigoff²³⁴), 2 hemder, badsack mit seim zugehör &. und ander fil, Ir zuo der hochzeit net gwest, — Ir,
wie fil *Jeds* was, vergessen, aber in als ²³⁵) ausgeben fl. 69. —

Um 24 elen schwartz Damast zuo aim geschwantzten hochzeit Rock ²³⁶) truog Si gen Kirchen und zuo dantz etc. fl. 48. Um ain nierenberg. elen gulden tuoch fl. 9. 10. zuom verpremen. Barchet zuo futtern fl. 3. — Macherlon fl. 2. — tuott	62.	10.
Um 12 elen braun stamet zuom Nachhoff Rock fl. 14. 8. Um ain Nierenberger Elen gulden tuoch fl. 9. 10. Daz hab ich geschenkt, wie der gebrauch ist . .	23.	18.
Noch um 8½ elen fein graw Lindisch ²⁵⁷) tuoch, cost in Antorff fl. 9. zuo ainer schauben ²⁵⁸). Um 3½ elen samet zuo verpremen, cost hie fl. 6. 13. tuott	15.	13.

	fl.	β.

Mer, um ain stuck dopel Camelott zuo ayner schauben [258]), cost in Antorff fl. 14. — Um 3 elen rott Samet fl. 7. — Ir im winter kaft, tuott . . . . 21. —

Um ¼ stuck Stamet, schwartz a la piana, zuo ainer schauben fl. 10. — 4 elen samet dar(zu) und zuo ainem goler fl. 7½ . . . . 17. 10.

Ain guldine haub, hat Si selb kaft um . . . . . 10. —

Soma . . . fl 381. —

† Jhus maria In augspurg. Adi ullime may° 1518 †

Statt hernach, was Ich auff meyner hochzeit verschenkt hab. —

	fl.	β.

Fraw *Barbel von Dynhaym*, die mein braut erzogen hat, 8 elen fein tavett-tuoch, cost in Antorff fl. 10. — Um 4½ elen samet fl. 9. zuo ayner schwiger schauben 19. —

Ursel von Argen, gemelter schwester, 10 elen schwartz berner tuoch, zuo aim mantel geschenkt . . . . 9. 10.

Fröylen Lucas Welsser öllteste dochter, 12 elen braun stamet fl. 11. 8. und 1⅛ elen samet fl. 2. 10. . . 13. 18.

Endris, meim bruoder:
5 Elen braun Damast . . . . fl. 7. —
und 1½ elen stamet zuo aim par hosen . „ 1. 16.
Seim weib fir ain schaub geschenkt ain
 silbern wasserkentlin mit seim und Irem
 wappen, cost . . . . „ 20. —
Seim Sun Endris 2½ elen braun damast „ 3. 10.
Im um 5½ elen stamet zuo Rock und hosen „ 5. —
Sein 4 dochteren 19 elen stamett, Jeder
 1 Rock . . . . „ 17. 12.
gemelt 4 Rock verpremen 1½ elen samett . „ 3. 7.
Tuott on 21 elen fein L.ᵗ; Im mein weib, und seym
 Sun ain hemet mit gold geschenkt hat [259]) . . . 58. 5.

Hans, meim bruoder:
5 elen braun damast fl. 7. — und 1½ elen braun stamet, tuott . . . . 8. 16.

Christoff Echäin, meins weibs bruoder:
5 Elen damast fl. 7. — und 1½ elen braun stamet fl. 1. 16. . . . . 8. 16.

		fl.	β.

Steffa Endorfer:
5 elen braun damast fl. 7. und 1¹/₂ elen stamet fl. 1. 16.   **8.   16.**

Sigmund Welsser, brautfierer:
5 elen braun damast und 1¹/₂ elen stamet . . . .   **8.   10.**

Christoff Echäin, auch brautfierer:
5 elen braun damast, 1¹/₂ elen stamet, tuott . . .   **8.   10.**

Johan von Dynhaym:
3¹/₂ elen damast, cost fl. 4. 18. und 1 elen braun
stamet β. 24. tuot . . . .   **6.   2.**

Martin Frants, unsserm diener:
5 Elen damast fl. 7. und 1¹/₂ elen stamet fl. 1. 10.   **8.   10.**

Hans Bachmair, meim knecht:
6 elen braun Lindisch tuoch zuo aim Rock fl. 4. 10.
Stamet zuo hosen fl. 1. 7. — fuoter dazuo β 3.
Barchet und fuoter zuo aim wames β. 12. Macher-
lon von alem β 8. Schuoch β 4. tuot   . . . .   **7.   4.**

Berbelin Optlin, die mein muoter erzogen hat:
6 elen stamet fl. 5. 8. und ¹/₂ elen braun samet
fl. 1. 2. Macherlon des Rocks β 4. tuott . . .   **6.   14.**

Hans, des Heckels knecht:
Stamett und fuoter zuo aim par hossen: barchett und
fuoter zuo aim wams. Hat mein weib wettweis mit
andern Jungfrawen verloren . . . .   **2.   —**

In *Sct Ulrichs Closter* gen Dilingen geschikt den wir-
digen frawen und meiner schwester, um mit mir
fröliche zeit haben, etwaz zu kafen, tuot . . . .   **3.   —**

Cristoff Echäin, dem öltern, um er auf meiner hoch-
zeit mit *Marx Pfister* stach, ain Ringlein, cost   .   **5.   —**

Mein und der braut eehalten Schuch . . . . . .   **1.   9.**

So hat mein weib, als Si verrayt, ausgeben:
Um hemder, die Si bruoder *Endris, Hans,* Irem bruo-
der, *Endris Sun, Jan Dynhaim, Martin Frants* ge-
schenkt hatt fl. 15. Den *brautfierern, tanslader,
stichlen* [260]), und *Jegermaister* fremder hern gros-
und sonst *Schnieren* und *krents,* die costen in als
fl. 32. — Mer den *eehalten,* die das gabgelt [261])
bracht hond 3 Krzer. per gulden, tuot fl. 23. Soma .   **70.   —**

Soma verschenkt   fl. 254.   —

Ittem, so cost die hochzeit in als (und wasen am
hochzeittag morgens 11, aubens 13 tisch; und am

nachhoff tag morgens und aubens auch etlich)
Erfind daz ausgeben ist um wein: . . . . .   fl. 50. —
                    um fisch: „ 42.
         um specereyen etc.:   „ 12$^1/_2$.
Dienstgeld, als: Kochen, Keller, messerschmiede, ber-
    kemayer der statpfeifer, steidlin, trummen schlager,
    megde, knechten . . . .   „ 21$^2/_3$.
Mer um brot, fleisch, hennen, caponen, hühner, saltz,
    schmaltz, holtz, kertzen, ain kuchen aufmachen,
    und anderes on zal fil uncost, durch *Conrad Knaus*,
    Martin Franz verrayt, als Ich 2 biechlin darvon
    hab von alen . . . .   „ 87$^1/_2$.
So hat mir geschenkt *Cristoff Egensperger* ain hirss.   —
Her *Jac°. Fugger* geschenkt ain wild und ain Rech.   —
Bischoff von *augspurg*, ain Rech.   —
    do.   „   *Prem*, ain Rech.   —
Weigand von *Dynhaym* auch ain Reh geschenkt.   —
Ant°. Honolt hat mir von beyra [263]) gesant ain Rech.   —
Darum hab Ich, on die krentz verschenkt . . . . . „   8$^1/_2$.

    Soma in als, daz mein hochzeit, on
    clayder schonkongen cost . . . . fl. 222. —

† Jhus maria 1518 †

*Statt hernach die foranzaigten costen und uncosten meiner hoch-
zeit, ales da zesamenzogen, wie hie for nach der leny statt. —*

                                      fl. β.
Erstlich hab Ich fir mich selb verclaytt zway gantze
    claider; den hochzeit tag und nachhoff . . . . 65.   10.
Meim weib Ring und ketlin fl. 230. 9. hochzeit und
    1 nach rock fl. 76. 8. — Trey schauben fl. 54. 3. —
    Ain hauben fl. 10. — Tuott . . . . 381.   —
Noch hat mein braut ausgeben:
Um girtlen fir Si, underrock und ander geherend
    ding zuo der hochzeit, mit mein hemden, badsack etc.
    das, und tails obstends, zuo der forkong [264]) kertt.
    (Aber um daz Ich ales empfangen gelt, von Ir her,
    für einnemen, also setz ich alles ausgebens fir aus-
    geben) . . . . 69.   —
Mer verschenkt und ander leyt claytt, wie statt hievor 254.   —

	fl.	β.
Uebertrag	769.	10.

So cost die hochzeit, speis, drank etc., als auch hie-
vor nach der leng stat . . . . 222. —

Cost in als und als mein hochzeit — Soma . . fl. 991. 10.

† Jhus maria. 1518 †

*Statt hernach, was Ich eingenomen und empfangen hab zuo
heyrot guott mit meim weib. Und Ir tail Örbguott.*

Von 17 bis ult°. may° hat *Marx Öchäin* meiner braüt
fl. 100, und mir fl. 200 zuo Ir claidong, forckong
etc. geben, abon conto. (?) — Mer hat er uns, in
meim abwesen bruoder *Endris*, zalt adi 18 Sett.
fl. 205, adi 4 ottobr. fl. 315, adi 9 ditto fl. 785, adi
20 ditto fl. 190, adi 24 ottob. in Nierenberg erlegt
fl. 1000. und adi 18 Novbr. fl. 1205. Suma in als   fl. 4000.
    Notta: Das in beschlus unssers heirott abgeredt
was, dz Si mir fl. 3000. heyrotguot zuobringen sollt,
und ain erliche forkong, ½ costen der hochzeit, etc.
nach gebrauch disser statt, zalen solt. — Also hab
Ich es ales selb zalt: forkong noch clayder geheppt
— aber fl. 1000. mer dan mein heyrotguot sein sollt,
empfangen. - Also wan es zuo unfellen kem, (das
gott lang verhietten wöle) sol sofil als ungefär ain
erliche forkong geacht ist, oder gemainlich costet, von
den fl. 1000. abgezogen, und mit (dem) Rest gehalten
werden, naeh laut unssers heyrott brief. — So hat
mein weib im Julio darnach mit Iren 2 briedern,
Cristoff und *Jerg*, getailt, denen Ir muoter Ire beste
Ring, Kettin foraus verschaft hatt. Rest per ⅓ tailt.
Und ist meim weib worden:
1 vergiltte Scheir [265]) 4 Mark 5 Lott, wertt   fl. 50.
mer silber becher, schälin etc. 7 Mark, wertt fl. 60.
3 claine ringe (geringe) Kettelin, wertt . . . fl. 20.
Etlich gar claine güldin Ringlin, wertt . . fl. 20.
    Soma an Silbergeschir und goldt . . . .   fl. 150.
Mer, so hat meyn schwiger selig meim weib al Ir clayder,
   girtel, seckel, Paternoster, horbett [266]) und der gleich
   gezierd etc. voran verschaft, und Si das alles gheptt.

Uebertrag . fl. 4150.

Schätz Ich, In mir, ales wertt sei, (wie wol es ain
gar namhaftz mer cost hat, aber darunder fil un-
nutz ding, mein weib auch darvor fil verschlissen)   fl. 200.
Mer hat mein weib erörptt ¹/₃ von al Irs vater und
muoter seligen hausratt, betgwand, leinen tuoch,
zingeschir, tisch, betstat etc. — schätz Ich ir alles
wert sein, ee mer, dan minder . . . .   fl. 150.

† Soma . . . . fl. 4500.

† Jhus maria 1518, adi May⁰ und Junlo. †

Statt hernach, wer uns auff unsser hochzeit, und was Jeder gabett hatt. —

	fl.
Her *Jacob, Propst* zuom hailigen Creutz, ain Dukaten .	1¹/₃
Burgermaister *Jerg Vetter* ain Ringlin, ist wertt . . .	5
Her *Jerg Torso* und sein weib, ain verdeckt becherlin von 5 Dukaten, tuott	7
Doctor *Wolff Rem,* ain verdeckt becherlin, 7 lott . . .	6
Doctor *Conrat Peutinger* und sein weib	3
Ott Lauginger, der alt	3
Antoni Welsser, der ölter	10
Eyttelhans Langenmantel, der altt	1
Cristoff Herwartt, (und sein hausfraw kam nit) ²⁶ⁱ) . .	4
Marx Herwartt von *memmingen*	2
Wolff Pfister und sein hausfraw	4
Uolrich Relinger und sein hausfraw	4
Filip Adler und sein hausfraw	4
Endris Grander und sein hausfraw	5
Lucas Welsser und sein hausfraw	25
Conrat Relinger, ain geschenk von 3 ducat	4
Her *Enofferius Greslin,* chorher zu S. Moritz	1
Wilhelm Rem, 2 Sonnen-Kronen	2²/₃
Anton Lauginger und sein hausfraw	3
Sebold Bongartner und sein hausfraw ²⁶⁸)	4
Hans Lauginger, der ölter. und sein hausfraw	2
Marx Echäin, der alt und sein hausfraw	6
Uolrich Weys, Pfleger, und sein hausfraw	3
Matheus Rem, 2 Dukatten, und sein hausfraw	2²/₃
Jerg Folkumayr von Nierenberg. (*Volkhammer*)	2

fl.

Stefa Endorffer und sein hausfraw 15

Lucas Rem, Gilgen seligen sun 3

Jerg von Argenn 3

Conrad Schmucker und sein hausfraw 2

Bartolme Rem 2

Eytelhans Langenmantel, der Junger 2

Hans Bongartner der Jung und sein hausfraw 5

Jeronymus Rem und sein hausfraw 3

Anton Welsser der Jung und sein hausfraw 4

Marx Echäin der Jung und sein hausfraw 4

Mein bruoder *Endris* 1 Silber Credentz 5 Mrk gar ver-

   gildt 70

Mein bruoder *Hans*, ain silber Wasser-Kentlin 2 Mrk . 24

Cristoff Echäin für sich und sein bruoder *Jergen*, ain

   Silbern Scheirlin 2 Mrk 2 lott, cost bey 28

Lucas und *Antoni Echäin*, jeder 3, tuott 6

Fraw *Sigmund Gossebrotin* wittwe 10

Fraw *Barbara von Dynhaym*, ain perlin hauben, werth . 15

Mein muoter wolt mir geben fl. 20 — Wolt Ich nit.

   Darum luos Si mir die schuld Irs Safir Ring ab . . 20

Fraw *Hans Langenmentlin* wittwe die alt 2

Fraw *Antoni Lagingerin* wittwe die alt 3

Fraw *Jorg Hochstetterin* wittwe die alt. 2

Fraw *Toma Ochnin* witwe die alt 4

Fraw die alt *Hosselerin* 2 Dukat. 2²/₃

Fraw *Hans Hochstetterin* 5

Fraw *Hans Haintzlerin*   } wasen Ire man nit hie   3

Fraw *Jorg Hochstetterin*, Jung }   3

Fraw *Bartolme Welsserin* 3

Fraw *Matheus Remin* Witwe, ward ze laden verschont,

   doch gabet Si fl. 3. Schankt Ich Ir ain arras ob fl. 4.

   wert.

Her *Weigond von Dynhaim* ain silber vergilt becherlin

   12 Lott 11

Her *Jörg von Els*, ain Ringlin, ist wertt bey 6

Her *Jacob Welsser*, hat mir von Nierenberg gesant 10

   Ducatten 14

Hans Bongartner der alt. (Sein hausfraw was krank) . 10

Hans Guotratt und sein hausfraw von Nierenberg ge-

   sant 1 silber vergult paternoster 7 Lott, ist werth . . 8

Fraw, die alt, *Uolrich Echingerin*, von Ulm hergesant . 5

fl.

Fraw *Priorin* mit meiner schwester *Magdlena* und Con-
vent Sct Ulrich, von dilingen hergesant ain Silber
Paternoster und zwai zaichen, wertt 3

Fraw *Barbara* und *Felix Endorfferin* in Sct Cattarina
Closter ain silbern clain schelin und ain Ringlein . . 4

Die Priorin, fraw *Welsserin* zuo Sct Cattarina ain
zaichen 1

Fraw *Gresslerin*, closterfraw zu St Katarina ain bild . . 1

Suma, daz mir auf die hochzeit gapt ist worden, fl. 422.

Was Ich auff mer hochzeytten gegaptt hab.

† Jhus maria 1518 †

*Statt hernach wem Ich gab oder schenck auf hochzeytten etc.
und anders. —*

fl.

adi 14 Settembr. 1518 *Berbelin Optlin*, die meyn
muoter erzogen hatt . . . . $1\frac{1}{3}$

adi 16 Ottobrio haben wir 3 brieder *Doctor Gilg*,
unsserm bruoder, ain schönen mörderin Rock[269])
geschenkt, cost fl. 75. β. 9 . . . . $25\frac{3}{20}$

(Im 1513 Jar schankt Ich Im, da er doctoriert fl. 15.)

adi 20 Junio 1519 *Doctor Conrat Peutingers* dochter
Felix Im einschlaf[270]) 1

adi 23 Jenner 1520 Burgermaister *Jörg Vetter* dochter,
Barbel Weissin 3

adi 13 Febr. Meinem bruoder *Hanssen* gaubett in
goldt 40

Notta: das Ich adi 7 Aug. 1510 meyns bruoders
Endris weib gabet hab ain Ring Esmirald ob fl. 60
wertt.

adi 16 Ottobrio. *Lenhart Imhof* — *Monica Bongart-
nerin* gabet 5

fl.

adi 4 Febr. 1521. *Jörg Imhoff* mit *Elsbett Fischerin* . 1¹/₃

adi 11 Febr. Matheus Öchäin mit Seüjlia *Sultzerin*   3

adi 28 April 1521 Jerg *Endorffer* mit Anna *Herwartin*
ain Rubintafel 11

adi 14 May Cristoff *Öchäin* mit Anna *Relingerin*.
Gabet mein weib 2

adi 6. Aug°. Sigmund *Welsser* mit Ursel *Roetin*. Gabet
mein weib 3

adi 19 Jenner 1522 Hans *Vöchlin* mit Afra *Hörwartin*,
zuo Ulm 4

adi 12 November. Lag mein weib in der Kindpet.
Ich was zuo Nierenberg. Gabet Si Wilhelm *Vetter*
mit F⁴. Ursel *Zieglerin* 1

adi 4 Agosto 1523 zuo Nierenberg, dahin Ich raiset
uf Elena *Welserin* und Gabriel *Imhof* hochzeyt,
gegabet fur mein tail 5

adi 12 Jenner 1524. Sigmund *Langenmantel*, Anna
Bongartnerin gabet 2¹/₄

adi 20 Jenner, Maister Hans *Hack* ²⁷¹), Ursel *Remin*.
Gabet den wert ²⁷²) 3

adi 4 und 5 April hett mein schwager Stoffel *Echäin*
hochzeit zuo Köln mit Catarina *Imhoff*, allda Ich
was. Gabet Im mit der Geselschaft 14³/₈ Mark
Silber sampt Jerg *Echäin*. Von dem schrib Ich
mir zuo fl. 48. Mer schankt ich Ir zuo aim Rock
und gulden ²⁷³) tuoch zuo Antorff fl. 24, on was mich
mein tail der geselschaft vererong trift. Si hetten
aber mir, meim weib eerliche breygoff stuck nach
Ir manier geschenkt. Tuot bar 63

(Mein tail an der geselschaft ist auch bey fl. 13. on
obstends.)

adi 21 Junio 1524. Frantz *Welsser*, Anna *Adlerin*.
Gabet mein weib 3

adi 14 Febr. 1525. Doctor Melcher *Süter*, Constanzia
Peutingerin 3

adi 15 Jenner 1526, Hans *Nitinger* von Memmingen,
Dorothea *Remin* (Bartholme Rems Tochter.) . . . 2

adi 17 Jenner, *Wolff* Ziriacus, Her zu Polhaim, Secre-
tari, Anna *Kuglerin* 1¹/₂

fl.

adi 24 Jenner, Jörg *Stebenhaber*, Madlen *Herwartin* . . . 3

adi 7 Aug°. Hans *Welsser* von Nierenberg und Barbel
Adlerin 4¹/₂

adi 16 September. Meim *hern Bruoder*, bischoff von
Kemse ²⁷¹), mit meyner muoter, bruder Endris und
Hans ins hochwürdig Amt geschenkt, sampt etlich
costen, die Ich tatt. Wolt mit 3 pferden wol ge-
rüst zuo seim fest geritten sein. Ward Ich krank.
Tuot dz mein tail trift 15

adi 17 September. Johan *Langenmantel*, Veronika
Welsserin 3¹/₃

adi 12 Marzo 1527 Uolrich *Welsser*, Sabina *Relinger* . 3¹/₃

adi 9 Settbro. Conrat *Rott*, Elena *Bongartnerin* . . 3

adi 22 Juno 1528 Hans Jacob *Hümpis*, Ursel *Hörlerin*.
Raisten mein weib und Ich gen Linda, sampt knecht
und magd. Ain Ring, cost mintz 9

adi 24 Julio Joseph *Hochstetter*, Benigna *Adlerin* . . 3¹/₃

adi 2 Junio 1529. Lenhart *Stamler*, Margrita *Rös-
lerin*, meins bruoders Hans seligen Wittwe, dero
Kinder zuo guot, gold 5, tut mintz 5²/₃

adi 8 febr. 1530 Doctor Baltus *Langauer* ²⁷⁴), Barbel
Rämin, gabet 3

adi 19 Julio. Hans *Zangmaister*, Anna *Remin* 2 Saltz-
fas vergilt 11¹/₆

adi 11 Jenner 1531. Jerg *Gienger*. Barbel *Hörlerin*
wittwe † 4¹/₂

adi 9. Ottobrio. Lenhart *Relinger*, Elena *Welsserin* . 3¹/₄

adi 19 Junio 1532 hat mein schwager, *Jörg Öchäin*,
hochzeit gehalten mit Junkfraw *Anna* Peter *Haintzels*
seligen dochter. Da was gaben, und aufs gnachst
hochzeit halten, scharpf verboten. Aber darnach
adi 15 Julio 1533 hab Ich Ir ain silbern vergilt
kopflin ²⁷⁵) geschenkt, 2 Mrk. 3 lot. 2 qt, mit Ir
baider wappen. Cost mich mintz 31¹/₃

adi 10 Decembrio het Wilhelm *Mörtz* ²⁷⁶) mit meins
bruoders Endris dochter, Junkfraw *Afra*, hochzeit.
Was gaben verboten. Aber darnach schenkt Ich Ir
zuom nuien Jar fl. 10 in goldt, etwaz Irs gefallens
ze kaufen . . . . mintz 11

fl.

adi 16 Novbr. 1534 het Anton *Zolner* von Nierenberg
mit meins bruoders *Endris* dochter, Junkfraw *Zu-*
sanna hie hochzeit. Was gaben verboten. Aber
darnach schankt Ich Ir zuom nuien Jar fl. 10 in
gold. Tond mintz 11 1/3

Soma Mintz . . fl. 309 13/15.

Bemerkung. Hier endet sich das Verzeichniss der von ihm
verausgabten Hochzeitgeschenke. Dass er im Sinne hatte, es noch weiter
fortzusetzen, geht daraus hervor, dass er die Summa dieser Ausgaben
nicht zusammengestellt und zwei Blätter leer gelassen hat. Es ist übri-
gens kaum anzunehmen, dass in dem Zeitraum von 1534—1540 in einer
so grossen und vielverzweigten Familie keine weitern Ausgaben für Hoch-
zeitgeschenke sollten vorgekommen sein.

Etlich angenomen Leibgeding sampt ligende gieter, erörbtt und erkaft, fil beschaid.

† Jhus maria †

A.

1525. Fraw *Barbara von Dynhaim*, geborne von *Argen*, mein bes [277]), die hatt mir geben im Jener fl. 100, im April fl. 100, in unsser geselschaft uberlassen, auf 1 marzo fl. 200, um ain becken und wasser geschir, könig frantz verkaft, bey fl. 200 — Soma *fl. 600.* in gold. Hat mir mer, und Ich Ir auch geben, und vergleicht, verainiget und mit Ir auf fl. 600 übereinkomen, daz Ich Ir fl. 60 in gold Leibgeding verkaft, mich, mein hab und guot sampt mein erben verpflicht und verschriben hab, Ir aynig leben lang alle Jar zalen auf 1 Novbro fl. 30, und auf 1 Mayo auch fl. 30. nach laut meiner handschrift und Insigel Verschreibung, die Ich Ir adi 15 Julio disses Jars selb behendiget und darum geben hab. —

B.

1525. *Lucas Rem, Hansen* seligen son, mein vetter, haben wir brieder, Endris, Ich, Hans verkaft Leibgeding fl. 60, jeder den tritten tail. Darfor hab Ich eingenomen und zuo meim tail empfangen fl. 200 in gold. Das sol Ich Im ale und jedes Jar, sein leben lang, alweg auf den ersten tag May⁰ zalen fl. 20. in gold, nach lautt brief und sigel, (welche) wir trey Im adi 27 May⁰ 1525 zesamen um al sechzig gulden geben haben.

1527. Ittem. Nach absterben unssers bruoders *Hanssen* selig, haben bruoder *Endris* und *Ich* seine Lechegüter ²⁷⁸) ale zuo Kissingen, ²⁷⁹) erörpt, und uns im Octob. 1527 mit ainander veraint und vergleicht, der verlasen wittwe und kinder dafür etwaz ton, und bruoder Hansen obgemelt tail auf uns genomen und seine Erben entlediget, also, daz Ich jeds und ale Jar über obstend fl. 20 gemeltem *Lucas Hans Rem* noch fl. 10. gold leibgeding zalen sol, und bruoder *Endris* auch als fil. —

C.

Im mörtz 1532 gab mir *Weygond von Dinhaym* 500, und bald darauf gab Ich Im 100, also Rest mir fl. 400 in gold, die er mir bar erlegt hatt. Darvir sol Ich und mein örben Im sein leben lang Järlich Leibgeding bezalen, auf michaeli 20 fl., und auf ostren auch 20 fl. in gold, nach Laut brief und sigel, die er von mir hat, und in meim schuldbuoch a Rubro 50 clar statt.

D.

Auf mermal Im 1532 Jar etc. hat mir fraw *Barbara von Dinhaym* bar erlegt und geben fl. 1000. in gold, dieselben mein kindern frei geschenkt, doch mit dem vorbehalt, daz Ich und mein örben Ir Ir leben lang alweg den 15 tag martzo, als lang Si lebt, fl. 50 leibgeding zalen sol. Darnach, nach Irem absterben, sollen genant fl. 1000 aler meiner kinder, die Ich bei dissem meim weib, Anna Echain, hab und uberkomen wirt, sein. Dess hat Si ain leibgeding brieff, wie in meim schuldbuoch a Rubro 51 lauter und clar statt.

E.

Adi 20 Novbr. 1522 ist *Lucas Rem*, Gilgen seligen sun mit dodt verschiden, dem got gnad, und hat verlassen 7 hoff, 12 Sölden, 1 Zehend, 1 Zoll, und in disser statt ain garten, des alles Lehen ist. Darum *Endris*, *Ich*, *Hans*, *Doctor Gilg*, und *Matheus* und

Lucas Remen, Hans seligen süne, recht erben gewest; aber erstlich uns von *Ambrosi Hochstetter* und brieder, als sein nechsten Erben merklich gros anspruch, erfordrung, eintreg geschechen, hie vor Rat umzogen, unbillicher weis — (von dem, und deto auch ander Doctores etc. gros firschub, beistand gehept;) jedoch durch burgermaister *Uo. Relinger, Eytelhans Langenmantel* alt, *Cristoff Hercart, Bartolme Welsser*, aus sondrem gescheft ains Rats vertragen, daz wir den *Hochstettern* obgenanten garten alain, mit seiner zins beschwerd, und al farende gietter etc. (die wir nit angefochten noch verfolgt) gelassen haben, alain um dz ain Rat so ernstlich wider uns war, alles nach lautt brief und sigel adi 2 febr. 1524, durch obgemelt dadingshern [260]) aufgericht. (Es) Ist uns darum und um anders, uncost, schankung etc. gangen [261]) ungefar 3 Jars zins von obstenden güttern, in dero posess wir allzeit gwest und pliben sind.

Darnach, um daz bruoder *Gily* priester, und drum zweifel was, ob er lehenfähig were etc. nach fil stritt und bitt, erluos er uns funffen sein tail frey, aus guotem wilen, adi 12 Jeuer 1525.

Nachfolgend kauften bruoder *Endris, Ich* und *Hans*, obgenantem *Lucas, Hans* Remen sein tail ab um 700 Goldgulden nach lautt brief und sigel den letzten tag May 1525 aufgericht. Trift mein drittail Inen baiden zalt, tuott Ausgeben fl. 471. —

Darnach haben wir drei brieder, *Endris, Lucas, Hans*, drui tail draus gemacht und nach dem einkomen ongefarlich tailt, wie uns die gilt angeschlagen ist.

I. *Kissingen* 1 Hof, 5 Sölden, 1 zehendt, 1 fischerey, järlich gilt bey . . . 51$^1/_6$.

II. *Biber* 2 hof, 7 Sölden, jarlich zins fl. 29$^2/_3$.
1 Hof zuo *Lagna* fl. 14$^2/_5$.
ain alter zoll *Epfach* fl. 3$^1/_4$. Tuot alles zesamen jerlich gilt, bey fl. 47$^1/_4$.

III. Ain Hof zuo *Hurlach* um fl. 13$^1/_2$; ain Hof zuo *Weringen* fl. 23.
ain Hof zuo *Otmarshausen* fl. 11$^5/_6$.
tuott zesamen Jerlich gilt bey fl. 48$^1/_3$.

Adi 21 Oct. 1525 haben wir 3 Zedelin gemacht, die mein sun Lucas (was 3 Jar alt) austailt. Hat jedem ains ungefar geben, und ist mir ain loos worden genants drittail, die Hof *Hurlach, Weringen, Ottmarshausen*. Gott geb gluck.

Meim bruoder Hans *Kissingen*, etc. Hat mir (wie bedingt gwest) geben fl. 14$^1/_6$.

„Beschaid gemelter meyner erörptten und kafften Hoff."

1) Mein Hof zuo *Weringen* [282]) baut *Matheis Geir*, und zalt Jar-
lich 6 Schaff Rock, 9 Schaff Haber, 6 Schaff Kern, alles Hern mas. —
8 Herbsthöner, 200 Eyer, 1 Metzen fogelöl. Ist mir ales um
fl. 23 zins angeschlagen. Ist Lehen ⅔ vom *bischof* von Augs-
burg; ⅓ von den von *Hocheneck*, als erbkamerer gemelts ge-
stift. Die Lehen vom Bischof Cristoff hab Ich hie adi. 17 febr.
1526 empfangen mit aim gantzen hof von Ottmarshausen. Zalt
lehengelt fl. 2. — Schreibgelt 20 tz Solicitation 20 Kr.

Mit *Rudolf* und *Endris* het Ich fil und gros stritt, wie bei
mein lehenschriften statt, an aim sondren bischel. Uff die lest
empfieng Ichs von Endris von *Hocheneck* adi 15 Jener 1527.
Muost Im zalen fl. 1⅓ Schreibgeld ½ fl. Beschweret mich um
20 und 10 tz.

Disen hof hat mein Anherr *Lucas Rem* kaft adi 6 Julio 1426. —

——

2) Mein Hof zuo *Ottmarshausen* [283]) baut *Veit Geir*. Zalt jetz,
seit Im der lech sovil schaden taun hat, järlich 2 Schaff kern,
5 Schaff Rocken, und 4 Schaff 6 Metzen Haber, ales hernmas —
3 gäns, 2 hennen, 6 böner, 100 Eyer, 1 metzen Vogeloll. Ist
mir angeschlagen um fl. 11⅚.

Ist Lehen vom bischof von Augspurg. Die hab Ich empfan-
gen mit den ⅔ des hofs Weringen, adi 17 febr. 1526 — uud
von baiden zalt Lehengelt fl. 2. Schreibgelt 20 tz., dem
der mirs herbracht 20 tz. Ehe der Lech dises guot beschädiget,
hat er mer zalt, 2 schaff 2 metzen haber und fl. 1 wissengelt.
Ist Im nachglassen. —

Dissen hof hat mein Uranher Hans Rem selig kaft adi 12
marzo 1411. —

——

3) Mein Hof zuo *Hurlach* [284]) baut Hans *Seligmann*. Zalt jär-
lich gilt:

16 Schaff Kern, 6 Schaff Rocken, 6 Schaff Haber, 1 Schaff
Gersten, hern mas.

120 dn. zinsgelt, 2 gens, 6 höner, 6 kes, 100 Eyer, und ist
mir angeschlagen um fl. 13½. —

Ist Lehen vom *Hertzogen zuo Bairn*. Die hab Ich von her-
zog *Wilhelm* empfangen adi 9 Jenner 1526 hie. — Zalt Lehen-
gelt fl. 3. — in die Canzlei 17 kr.

Lang darnach hab Ich erfonden, daz mein vorfaren nur fl. 2.
zalt haben. —

Dissen Hof hat mein Uranher *Hans Rem* selig kaft adi 11
marz 1411.

---

4) Adi 13 April, spatt, 1527 ist mein bruoder *Hans* (dem Gott
gnad) verschiden, on mans örben, derhalb sein Lehengietter zuo
Kissingen an mein bruoder Endris und mich örblich und mit
recht gefallen sind — die wir aber erst nach gar fil langem ge-
heptten Rätt, insonder verwilligong unssers bruoders und hern,
bischoff zuo Chiemsee, und gedachter unssers bruoders seligen
verlasne witwe — um fraintlich, briederlich, unverweislich ze
handln, — erst am end des monets August angenomen haben.
Und um daz gemelter mein bruoder Hans selig kurtzlich
etwaz darzuo erkaft, und mit dem rechten wider Herzog Wilhelm
zuo bayrn uncost taun hatt etc. —, haben Endris und Ich der
gemelten Erbern witwe unsserer geschwei [286]), und kindern, aus
guotem freyen willen, ain vererong oder widerlegong getan, und
fl. 20 in gold Leibgeding, die Ir(em) man selig gwest, [287]) und
Si (die verlasne Witwe) jetz järlich Lucas Rem, Hans Remen
seligen sune schuldig ist, über uns genomen, und Si dero frei
entlediget haben, darum Si uns fraintlich gedankt, und auf ge-
hepten Ratt nachstende Lehengütter gutwilliglich übergeben, fil
darzuo gehörend schrifften überantworttet, die wir also ange-
nomen haben.
Also bestat, dz Ich Lucas Rem, Hanssen seligen sone, um
disser nachstender gütter willen, sein lebtag, jedes Jar uff p°.
may zalen sol — gold fl. 10. —
Nachfolgend, nach mer pratezieren und reden, hab Ich meim
bruoder Endris solche erörbte und nachgenanten gütter ad. 22
Octob. gestelt, mir 400 fl. in gold ze geben, (nnd dafür) die gietter
behaltten — oder Ich wele Ims. (geben) Darzuo hab Ich Im be-
dacht [288]) geben. Also auf dornstag 24 Octob. hat er mir al
sein gerechtikayt und tail frey für mein aigen übergeben. Dar-
vür hab Ich Im adi p°. Novbr. bar bezalt gold fl. 400.
Und des Ich also erörbt und erkaft hab, sind gietter zuo
Kissingen und Lehen von aim bischoff zuo Augspurg. Von dem,
nemlich bischoff Cristoff, Ich die adi 6 Novbr. 1527 empfangen
und lehengeld zalt hab fl. 2. mintz — in die Canzley 15 kreytzer.
Ist mir durch mitel guter hern und fraind her gesant zwe die
lehenbrief on ferner uncosten, und nit mer an mich begert
worden. —

---

5) *Folgt, ws gieter Ich zuo Kissingen erörpt und erkaft hab.*

1 Hof. (sind vor fil Jaren 2 gwest.) baut *Ulrich Scherer*, ist
Im sein leben lang gelichen und zalt alle Jar gilt, zins:

	fl.	kr.
4 hern schaff kerren sind angeschlagen ungefarlich .	6.	—
12 hern schaff Rocken, angeschlagen	13.	30
4 hern schaff Gersten ungefarlich angeschlagen . .	3.	—
12 hern schaff Haber (ist 13½ schaff gestrichen) . .	6.	45
+ wisgelt von wissen, die zuom hof gehören 11 β bayrisch, mer von 8 tagwerk mad, Im sein lebtag gelichen, 8 β bayrisch, dz aber nit zuom hof gehört. Tuott 30 den. per β	2.	43
200 Eyer, schlag Ich aufs ringest an 20 um 1 kr .	—	20
20 Kes, oder 3 den. for ain, tuott	—	17
20 herbst honer, angeschlagen 2 kr. ains	—	40
6 Gens auf Martini, schätz ayne 4 kr. uf's minst . .	—	24
1 Wissat, wie wol im bestandbrief 2 stond — ufs minst	—	4
Soma wie disser hof Jerlich gilt angeschlagen ist	fl. 33.	43

	fl.	kr.
Mer ain Zehenden zuo *Sew*, auch gen Kissingen gehörendt, gibt ain Jar mer dan das ander, aber aufs mindst:		
7 Schaff Rocken — 6 Schaff Haber hern mas — angeschlagen 1 und ½ fl., ain gestrichen schaff, geraytt 7⅞ und 6¾ schaff	11.	15
4 tagwerk wismad, under Mergentaw [289]), angeschlagen	1.	17
3½ tagwerk wismad, Jerg fischer verkaft, zalt jerlich	—	45
5 Sölden, die zalen Jarlich 120. 120. 120. 90. 60 pfennig tuott 510. Alle funf tondt	2.	26
Mer zalt der Sölden Jede 40 — tuott 200 Eyer . .	—	20

So hat mein paur, Uo. Scherrer, auff sein hoffstat uf'n
berg noch ain Söld bawen, Im sein lebtag umsonst
gelichen. Also statt hierin kurtzer, aber in meim
Lehenbiechlin a Rubro 22 in 45 braiter beschaid
disser meiner erörbten und erkaften Lehengietter,
die Ich Jarlichs Zins uffs mindst schetz

Soma in als fl. 49. 46 kr. Jerlich Zins.

6) Adi 4 April 1524 haben mein brieder auf mein bevelch für mich und mein Örben kaft von *Ursula Meytingin*, Bartolme Rem verlasne wittwe, ain *vogelherdt*, mit seiner hittin und stall, in der *Rosenau* gelegen, an der Wertach, ungefar vor Sct Lenhart vorüber, den Gilg und Lucas Remen selig lange zeit pfandschaft inne gehabt haben. Hab Ir drum geben fl. 20. und Ir dochter Ursel Leikaf fl. 1 in goldt, und disses Jar drin verbauen nuie netz mit dero zuogehör, 12 holtzin, 6 dratin vogelhäusser und ander ainrichtong ausgeben fl. 8 in goldt. On Vögel und voglers lon cost er mich mit aler einrichtong gold fl. 29.

Darvon hab Ich ain schlechten kafbrief, gemelter frawen hantschrift bitschaft.

7) Adi 21 Novbr. 1525 kauft Ich von *Alexander Schwarz, Martha Peutingerin* sein eegemahl, ain garten samt Somerhaus, Stadel und alem zuogehör —, gelegen vor dem Klenker törlin, zwischen bropst zuom hailigen Creutz, und Bastian Schnitzer gärten, hinden an Laux Ravenspurger anger anstosend — wie er ist, alles um fl. 200 mintz, je XV batzen per floren. Zalt in gold fl. 187½. — Und gat daraus Järlich zins, alweg uff Sct. Michels tag, Wilhelm Rem ze zalen, fl. 2. ungerisch bechem [285]), nach altem brauch. Habs darmit übernomen und Wilh. Rem ain brief mit meim und des vogts sigel um den zins miessen geben.

8) Im Novembrio 1537 ist mein schwager zuom Adler mit dodt verschiden. Dessen örben, (nemlich Jörg Öchains) gewest sind meyn liebe Hausfraw und Katarina, Cristoff Öchains seligen verlasne Witwe und Kinder etc. Darvon hab Ich erstlich bezalen miessen seiner verlasne witwe *Anna* Haintzlerin, heyratguot, widerleg, morgengab fl. 6500. Und Schinderey um ruo, frid und fraintschaft wilen fl. 278½.

Über solchs hab Ich geörbt zuo meim tail, gold fl. 203. β 17. Und mer 2 zins, um 1 fl. ewigen und 5 fl. ablöslichen zins von fl. 120. Hab Ich meym weib und meiner geschweig sovil bar gelt geben und zalt. —

Mer haben wir geörbt ain bergwerk, und nit tailt. Ist zuo *Hal* im Intal — nix wertt, wie im schwartz Zinsbuch a R. 98 mer beschaid statt. Über die 2 Zins um fl. 1 und um fl. 5. hat mein weib gnuogsam brief und sigel. —

9) Adi 5 Mayo 1538 starb fraw Barbara von Argen, Weigand von Dinhaym weib, (mein bas, die mein weib erzogen.) die bey mir *wisentlich* 600 fl. leibgeding. Des hat Si 14 Jar aingenomen und gehept. Mer hat Si haimlich, on wisend Irs mans bei mir gehept fl. 1000. in gold, auch leibgeding, das Si hat 6 Jar oder mal eingenomen, wie wir verglichen haben, und Si wol zefrieden gewest — also daz gemelt 2 leibgeding fl. 600 und fl. 1000 abgestorben sind. Mer hat mein weib, aus kraft Irs testaments geörbt den halbtail Ires hausrats, Silbergeschir und clayder. Ist Ir for Iren tail worden, nemlich:

	fl.	kr.
11 Mark, 10 Lott allerlay Silbergeschirr und geschätzt worden . . . . mintz	133.	36
Allerlay alte clayder, nix sonder guots, geschätzt worden	39.	45
Allerlay lein watt, alt und nui, geschätzt	33.	12
Allerlay betgwand, pfulgen, kissen, deckpett, geschätzt	49.	—
Mer Zingeschir mererlay ã 179 zuo 8 kr. geschätzt	34.	—
Sonst allerlay clain ding, geschätzt worden um . .	16.	32

Soma das mein weib in als von Ir erörpt hat,
den wertt ungefar . . . . fl. 306. 5.
und zuo sampt andrem meim hausrat, Silbergeschir tan. — Notta:

Zway vergult becher, wiegen 2½ Mark, und sind geschätzt wertt sein fl. 52½ gehören meiner dochter Magdlen alain. Der hats oft genante fraw Barbara von Argen seligen geschafft.

Der gott gnaden welle. Amen.

Gepurtt 5 meiner ledigen und gebornen kind, tails Ir wessen.

Bemerkung: Es fehlt Blatt 45, worauf Geburt und Schicksal seiner drei ersten in Antorf geborenen ledigen Kinder verzeichnet war. Darauf beginnt Blatt 46 also:

Jhus maria.

d.) Adi 4 Aug°. 1514 [290]) Morgens um 7 ur, gelag vor gemeltte Margrett von der Borcht ains Sons. Gab Si mir, luos Ich zuo Antorff *Jacob* haissen. Warden mein gefatter, Peter *Berstrass*, Jac°. *Greneberg*. — Nach fil unbilichen bossen Sachen und Jamerlichem verderben, die muoter an Im taun hatt, ward er Ir gestolen, uff Coln, Frankfurt gesant zuo Ros. Kam er her adi 15 april 1528. Behuolt In bis 17 Aug°., tatt Ich In zuo her *Hans Schmid* In die cost bis 17 Marzo 1530. (Da) hab Ich In zuo Ulm zuo Magister *Lambrecht Bongartner* in die cost zuo der lernong getan. Bis 21 Septbr. kam er her, und adi 14 October 1530 hab Ich In *Jerg Uttinger* gen *Vinedig* gesant. Der hat In auf fil und hoche bit gehalten bis 3 Octob. 1531. (Da) hat In mein schwager Jörg gen *Terfis* gefiert, zuo aim guten hern tan, darbei er nit lang pliben, in wenig zeit sich selb hin und her verdingt, 10 oder 12 heren alda gehept, wie Ich bericht bin. Bis 6 Aug. 1532 hat In Bastian *Polner* wider gen *Vinedig* genomen (ob Im for gantzem verderben ze helfen wer) In zwei monet in die cost getan zuo dem beriemptesten Schulmagister, um rechnen und buchhalten zuo lernen. Hab Im al monet 5 ducaten zalt. — — —

Adi 9 febr. 1533 haben Si mir In her gesant uff der *Rod*, [291]) ist erst 11 martzo herkommen. Auf 19 ditto schickt Ich In gen Ulm, Mentz, und fort hinab. Ist er erst adi 25 april zuo *Antonio von Bomberga*, frech und costlich claytt komen, und gleich zuom anfang auf sin reden und fragen trutzige, stoltze, unwarhafte beschaid und antwurt geben. Da das, (und kain endrong, noch zuo beserong kain hofnong,) *Ant°. v. Bomberga* gesechen, hat er Im nichts trauen und glauben, und nit in sein haus nemen wollen, aber mirs nach lengs geschriben.

Und Ermessen, daz er sich je und alweg an alen orten so trutzig, stoltz, unvertraglich, ungehorsam und gar übel gehalten hat, und nit warhaft, aber verzerlich und bos gwest und noch ist, hab Ich bevolchen, dz man Im auff mein costen verhelf ain antwerk zuo lernen, zuo welchem er mer wilen hab, daz man Im die wal geb. Also hat er das Kistler oder Schreinwerker antwerk fir all andre erwöltt. Darzuo haben Im meine diener zuo Antorff adi. p°. Sept. 1533 zuo aim guoten maister geholffen. Bey dem hat er sich halstorig, trutzig, ufs ublest gehaltten, Im ends Junio 1534 wegk gelaffen, bockisch, stoltz, aigenwillig gwest, nit mer zuo Im gwelt, hab doch noch (den) mertail lerngelt zalen miessen. In Suma, er hat sich alenthalb und alweg ufs üblest in aler ungehorsame gehalten, und mich, seit er seiner muotter genomen oder gestolen wardt, ob fl. 260 costett. Deshalb mach Ich des † (kreuz) uber In, gott befelchendt. —

---

e) Adi 9 Sept 1516, zwischen 3 und 4 ur abends, gelag vor genannte *Margret*, *Matheus von der Borcht*, dochter, ains Madlins. Nam Ich fur mein, und luos *Anna* haissen.

Warden gefatter *Jan Gabriel Bongarti*, *Erasmus Schetz*, *Rcy von Ost* weib. —

Luos Si *Dorothea*, Hern *Francisco de Taxis*, postmaisters wittwe ziechen. Die fierts mit Ir adi 4 Junio gen Mechel, Brussel, Cöln in die Frankfurter mess. Kam zuo mir gen Ulm, dahin Ich mit al meim hausgesind den sterbend gefiochen war, adi 29 Sept. 1521. —

Fuorts hernach her, huolt sich fir und fir geschickt und wol. Luos Si lesen und schreiben lernen. Ward im 152? Jar mein beschliesserin, und alweg gesund.

Schicket Si im Aug 1532 und im Sept 1534 ins *Krumbad* mit erlicher leytten kinder, frelicher [292]) pledikait halb. [293]) Darzuo half Ir des letzt baden wol. — Solch 2 baden hat fl. 10½ — Si mich sonst bey fl. 40 und nit mer costet ausserhalb.

Was Ich Si hie claydet etc. hab, hat Si ungefar wol verdient.

Gepurtt meiner eekindt.
Die mache gott from, Erber.

---

† J h u s †

In Augspurg.

1) *Lucas*, meyn Son, ward geporn, Sontag nachtz adi 5 Ottobrio 1522, in der nacht, da es 2 schluog, und den montag morgens darnach getauft zuom hailigen Creitz, alda propst, her *Cristoff. Angnes Jerg Schulthayss* von Ulm, *Anna Messerschmidin* mein gevatter warden. Gott geb, dz ain guotter, krecht, gottseliger man werdt. — . — . —

In der kindpett uberkam er ain brichlin [294]). Das ward Im, mit gottes hilf, Ratt Magister *Benedict*, foran meins weib gros fleis und sorg, alain mit binden in $1/2$ Jar gehailt. Doch auf al firsorg truog er sein band stett bey 7 Jar, aber von gotts gnaden on Nott. — Was dar zuo fir und fir ain krank, zufelig kindt, mit hefftigen fliss [295]), die In uff geschalen, langwirig bes kunden waren (?), foran mit uberheftigen bluoten durch die Nas, oft und fil. Foran adi 4 may 1526 verwagen wir uns deshalb sein leben [296]). Hat auch im April 1525. 1526 daz fieber terzana, uberheftig, von 10 In 18 stond (des) tags, geheptt, auch im may 1530 und September 1531, doch nit so heftig, aber fieber quartana.

Im December 1527 hat er die kindsplatren [297]), Im September 1530 die Flecken [298]) geheptt.

adi 18 may 1528 tatt Ich In das erstmal gen schuol, zuo Niclas *Pole.* ¹/₄ Jar darnach in ain lateinische schuol, zuo Her Hans *Schmidt* und Valentin *Egelhoff.*

adi 15 April 1533 schickt Ich In gen *Nierenperg* zuo her Johanes *Ketzman,* mit fil costen seiner Jugendt halb. — Fong alda an ze sterben, also daz er auf 25 Julio nachst darnach wieder her kam. —

Ritt doch In 3 tagen hin, in sovil her. —

Da tat Ich In wieder zuo seim letzten Schuolmaister, genantem Magister Valentin *Egelhoff.* —

Da er geboren, ward der fol mon ²⁹⁹) 1 Ur 51 Minuten Nachmitag. Im widder 20.

adi 12 August 1535 fuor er mit meiner muoter, der von Dinhaym, mein dochtern gen Ulm. Flochen den Sterbend. Und underwegen warf der fuormann um und Im sein glinke achsel aus, daran wir ale fil ze ton hetten. Kam adi 13 dito gen Ulm. Bestellet Ich Im Benedict *Nägelin,* Magister. Der kam ale tag 3 aufs mindest 2 mal zuo Im, lernet In latein. Darnach, da er gesond ward, gong er in die lateinische auch rechnenschuol 1535.

adi 18 Febr. 1536 ritt er von Ulm wider her gen Augspurg.

adi 13 Marzo 1536 ritt er mit *Lucas Schelberg, Hans Wideman* bot, gen *Venedig.* Kam dar adi 24 dito zuo *Jery Utinger.*

adi 9 April spatt fuor er gen padua. Kam dar adi 10 ditto zuo *Doctor Hansen Truschler von Ottingen.* Der sol In in seiner *huott, zucht, lernong halten.*

Bemerkung: Die folgende leere Seite ist also überschrieben:

+ Verfolg (ob got wil) Lucas meins Sons.

Die Seite blieb aber leer.

Dieser sein Sohn heirathete *Sibilla Welser,* eine Tochter *Anton Welsers,* des ältern, A⁰ 1545. Er war 1648 beim Stadtgericht Augsburg angestellt, resignirte 1564 und starb mit Hinterlassung von 4 Söhnen und 2 Töchtern A⁰ 1581.

Kaiser Carl V. hatte ihn im Jahre 1541 in den Reichsadel aufgenommen.

Jhus In Augspurg.

2) *Magdlena,* mein dochter, ward geporn adi 5 febr. 1527 Aftermontag morgen, ¹/₃ nach Siben ur. (Was adi 31 Jenner, darvor 4 ur 7 minuten nachmittag der nui mond gwest, im widder 22.)

Obgenanten nachmittag ward Si in meim haus cristenlich getauft von *Hans Schmid* (erwölter Predicant vom pfarvolck zuom Creutz) ³⁰⁰) Ward gefatterin *Anna Messerschmidin.*

Der almechtig her geb Ir sein gnad, gotselig, from und erber zuo leben.

Im December 1527 und Febr. 1528 hat Si die kindsplatren 3. 4. wuchen gheptt.

Im Junio, Julio 1530 hat Si das fieber terziana gheptt, und denselben von p⁰. Settemb. bis ½ October hett Si ain uber-grossen husten, also daz Ir inwendig ain geschwur wuochs, das auf 25 Octob. nachtz aufbrach. Hustet heftig, warf ayter aus bis adi 5 Decbr, dz ist 40 tag, ain gross unlayd. Darnach uber-kam Si grosse hitz, und plib bis ½ Febr. 1531 schwach und krank. Ward darnach gesondt.

adi 26 martzo 1532 trank Si an 12 In 15 · tag ain wenig stetter rotten weyn, da wir darfor, und fil Jar darnach, kain tropffen trank, dann wasser, In Si haben bringen kinden.

In disser zeit und Jar luos Ich Si, aber alain die sumer, gen schuol gan, lessen zuo lernen.

Im merz 1535 tat Ich Si gen schuol, um schreiben und mer lernen bei Hans *Hailand*.

Von späterer Hand geschrieben, und zwar von derselben, von welcher die Bemerkung Seite 3. herrührt, folgt dann die Notiz:

„Den 16ᵗ December A⁰. 1544 hatte Si Hochzeit mit *Hans Hartlieb*, genant *Walsporn*. Ist gestorben den 3ᵗ Febr. A⁰. 1575. Verluos 8 Süne und ain tochter.

Die nächstfolgende (Rück-) Seite beginnt wieder mit der Aufschrift:

† Verfolg (ob got wil) Magdlena meiner dochter. †
Ohne irgend eine weitere Bemerkung.

---

† Jhus in Augspurg 1529 †

3) *Berchtold*, mein Son, ward geporn Montag 11 Jenner 1529, nachmittag ¼ ur nach zwayen und adi 11 Jenner 1529 aubends cristenlich getauft, durch her *Hans Schmid* erwölten Predicant zuom Creutz, in beiwessen filler leytt. Was der nui mon 1 tag darvor 9 ur 2 minuten gwest Im widder. Ain fast schons schwartz-augends kind mit aim kraussen weyssen har, aber fir und fir mit krankhait beladen, vergicht, grimmen, haptwee, zuo letzt die flecken. Die het er unmasig, also daz er starb adi 14 October 1530 aubends um 9 Ur. Was den tag darvor des mons lest quartier 2 stond 44 minuten nachmitag, im Leo 12, die Sonn im Scorpion.

Ward in unsser der *Remen begrebnus*, zuo *unsser fraw*
begraben.

———————

4) *Josep Abaramathia* mein Son ward geporen dornstag adi 6
Octob. 1530 im Tag, gleich da es 2 schluog. Was der fol mon
1 tag darnach zuo mittag im zaichen widder 16. Denselben
aubend gedafft, von her Hans *Platner*, Custor zuo Sct Anna, in
meim haus. Was der gros reichstag. Waz gefatter meine diener
Martin Frantz von Nierenberg, *Petrus Gienger* von Ulm, *Anna
Messerschmidin.* Waz die muoter und meine 3 kinder darvor
heftig krank, 6 oder 8 wuchen am huosten, flecken, darnach noch
krenker.

Aber er was ain schon schwartzaugender, uberstarker, brau-
ner buob, kraus haar, fir und fir gesondt, nie krank bis adi 11
Settbro 1533, kam In ain bos hitzigs fieber an. Starb dran adi
24 Settbr. 1533 morgens zwischen 3 In 4 Ur. Darnach 1 tag
wz ledst quartier (des monds) Im stainbock, Mittags.

Ward (er) begraben in unsser der *Remen begrepnus* uff der
gredt [301]) zuo unsser frawen.

———————

5) *Maria*, mein dochter, ward geporn Sambstag adi 16 Decem-
ber 1531, Im tag, da es 2 schluog. Mon ersts viertel, am tag
darnach mittags im fisch. Am sontag morgens darnach getauft
zu *St. Anna* durch *Lenhart* hern *Bonifacius*, Predicanten, alda
Diacon. Wassen gefatter meine diener *Bastian Polner*, *Hans
Stecklin*, und *Anna Messerschmid*. Ist ain zart, weis, grawaugends
und gesondlichs kind. Der almechtig verleich Im sein gnad, dz
es gottselig, Erber, fromm, In seim göttlichen willen und wol
lebe. Amen.

———————

6) *Berchtold*, mein Son, ward geporen aftermontag 2 Decemb.
1533 aubends $^1/_4$ Ur vor Sibnen. Ain tag darvor $8^3/_6$ stond
mittags folmon gwest, im Zwiling 28. Ward getauft im Predig-
haus zuo *St. Moritzen*, durch den *langen Her Wolf*, *Magister
Michel*, zuon Barfuosser Diacon. Wassen gefatter, mein diener
Hans Echinger, *Hans Stöcklin*, und Anna *Messerschmidin*. —
Was ein zart schwarzaugend kind und bei 17 wuchen ge-
sund. Da kam In der Neris [302]) an, und wolt nit recht raus.
Also fong er an tag ze tag abzunemen (nemlich mein son, der
ander berchtold) und nam also wunderperlich bei 20 wuchen
teglich mer ab, und verzeret In solche krankhait, daz ich mein
lebtag kein elenderen anplick gesechen hab.

Starb freytag adi 21 Aug°. 1534. Was am suntag darnach aubends 6²/₃ ur. Der folmon im wasserer ³⁰³), und was der ledst hundstag.

Ward begraben auf der *gredt* zuo unsser lieben frawen in unsser der *Remen begrebnus*. —

Jhus in Ulm.

7) *Elisabeth*, mein dochter ³⁰⁴), ward geporen zuo Ulm, freytag adi 14 Jenner 1536 ain claine weil, ee es 2 schluog nach mittnacht. Sontag darnach 10 Ur vormittag was das erst vierteil des mons, zaichen in der wag, auch die sonn.

Des nachmittags ward es getauft im *Minster zuo unsser frawen*.

Wassen gefatter *Sebold Gienger* und fraw *Margaret*, Burgermaisters hern *Conrat Besserer* hausfraw.

Was ain fast gros, starks, gesonds und froms kind, grau augen.

Gott mach aus Ir ain guot fromm mensch, nach seim gefalen und Lob. Amen.

Memoria
Annemong unsser diener.

---

† Jhus maria. †

1. *Martin Frantz* adi p°. Septbr. 1518 uff 10 Jar.
2. *Cristoff Echain* adi p°. may 1519 uff 9 Jar.
3. *Jerg Herwart* vertrag, adi 8 marz 1519. Ist kein Zeit bedingt.
4. *Jeronymus Schultz*, adi p°. Oct. 1519. uff 4 und 2 Jar.
5. *Lauz Hans Rem* adi 22 Sept 1519. also mintlich for 8 Jar.
6. *Jac°. Ott*, adi 24 Octob. 1519. Uff 8 Jar.
7. *Ulrich Echinger*, adi 22 febr. 1520. Sol am 1 April, da er gen Lixbona kam, anfachen und 3 Jar währen.
8. *Jerg Öchain*, ist seit 1520 bei uns, zuo Antorff, Nierenberg, Venedig, Adler, hie, und nit verschriben noch verpflicht gwest. In aus fraintschaft gehalten.
9. *Hans Paur*, von Nierenberg adi 1 Jenner 1520 uff 12 Jar.
10. *Jacob Kraft* von Ulm adi 1 marz uff 10 Jar 1523 anfachend.
11. *Anton Hanolt*, jung adi 1 Jenner 1524 uff 9 Jar.
12. *Marx Hartman* von Ulm, adi 1 Sept. 1524 uff 12 Jar.
13. *Bastian Polner* von Landshuot, 1 febr. 1526 uff 12 Jar.
14. *Hans Stöckli* von Ulm, 1 Jenner 1528 uff 12 Jar.
15. *Melcher Schwartz* von hie, 1 May 1528 uff 10 Jar.
16. *Hans Echinger* von hie, 1 Jenner 1530 uff 10 Jar.

17. *Mattheus Haug* von hie 1 April 1531. auff 11 Jar.
 1. *Martin Frantz* andere verschreibong 1 Sept 1528 uff 6 Jar.
18. *Anton Funck* 1 August 1532 auff 12 Jar.
19. *Anton von Bomberga* andre Verschreibung vom 1 Jenner 1533 auff 4 Jar. Die erst war 20 Julio 1528 auff 3 Jar. Hat sich bis dito verlengert.
 1. *Martin Frantz* dritte pflicht 1 Jenner 1533 uff ain Jar for abkinden.
20. *Peter Sedlmor* von hie 1 Julio 1533. auff 12 Jar.
21. *Lenhart Hofman* von Nierenberg 1 Jenner 1534 uff 5 Jar.
22. *Bernhard Meichel*, von Antorff 1 febr. 1534 uff 10 Jar.
   Sigmund Rem, von hie 7 Novbr. 1533. zuo versuochen, on verschreibung.
23. *Valentin Mörz*, von hie 1 Jenner 1536 uff 12 Jar.
13. *Bastian Polners*, andere Verschreibong vom 1 Jenner 1536 auff 7 Jar.
24. *Jerg Liebnauer*, von Braunau 1 März 1537 auff 12 Jar.

Bemerkung. Mir ist mittlerweile noch ein 25ster Diener Rems bekannt worden. Das war *Hans Hartlieb* aus Memmingen, der sich vom ersten Januar 1540 an auf 9 Jahre verschrib. Er hielt sich meist in Antorf auf, wo auch Anton Bomberga und Bastian Polner für Rem arbeiteten. Aus dem Tagebuch dieses *Hans Hartlieb*, (im Besitze des Herrn *Dr. v. Hartlieb* in Memmingen) geht hervor, dass er hauptsächlich den Handel mit Edelsteinen für Rem zu besorgen hatte. 1543 ging er nach *Venedig* und übernahm von *Jörg Uttinger* Bücher und Cassa und war in seins Herren Kammer im *Deutschen Haus*.

A° 1544 heirathet er Lucas Rems Tochter *Magdalena* (16. Dec. 1544). Seiner Braut macht er namhafte Geschenke; die er alle in seinem Tagebuch namentlich aufführt. Ihr Werth betrug fl. 991. 54 kr.

Jhus in Augsburg.

***

Folgt hernach, wie und in welcher Mas Ich mein hab und guott zuo allen geschworn Stuiren verrechne und anschlag, auch bezalt. Ales truilich, fleisig bewegen on gevarde.

1516 Jar, was ain geschworne stuir. Da hett Ich bey *Anton Welser* und geselschaft ligen als mein vermigen. Des was fl. 7500. gold.

Die verstuir ich 3 Jar 1516. 1517. 1518. Jeds fl. 37½. Und nam mein weib. Für die hett *Marx Echain* stuirt fl. 19. — Die und das mein fl. 56½ verstuiret Ich die ander 3 Jar 1519. 1520. 1521. Bedorf wenig Rechnens.

1522 Jar was aber ain geschworne stuir. Da hett Ich mit meyn *briedern* und *Ulrich Hanolt* im end des verschienen 21 Jar darvor ain hapt Rechnong beschlossen. In der befand sich, das Ich haben solt und gepürett, wan die schulden einbracht weren In als fl. 13500. Darvon hette mir geburt zu stuirn, wan es gwis wer gwest . . . . fl. 67½

Aber zuo der zeit hett wir tail mit her *Jacob Fugger* in etlichen wexeln, die In kayserlicher May⸱ vor 3 Jaren verfallen. Was schuldig, das unser gesel-

schaft tail traf fl. 18310., und mich zuo meim tail
fl. 5500 ungevarlich. Und wassen auf nichs nit ver-
wissen. Solt in *Spagnia* bezalt werden. Da was das
gros uffgläf der gemain wider Kays. May. Und über,
das wir kain verweis, hett man uns in 2¹/₂ Jar nichs
zalt, und stond solche Summa in grosser gefar. Wir
warden auch erst im 1524 Jar verwisen und im 1526
in 1529 bezalt. Ich hett mein tail fast gern um den
halben tail geben, und minder. Aber damit Ich Im
nit zuo fil tatt, hab Ich fur solchen mein tail der ge-
meltten Kays. May. abkürzt an der geschwornen stuir.
Die welt Ich fast gern dran und mer daran verlorn
haben. Tuot abkürzt . . . . fl.   9¹/₂

Also Rest gold fl. 58. Abgezogen die gros sorg
und waknus wie obstatt.

Solch fl. 58. in goldt hab ich also 6 Jar verstuirt und zalt,
nemlich vom 1522 bis 1526. Und wen da die geschworne stuir
was, fast gern von al meym hab und bedrohter Suma um die
fl. 11600, die Ich verstuiret und um minder. Wie wol es lang
hernach wol geraten ist. Gott hab Lob, und woll es mit seyn
gnaden bestetten.

1528 was noch ain geschworne stuir hie. Da hett Ich mit
meim bruoder Endris, und auff oder Im abschicken meins fir-
nemen geselens *Uolrich Hanolt* adi ultimo Aug°. nechst darvor
1528 ain hapt-Rechnong beschlossen, in der sich befand, daz mir
zuo meim tail gepirn und Ich haben solt fl. 17500. —

In der zeit kouten wir Uolrich Hanolt, der von uns kam,
nit al waren gnuog hoch anschlagen, und die schuldig vor richtig.
Des ales litt, (ich). Um mit lieb von Im ze komen, schluogen wir
alle ding fil zuo fil an, übernamen auch fast fil wiriger, böser,
sorglicher hendel. In Portugal und Hispania vorgemeltter Kays.
May Rest seiner schuld, das ales was fl. 17¹/₂ Tausend, und die
wir wirig, seltzam und bös fauden, daz wirs nit anschlagen kon-
ten. Doch auf die ledst bewilliget Ich, Im um solch ausgesetzt
zweifelhaft fl. 17500. zuo geben die Rata, was Im zuo seim tail
betreff β. a. L. von fl. 12500, und übernam al unser schulden
zuo Antorff, Nierenberg, Ulm, Frankfurt, Adler, Spanien, Portu-
gal, hie aussen, dero ain grosse Soma waz, auf unsser sorg und
wacknus, Im (ihm) alles on nachtail und schaden. Für all solche
grosse sorg und namhafte gefarlichait wolt Ich von hertzen gern
geben, der mich aler schulden versichert hett, demnach solche
Rechnong erst beschlossen was, fil mer dan tausent gulden.

Aber damit ich meym ayd gnuog, dan mer dan gnuog thie, und zuo ewigen zeitten kain nachred noch verweis, hab Ich für als, zuo meim tail, nit mer abgezogen dan fir all solche gefarlichkait fl. 1500. —

Und um daz Ich erst adi 20 Aug°. das erstmal stuiret im 1532 Jar, darum zog (ich) so wenig ab. Rest solt Ich verstuiren fl. 16000.

Daran bin Ich schuldig:

Fraw Barbara von Dinhaym . . . . . . fl. 600.
Irem mann . . . . „ 500.
Lucas Hans Remen . . . . „ 300.

Soma in als . . fl. 1400.

Rest, das mir bleib zuo verstuiren fl. 14600. —
For die hab Ich gestuirt vom Jar 1528 bis ins 1533
Jar, jedes besonder, tuott von meiner barschaft . . fl. 73
Mer verstuir ich meine 4 Hof, ain Zehenden, Sölden,
gartten fir fl. 2000. Ist ¼ pro C°., tuot . . . . . fl. 5
Soma disse 6 Jar verstuir

meyn barschaft ½ pro C°.
meyn ligende gietter ¼ pro C°.

Tuott in gold p°. Anno. . . fl. 78

1534 ward ain geschworne stuir hie. Da hett ich mit meim bruoder *Endris* erst auf ultimo Julio in dissem Jar ain hapt Rechnong beschlossen, in der sich befand, daz mir fir mein tail gepurn und zuostan solt, wan die gross Suma der schuldner wol zaltten fl. 28000. —

Über solch machtten wir ain ungefarlichen überschlag, und rechneten bey aim beylichen den gwin in dem gar grossen Spagnischen handel der Cruziata und quartt, den die *Fugger* und *Welsser* mit Kays. May. im Febr. 1530 beschlossen, und wir ain clain tail drin hetten [305]) — waz wol ungwis — und uns Sein Mayestat noch daran zuo *unsserm* tail schuldig *ob Ein und dreisig Tausent Gulden.*

In Suma gepiert mir, wan alles bezalt würde fl. 33008. Darvon ist die stuir ½ pro C°. — daz were in goldt . fl. 165.

Da haben wir aber kain schuld fir verlorn gesetzt, noch fil abgebrochen. Und in Venedig schulden geheptt in beschlus gemelter Rechnong um 15022 Dukaten, zuo Nierenberg fl. 17707, zuo Antorf merlay schulden vls. L. (flämisch Pfund) 7766, und über die der hof von Brabant L. 3420. Mer *King Johann* von

Portugal L. 5866. Das tuott in als ungefärlich fl. 100000
wertt, on die erst gemeltt fl. 31000 — ales bey aim
beylichen — für welche gefar, sorg und wacknus kürtz
Ich an meim haptguott ab fl. 3600. —

 So bin ich schuldig:

Barbara von Dinhaym, Irem maun,
auch Lucas Hans Rem von Ulm in als fl. 2400. —
Also zuich Ich ditz 2 posten darvon, tuot ½ pro C°.
 stuir fl. 30.

Rest das ich von meiner barschaft verstuir mit fleisi-
 gen bedacht, triulich, ongevarde angeschlagen hab,
 nach meim besten verstand und gewissen

       tuott goldt . . . . . . fl. 135.

Mer hab Ich verstuirt meine 4 hoff, ain Zechenden,
 Solden, gartten etc. ales fir fl. 2000. ist ¼ pro C°.
 stuir, tuot . . . . fl. 5.

Soma das Ich disse 6 Jar, 1534—1539 verstuirt hab
 und verstuirn sol, barschaft und ligende gietter,
 jedes Jar besonder, wie obstatt

       tuott in goldt . . . fl. 140.

Notta:

 In den obgenanten bei fl. 131000. Schulden betraf mich ¾.
Sovil und mer hab Ich tail im handel gehept. War mein tail
ungefar von disser Schuld 3½ pro C°., die Ich an der Stuir
abkurtz.[306])

Anmerkungen zum Tagebuch.

1) Diese *Catharina Bach* hat sich nach dem Tode ihres Mannes um die Stadt Augsburg ein grosses Verdienst erworben, denn sie ist die Stifterin des hiesigen *Seelhauses*, das ihren Namen trägt. Stiftungsbrief vom Jahre 1410. —

2) Schon damals bestand zwischen *Augsburg* und *Venedig* ein regelmässiger Verkehr, der durch *Ordinari-Postboten* unterhalten wurde, an die sich die dahin handelnden Kaufleute als Reisegefährten anschlossen. In der im Jahre 1555 erneuerten Augsburger Botenordnung heisst es deshalb: „Es soll alle Samstag Abends ein Bot zu *Augspurg* die Brief einsammeln und damit auf sein, und den nächst darnach folgenden Samstag bei guter Tagszeit die Brief zu *Venedig* überantwurtten. Dessgleichen soll auch in *Venedig* ein anderer Bot, aus genannter der Augsburger Gesellschaft, am Freitag zu Nachtz die Brief einsammeln und am andern Samstag darnach dieselben bei guter Zeit in Augsburg überantwurtten, wie dan ain Zeitlang ist beschehen und die Post verpracht hat. Und sullen die Boten am Herkommen vom 1! Merz an bis auf Michaelis am *Freitag zu Abend*, oder am längsten am *Samstag* bis zu 8 Uhr hier sein, desgleichen zu *Venedig* bis Mittag auch da sein. Hernach von Michaelis an bis wieder primo Merz sollen sie die Brief Vormittag *hie* und in *Venedig* auch antwurtten zu 20 Uhr."

Diese Boten bildeten eine Zunft, oder Gesellschaft unter sich und erhielten ihre Anstellung und Ordnung vom Rathe der Stadt, der darüber genaue Aufsicht führte. (Ich werde bei einer andern Gelegenheit eine solche Botenordnung nach dem Original mittheilen.)

3) Mit Raub und Wegnahme seiner Güter und Waaren durch Wegelagerer, wodurch den hiesigen Kaufleuten oft ein bedeutender Schaden zugefügt wurde. So nahm z. B. Herzog Stephan von Bayern im Einverständniss mit dem Bischof Burkhart von Augsburg im Jahre 1388 den Augsburger Kaufleuten bei Füssen

100 Fässer welschen Wein aus dem Gebirg und 24 Ballen mit
Gütern aus Venedig weg, wofür sie sich dadurch rächten, dass
sie dem *Bischof* sein Haus, die Pfalz, in Grund abbrachen, und
eben so dem Dompropst *Ott von Suntheim* und dem Dechant
Ulrich Burggraf (einem Emershofen) ihre Häuser auch ab-
brachen. (Mülichs Chronik. Msc.)

So heisst es A°. 1408 in einer Chronik: Weil es den Städten
so glücklich in ihren Sachen ging, erbittert sich darüber der Adel
und nahmen den Kaufleuten, so von Venedig kamen, ihre Güter
in Tyrol — am Pass Lueg — weg.

4) *Sanct Catharina*, ein reiches Frauenkloster in Augsburg,
worin sich die Töchter der ersten Familien der Stadt aufnehmen
liessen. Eine Welserin war 1518 Priorin des Klosters. (cf. das
Verzeichniss der Hochzeitgeschenke.)

5) merklich, i. e. namhaft.

6) Hauptgut s. v. a. Stammcapital.

7) *Baumwolle*. Man darf somit den Anfang der *Baumwoll-
Industrie* in Augsburg nicht vor Mitte des 14. Jahrhunderts an-
setzen. Weit älter ist aber die hiesige *Linnenindustrie*, welche
den grössten Stoss erlitt, als im 15. und 16 Jahrhundert die
Baumwollenindustrie so gewaltige Fortschritte machte. So wissen
wir aus zuverlässigen Quellen, dass vor dem unglückseligen dreissig-
jährigen Kriege, der die Stadt Augsburg in namenloses Unglück
stürzte und ihren alten Ruhm gänzlich begrub, der hiesige
Barchethandel in so gutem Flor war, dass 6000 Meister sich da-
von reichlich ernährten. Nach erfolgtem Westphälischen Frieden
waren ihrer kaum noch 500 vorhanden, die sich nachgehends
noch mehr verminderten, und von diesen arbeitete der halbe
Theil als Knappen, oder bettelte.

Aus den Rechnungen, die beim Weberhaus vorhanden sind,
kann belegt werden, dass von 1583 an und in den folgenden Jahren,
ein Jahr ins andere gerechnet, an die 350,000 Stück allerhand
Sorten Barchet geschaut; da hingegen anno 1678, kaum 32,000
geschaut wurden. (vde. Grundmässige Ausführung de anno 1678, dass
des hl. Röm. Reichsstadt Augsburg einer starken Moderation höchst be-
nöthigt sei. Miscellanea Augustana. Msc.)

Was aber die Linnenindustrie betrifft, so muss man in
Schwaben, und gewiss vor allem in Augsburg, im Bleichen und
Appretiren der Leinwand schon sehr frühe nicht unbedeutende
Fortschritte gemacht haben. Denn unter den Geschenken, welche
Bischof *Adalbero* von Augsburg bei Gelegenheit eines Besuches
im Jahre 908 den Mönchen von St. Gallen machte, werden auch
Unterkleider von feiner Leinwand (glizza, species lintei politi ac
splendidi) erwähnt. Von demselben Gewebe waren die Tafel-
tücher, womit er im Speisesaale des Klosters die Tische zieren
liess. Im 14 und 15. J. H. war die feinere Leinwand noch so
theuer, dass ein schönes Hemd als ein würdiges Geschenk selbst
für einen Fürsten galt. Hemden von Kammertuch (d. h. aus
feiner Leinwand von Cambray-Camrich) mit Stickereien verziert,
werden noch im Jahre 1530 als königliche Geschenke aufgeführt.

Vom 11. bis 13. J. H. war Leinwand die Hauptstapelwaare, womit von Augsburg aus der auswärtige Handel betrieben wurde. In Süddeutschland blühte die Leinwandfabrication hauptsächlich in *Augsburg*, *Ulm*, *Kempten* und den Städten am *Bodensee*, namentlich in *Constanz*. Die Deutschen bezogen aus *Italien*, namentlich aus *Venedig*, Seide und Gewürze, und führten den Italienern dagegen ihre Leinwand zu. —

Hans von Hoy, ein Geschlechter von Augsburg, erzählt eine hiesige Chronik, ist im Jahre 1423 verdorben. Das kam daher, dass er in Venedig alle *Wullen* in sein Gewalt zu bringen suchte und ein Aufschlag darin machen wollte, was ihm aber hinter sich gegangen ist. Clemens Sender in seiner Chronik setzt dieses Falliment in das Jahr 1455 und berichtet darüber: „ „*Hans von Hoy* ist hie (in Augsburg) ein fast reicher Kaufmann gewesen. Der ist ob fl. 30,000 schuldig gewesen, denn er hat den andern Kaufleuten zuo Nachtheil die *Wull* aufkauft, theurer denn der gemein Kauf war. Und es begab sich auf ein Tag, dass er all seine Freund zuo Gast lud, dass er ihnen seinen Reichthum liess sehen; denn er galt für den Reichsten in der Stadt Augsburg, und wusste nit, dass ihm ein ganz Schiff voll mit Specereien und anderem Gut war untergegangen. Aber die, denen er schuldig war, die wussten's, und giengen für ein Rath und begehrten, dass des von Hoy Gut, alles, ligends und fahrendes, Baarschaft, Kleinodien und Hausrath beschrieben wurde. Das ist beschehen. Denn dieweil er mit seiner Freuntschaft zu Tisch ist gesessen, ist der Stadtvogt in sein Haus gangen und hat ihm und seiner Hausfrauen die Schlüssel vom Gürtel genommen und all sein Gut beschrieben, und ist also in einer Stund *reich, herrlich und gross Pracht gewest, und arm und veracht*. Man hat sein Gut öffentlich auf dem Markt berieft und vergandt. Sein Hausrat hat man um fl. 3000 vergandt.‘‘‘ (cf. Clem. Sender hdsch. Chronik.)

Baumwollenzeuge wurden früh in Spanien von den Mauren verfertigt, wo sie die Pflanze einheimisch gemacht hatten. Die meiste Thätigkeit herrschte hierin in Catalonien, besonders in Barcelona. Bald aber bemächtigten sich die Italiener dieses Handelszweigs und bezogen den Stoff aus Griechenland, Kleinasien und Syrien. Ueber Venedig aus *Cypern* und *Creta* bezogen die *Augsburger* ihre *Baumwolle* zur Barchentweberei. (cf. Fischer Handelsgesch.)

8) Reichthum.

9) Der Obrestentag, d. i. am Fest Epiphaniae = Dreikönigstag. (cf. Schmeller bayer. Wörterbuch. 1. 13 u. 194.)

10) Die *Besserer* sind eine noch heute in Ulm blühende Adelsfamilie.

11) handlen s. v. a. Handel — Kaufmannschaft treiben.

12) Man unterschied damals zwischen: Zusammengeben, was die Verlobung und das Versprechen war, und der Hochzeit, der kirchlichen Einsegnung.

13) Auf den Tod wohl vorbereitet und mit den hl. Sterb-
sakramenten versehen.

14) Schloss und Dorf *Riedhaim*, ein immediates Rittergut in
der Nähe der Stadt Leipheim, im Ulmer Gebiet gelegen, wurde am
10. Febr. 1502 von Frau *Magdalena Weisserin*, *Lucas Remen*
sel. Wittwe und ihren beiden Söhnen *Andreas* und *Lucas*, mit
Verspruch für *Hansen*, *Gilgen* und *Jörgen*, die noch unmündig
waren, an die Stadt Ulm um fl. 8200. — verkauft. *Lucas Rem*,
der Vater des Tagbuchschreibers, hatte Riedheim zur Hälfte
Anno 1492, und die andere Hälfte 1496 durch Kauf erworben.
Viel früher, schon Anno 1363 erkaufte *Sebastian Rem von Tervis*
von Catharina *Ohnsorgin* das Gut *Pfersee* bei Augsburg, das er
aber schon 1370 an *Conrad Ilsung* wieder verkaufte.

Der Uranherr des Tagbuchschreibers, *Hans Rem*, und seine
Ehefrau *Catharina Bächin* erkauften Anno 1386 von *Ulrich
Ströhlin* und seiner Frau *Anna*, *Oswald Bachen Wittwe*, ihren
¹/₃ Antheil am halben Markt *Zusmarshausen* und Anno 1379 das
Schloss *Bocksberg* mit dem Flecken *Laugna*, von *Jörg Gumppen-
berg*, und Anno 1385 von *Burkhart Neckinger*, Burger zu Augs-
burg, den *Wertachbrucker-Zoll*, und erhielt 1395 von Bischof
Burkhard von Augsburg als Lehen den Zoll von *Lurx* in Tirol
um fl. 90. Leibgeding.

Im Jahre 1387 war dieser Hans Rem, Burgermeister in Augs-
burg, durch Kauf in den Besitz von ganz *Zusmarshausen* gekom-
men. Durch den Besitz des Rittergutes Riedheim, das immediat
war, sassen die Rem im schwäbischen Bund und gehörten zur
Reichsritterschaft St. Georgen Schilt.

Das Schloss *Bocksberg* mit den Dörfern: *Laugna* und *Rog-
den*, *Mindelshausen*, *Burgwalden*, *Hinterburg* und *Mittelneufnach*
kaufte A⁰. 1524 *Georg von Stetten* und wurde dadurch in den
schwäbischen Bund und Ritterschaft aufgenommen. (Die *Stetten*
waren früher sehr bedeutende Kaufleute. Michael v. Stetten war
mit den *Baumgartnern* in Gesellschaft und machte mit ihnen
grosse Geschäfte in Tirol und Italien. Dies Handelshaus zahlte
wie die Fugger die höchste Steuer fl. 800. Später trat dieser
Michael von Stetten aus der Gesellschaft und lebte als Privat-
mann. vde. Stetten Lebensbeschreibung S. 190 ff.) Später kaufte
diese Güter von den Stetten *Sebastian Schertlin von Burtenbach*,
von welchem sie an die *Fugger* veräussert wurden. (vgl. Samm-
lung verschiedener Urkunden, die Augsburger Patriciatsfamilie der Remen
betreffend. Manuscript der von Paris'schen Bibliothek.)

15) *Vöhlin*, ein bedeutendes Handelshaus in Augsburg und
in Memmingen.

16) Kleinodien.

17) *Echain*, *Öchen* und *Egen*, ein bekanntes Augsburger
Geschlecht und Handelshaus. *Peter Egen*, mercator 1437. Diesem
Peter Egen hob *Kaiser Sigmund*, als er hier in seinem Hause
wohnte, 1433 ein Kind aus der Taufe; ein Beweis, welch ein
angesehener Kaufmann er gewesen sein musste. — Die Kaiser
haben oftmals hier bei den *reichen Kaufleuten* gewohnt. So

Kaiser *Maximilian I.* 1500 in des *Adlers* Haus auf dem *Wein-markt*, jetzt Maximiliansstrasse. Die *Egen*, oder wie sie sich früher schrieben, die von *Argaw*, oder von *Argen*, trieben einen namhaften Handel mit Metallen, namentlich mit Blei. Der oben-genannte Peter von Egen erhielt im Jahre 1446 für sich und seine Söhne von Bischof *Peter von Schaumburg* das „Jus mone-tandi, sive administrationem der gemeinen Waag und Münz um fl. 2000." — (cf. Weng Chronikon sub anno 1446 und Hector Mülichs Chronik. Mscr.)

18) i. e. fl. 10,000. Worunter aber *Goldgulden* zu verstehen sind. So oft daher im Tagebuch von Gulden die Rede ist, sind immer *Goldgulden* gemeint. Ueber deren Werth gibt Schmeller in seinem Wörterbuche Thl. II. S. 34. sqq. gründlichen Aufschluss. Es giengen solcher Goldgulden 72 auf 1 Kölnische Mark, wäh-rend Ducaten ungarisch nur 67 auf 1 Mark Kölnisch giengen.

19) Quartier, s. v. a. Viertel. —

20) Dieser *Hans Pfister* war wahrscheinlich einer der regel-mässigen reitenden Postboten, wovon oben Bemerkung 2 die Rede war. Doch gab es auch um diese Zeit hier eine sehr an-gesehene Kaufmannsfamilie *Pfister*, die mit Tuch handelten, und namentlich mit Venedig in stetem Verkehr waren.

21) Das waren zwei Factoren der Welser in Venedig.

22) Um zunächst die italienische Sprache zu erlernen.

23) Dieser Ulrich Ehinger war ein geborener Augsburger.

24) Die Buchhaltung.

25) *Schuldbuch*, darinnen wird stan alles Einnehmen und Ausgeben baaren Geldes, auch alle und jede Schulden in Debito und Credito. — Der Almächtig verleih mir solches mit Glück zu vollenden. A⁰. 1552.

Jornal, darinnen wird stan alles, was ich meins Herren wegen handel, es sei Einnahmen oder Ausgaben, Schulden, Wexel und baaren Gelds Empfahen, Wegsenden, auch Kaufen und Ver-kaufen der Güter, nichts ausgenommen.

Gott verleih mir solchs seliglich mit Glück vollenden. Anno 1552.

Cappus, darinnen wurdet stan alles Empfahen, Wegsenden, Kaufen und Verkaufen, samt dem überbliebenen Rest der Güter, auch was man an einer jeden Waare besonders gewonnen und verloren hat. A⁰. 1552.

So lauten die Ueberschriften von drei Handlungsbüchern vom Jahre 1552, die sich auf der k. Kreis- und Stadtbibliothek dahier befinden.

26) Die Welser hatten eine Factorei in Mailand, der da-mals *Anton Lauginger* aus Augsburg vorstand.

27) Fudrung, d. i. Förderung und Empfehlung.

28) For, s. v. a: über.

29) Monsines := Monte Cenis.

30) In Lyon hatten die Welser eine sehr bedeutende Factorei,

an deren Spitze damals *Narciss Lauginger,* auch ein geborener Augsburger, stund.

31) Siehe die 25. Bemerkung.

32) Um die bereits erworbenen kaufmännischen Kenntnisse zu erweitern. Beim damaligen Kaufmann kam alles darauf an, dass er *sah,* wie der Handel betrieben werde. Der richtige Blick in den Gang des Handels und Menschenkenntniss waren die ersten Bedingungen, die man damals an einen tüchtigen Kaufmann stellte. Es waren mit den Waareneinkäufen in Venedig so viele Formalitäten verbunden und so vieles zu beobachten, dass man sich darüber im 15. Jahrhundert eigene Tarifbücher anlegte. Vielleicht werde ich später Gelegenheit finden, ein solches mitzutheilen. Man sehe, was der Tagbuchschreiber hierüber selber sagt sub anno 1518, wo er sich mit seinen Brüdern zu einer Gesellschaft verbindet. S. 31 u. 32.

33) Kargheit und Geiz.

34) Ein Ries Papier würde nicht hinreichen, wenn ich alles erzählen wollte, und welche List und Betrug wir anwenden mussten, um uns dennoch Speise und Wein zu verschaffen. Bei dem geizigen Weibe hätten wir es sonst nicht aushalten können.

35) Die grossen Handelsgesellschaften verbanden sich zu Gewinn und Verlust auf eine Anzahl von Jahren, — in der Regel 3—4 Jahre — nach deren Abfluss Bilanz, d. h. Generalrechnung gemacht und Gewinn oder Verlust jedem Theilhaber nach Verhältniss seiner Einlage — Hauptgut genannt — bestimmt wurde.

36) So lautete damals die Firma der Welserischen Handlung.

37) Die Rechnungen der einzelnen Factoreien mussten an das Stammhaus in Augsburg eingesandt werden, und aus ihnen wurde dann die Generalrechnung hergestellt.

38) Alvages, d. h. Albigeois, eine Landschaft in Hoch-Languedoc in Frankreich, zwischen Toulouse, Vabras, Rhodes, eine an Safran reiche Gegend.

Anlegong, s. v. a. Safraneinkauf. Um hier Safran zu kaufen, musste man am 8. October im Lande sein. Hier kaufte man den marokkanischen Safran, wovon die besten Sorten *Mirabel* und *Casal nodarii* waren. — Unter den verschiedenen Sorten von Safran werden folgende aufgeführt:

1. Catalonischer Ortsafran, der für den besten galt.
2. Safran vom Adler, (Aquileja) Cima genannt.
3. Aragonischer Safran.
4. Piluischer Safran.
5. Marockhini, oder Marokkanischer Safran.
6. Avernischer Safran.

Als im Jahre 1535 überall die Safranernte missrieth, kaufte man ihn im Adler das ℔ um 28—32 Carlini, in Catalonien um 50—64 Carlini. — 11½ Carlini = 1 Dukaten.

1 Ballen Safran in Barii betrug ℔ 240.

Die Welser und die Imhof hatten von der Herzogin in Bari Privilegien und durften an der Douane weniger bezahlen, als andere Kaufleute. Sie waren den Mailändern gleichgestellt.

Da dieser Handelsartikel sehr theuer war, wurde jede Verfälschung strenge bestraft. A⁰. 1492 sollte desswegen hier ein Safranfälscher verbrannt werden. Die Hauptsafranhändler waren die hiesigen Welser und Imhof. Der bekannte Augsburger Chronist Zenk erzählt: Als 1430 die Hussiten die Nürnberger um fl. 10,000 schatzten, do was ich gerade in Nürnberg und hatte bei 4 Centner marocanischen Safran. *„Ich forcht mir übel!“*

39) nicht schlechter denn andere.

40) Das Geschäft der Welser war bei aller seiner grossen Ausdehnung doch sehr gegliedert. Es bestand aus Haupt- und Nebenfactoreien. Lyon war eine Hauptfactorei, unter welcher die Factoreien in Genf, Freiburg und Bern stunden und dorthin ihre Rechnungen einzusenden hatten.

41) Luftveränderung zu machen.

42) Bezieht sich wohl auf das sogenannte Antonierfeuer. (?) Oder ist von einer grossen Feuersbrunst überhaupt die Rede?

43) Rotten, i. e. in der Rhone (Rhodan).

44) Eine etwas lakonische Ausdrucksweise, deren Sinn mir nicht klar geworden ist.

45) Dieser Simon Seitz (die Spanier und Portugiesen schrieben seinen Namen: Simon Seyes), der mit unserm Tagbuchschreiber und Scipio Leveston (eigentlich Löwenstein) in Diensten der Welser stand, hat wegen grosser Leibesschwachheit und Hoffnungslosigkeit am 4. Juli 1521 sein Testament in Civitate Caesaraugustae, regni Aragonum, d. h in Saragossa gemacht. Er war ein geborener Augsburger und hinterliess bei seinem Tode eine Wittwe mit 4 Söhnen und 5 Töchtern, welch letztere, mit Ausnahme ihrer Schwester Barbara, als Klosterfrauen in den hiesigen Klöstern bei Sct. Katharina und Sct. Nicolaus lebten. In diesem Testamente, das in lateinischer Sprache abgefasst ist und sich auf hiesiger Bibliothek in den hinterlassenen Papieren Dr. Conrad Peutingers befindet, nennt sich S. Seitz: Mercatorem, domiciliatum *in Civitate Augustae altae Alamanniae*, de praesenti vero in Civitate *Caesaraugustae* (i. e. Saragossae) regni Aragonum residentem.“

Dieser Simon Seitz (oder wie er in dem Befehl des Königs von Portugal vom Jahre 1503 genannt ist: *Simon Zaiz*) ist derselbe, der im Jahr 1503 den König Emanuel von Portugal im Namen einer deutschen Handelsgesellschaft, die mit dem Könige einen Vertrag abschloss, in Lissabon ein Handlungshaus gründen und dort Handel treiben zu dürfen, gebeten hat, einen *Valentin Ferdinand* aus Mähren, als Handelsagenten, (Coretor) und als Vermittler in ihren Geschäften anzustellen. Valentin Ferdinand war auch zugleich Notar, aber nur in Geschäften, welche Deutsche abschlossen. Es war dieses wohl in der Absicht geschehen, damit die der Sprache noch unkundigen Deutschen sich seiner als Dolmetscher und Vermittler in ihren Geschäften bedienen konnten. Dieser Valentin Fernandes stund mit Conrad Peutinger in einem gelehrten Briefwechsel. Uebrigens hinterliess S. Seitz nach Laut des Testaments ein namhaftes Vermögen und Güter in der Nähe von Augsburg, z. B. in Gersthofen.

Ich finde, dass Seitz 1523 noch gelebt hat, denn in einer unserer Chroniken heisst es: „Auf dem Reichstag zu Nierenberg haben die Reichsstend gemacht, dass alle Kafmannschaft, die aus oder in das Rom. Reich gangen zu Wasser oder Land soll fl. 4 von fl. 100 Werth Zoll zahlen. Zunächst auf 10 Jar gültig. Sy haben auch gemacht, das man die Gesellschaften ab sol ton. Doch wann ein Compania handlen welt, so soll sy im Handel über 50000 fl. Wertt nit haben und nicht mehr dann 3 Geleger. Aber die Reichsstädt haben Inen den Zoll nicht bewilligen wollen.

A⁰ 1523 nach dem Nürnberger Reichstag schickten die Reichsstett Ire Botschaft gen Speyr *von des Zolls wegen* zusammen. Also beschlossen sie, dass sy sollten von 4 Städten Botschaft zu dem Kayser nach *Spanien* schicken von des Zolls wegen, nämlich die Botschaft von *Mainz*, *Strassburg*, *Augsburg* und von *Nierenberg.*

Also schickten die von Augsburg ein Kaufmann, der hiess *Simon Seitz*, und den Gerichtschreiber. —

Seitz scheint erst im Jahre 1526 gestorben zu sein. Denn am 17. Mai 1526 hat der Notar dem Seitzischen Testamente vom 4. Juli 1521 erst sein Siegel angelegt und es für rechtskräftig erklärt. Als Zeugen des Testaments sind aufgeführt:

Doctor Michael Corita, Joannes bucle Metelin, mercator et civis Saragossae, Joannes . . . . ab Ravensburg und Heinrich Enger von Constanz, damals in Saragossa residirend. —

cf. Dr. Fr. Kunstmann, Valentin Ferdinands Beschreibung der Westküste Afrikas etc. im VIII. Band Abthlg. I. der Mittheilungen der k. b. Akademie der Wissenschaften in München. S. 221 u. ff.

46) Seim von Saum. Ein Saum Pfeffer wog in Venedig 16 Centner. Ein Saum Safran im Adler (Aquileja) 5 Ctr.

47) Ortsafran, s. v. a. ächten marokkanischen Safran.

48) Triumphlich Procession — glänzende Procession und Wallfahrt.

49) zuo Siria, d. h. in der Richtung nach *Soria*, einem Haupthafen, wohin die Schiffe von Barbaria und Aqua morte kamen.

50) Somit muss Simon Seitz und Löwenstein nicht mehr in Lissabon gewesen sein. Wahrscheinlich hat Rem sie abgelöst. Sind sie vielleicht mit der Armazion nach Indien abgefahren? Ich habe darüber nichts Näheres ergründen können. Gewiss aber ist, dass *Balthasar Springer* aus Vils als Angestellter der Welser die Expedition nach Indien, die am 25. März von Lissabon auslief, mitmachte und eben so *Hans Mayer*. (Siehe die folgende Bemerkung.)

51 u. 52) Mit welcher Aufmerksamkeit die hiesigen grossen Kaufmannshäuser, die Fugger, Welser u. a. die grossen Entdeckungen am Schlusse des 15. und Anfang des 16. Jahrhunderts verfolgten, und sich dieselben alsbald zu Nutze zu machen suchten, beweisen theils die gleichzeitigen hiesigen Chroniken, theils

und noch mehr die dem Tagebuche beigegebene und auf hiesiger Bibliothek aufbewahrte, von Dr. Conrad Peutinger herstammende Sammlung von Briefen und Nachrichten, die sich alle auf den Indischen Handel und die Auffindung des Seeweges und der Reisen dahin beziehen. (Der in der „Historia vitae atque meritorum Conradi Peutingeri, ed. F. A. Veith" pag. 113 aufgeführte: Fasciculus parvus, quem Noster inscripsit: *„Res Indiae"* ist wohl nichts anderes als diese Briefe und Nachrichten.)

So schreibt z. E. Sender in seiner Chronik sub Anno 1503:

„Es seind Brief von Venedig gen Augsburg kommen, wie 23 Schiff wären aus Calacut gen Lisbona komen, die Specerei führten. Diese Meerfahrt thät der King von Portugal. Denn er lange Jahr gesuocht hat mit grosser Arbait und Kosten, bis er den weg gen Calacut, da der Pfeffer wachst, erlernet hat. *Es war den Venedigern fast wider.* — "

Im Jahre 1502 übernahmen einige Kaufleute, wahrscheinlich Genueser, von den vom König zu Portugal zu einer Fahrt nach Indien ausgerüsteten Schiffen zwei auf eigene Kosten, unter der Bedingung, dass der König dieselben Kaufleute als Söldner und Diener ernähre in allem, was ihnen Noth sein werde. Dagegen sollen diese Kaufleute so viel baares Geld mitnehmen, als zum Einkauf der Waaren in Indien nöthig sein werde. Bei ihrer Zurückkunft aber mussten sie, was voraus bedungen war, dem König *die Hälfte aller Waaren* abtreten.

Im Jahre 1503 wurden diese Bedingungen dahin abgeändert, dass Jeder, der sich an einer solchen Fahrt nach Indien betheiligte, dem König von fl. 100 Gewinn fl. 40 abtreten, die Schiffe dem König abkaufen und das vom König dafür verlangte Geld zuvor und alsbald baar erlegen musste. So reiste also Jeder auf *seine Gefahr.* Wenn nun gleich die Kaufleute auf ihren also erworbenen Schiffen ihre Factoren hatten, so durften diese in Indien wohl bei dem Kauf der Specereien zugegen sein; aber damit der König in diesem Handel Meister bleibe und er ein Herr aller Ding sei, so durften nur des Königs Leute handeln auf der Kaufleute Kosten, und die Kaufleute mussten alle Specerei von des Königs Statthalter nehmen.

Der Tagbuchschreiber hat sich hier in der Angabe des Jahres geirrt. Nicht am 25. März 1504, sondern am 25. März 1505 fuhren die Schiffe ab und zwar mit der Flotte des Vicekönigs Franciscus Almeida, der nach Orosius am 25. März 1505 mit 30 Schiffen und 6 Caravelen von Lissabon nach Indien abfuhr. Dieser Irrthum des Tagbuchschreibers erhellt auch aus einem im hiesigen Stadtarchive befindlichen Briefe des Dr. Conrad Peutinger, vom 3. Januar 1505. Dieser Brief ist an den kaiserlichen Secretär Blasius Hölzl gerichtet, worin er denselben bittet:

„„Meins Schwagers Brief (Bartolme Welsers, der Peutingers Schwager war) wollet auch fertigen, dan die Schif zu Portugal schier gen India fahren werden und *uns Augsburgern* ein gross Lob ist, als für die *ersten Deutschen,* die India suchen."“

Auch sagt Peutinger hierüber in den „Sermonibus Convivalibus" also:

„De Lusitanis nautis, qui in Indiam navigant, non unus, sed varius nobis erat sermo, et collocutione ulteriori ad ipsum etiam Oceanum ejusque recessum atque refluxum et Lusitanici Regis fortunatissimi navigationem Indiam versus compertam deveximus, qui ex Indis aromata caeterasque merces ad nos advehit, *speramusque propediem auspicio invicti Caesaris nostri et assensu Regis Lusitani, nostros Augustenses navibus propriis* atque *mercibus Indiam petituros; res profecto admiranda!"*

Diese Augsburger Kaufleute waren, wie wir aus *Balthasar Springers „Meerfahrt"* wissen:

„„Die fürtrefflichen Kaufherren der Fugger, Welser, Hochstetter, Hirsvogel, der Imhoffe und anderer grosser geselschaften.""

Dieser Balthasar Springer war aus *Fils* und fuhr mit der am 25. März 1505 von Lissabon unter Almeida auslaufenden Flotte nach Indien, und zwar, wie er selbst sagt, auf einem der den Deutschen gehörenden Schiffe. Er nennt sich: „Einen *Bestellten der Welser."* (Alter, sehr seltener Druck mit Holzschnitten von H. Burgkmair.)

Der Irrthum des Tagbuchschreibers in Angabe des Jahres, erhellt auch aus einem der oben angeführten Reiseberichte, wornach die den Deutschen gehörenden drei Schiffe S. Raffael, S. Jeronimo und die Lionarda erst um 22. Mai 1506 zurückkamen, nicht aber wie der Tagbuchschreiber fälschlich angibt 1505.

Endlich kann ich mich für die Richtigkeit meiner Behauptung auf die Angabe eines Mannes berufen, der diese Expedition des Franciscus Almeida persönlich mitmachte und über dieselbe ein Tagebuch hinterliess. Dieser Mann war ein Deutscher, *Hans Mayer,* der sich im Jahre 1499 in *Beirut* und *Alkeiro* aufhielt, und von hier aus eine Reise nach *Aden* unternahm. [Hiebei will ich bemerken, dass die Ulstetter von Augsburg einen eigenen Factor in Cairo und Alexandria hatten. War es vielleicht Mayer selbst?] Dieser Hans Mayer war ein Freund des oben erwähnten Valentin Fernandez, und ich vermuthe daher nicht ohne Grund, dass er, veranlasst von diesem seinem Freunde, diese Reise nach Indien in *Welsers* Diensten unternahm. Nach seinem Tagebuch, das sich als Manuscript auf der k. Hof- und Staats-Bibliothek in München befindet und demnächst durch Professor Dr. Kunstmann veröffentlicht werden wird, befand sich Mayer als Factoreischreiber (Scriva da Feytoria) auf dem Schiffe S. Raffael und führte das Schiffstagebuch. Auch er sagt, dass die aus 20 Schiffen bestehende Flotte Almeidas am 25. März 1505 von Lissabon abgesegelt, und 5 Schiffe davon unter Capitän Fernando Soarez reich mit Specerei beladen am 22. Mai 1506 zurückgekehrt seien.

Wie von jetzt an (1503) der Handel Venedigs abnahm, so nahm dagegen der Antwerpens zu. Darüber berichtet Guicciardini:

„Das merklichst Zunehmen, welches Antorf (Antwerpen) gross, herrlich und berühmt gemacht, hat angefangen ungefähr

ums Jahr 1503 und 1504, als die Portugiesen kurz zuvor mit
wunderbarlicher Schifffahrt und Bereitschaft Calicut überfallen
und mit demselben König eine Vergleichung gemacht, alsdann
die Specerei und Droguerei aus India in Portugal und folgends
in die Märkt und Messen dieser Stadt (Antwerpen) zu führen
angefangen; welche Specerei und Drogerei zuvor auf dem rothen
Meer gen Baruti und Alexandria zu führen im Brauch gewesen,
und von dannen durch die Venetianer nach Venedig gebracht
und darnach in Italien, Frankreich, Deutschland und andere
Länder dort und dahin in der Christenheit verführet worden.
Demnach aber die Portugiesen diesen Gewerb daher (nach Ant-
werpen) gewendet, hat der königliche Factor, den der König
gen Antorf gesetzt, allgemach an sich gezogen die *Deutschen*,
und erstlich die *Fugger, Welser, Höchstetter*.

53) Im Tagebuch steht statt Cruciati $= \frac{M}{21} \dagger$. Dieses Kreuz
bedeutet Cruciati. Cruciati waren aber Dukaten mit einem Kreuz
auf der Rückseite, und die in Indien allein gangbare Münze.
Da übrigens ausser den Welsern an dieser Expedition auch die
Fugger, Hochstetter, Hirschvogel u. a. sich betheiligten und viel-
leicht noch grössere Summen als die Welser darauf verwendeten,
so müssen die Augsburger hiefür ein bedeutendes Capital zu-
sammengebracht haben.

54) Händel und Process, wahrscheinlich über den Antheil an
den 22,000 Cruciati, welche die Portugiesen bei der Eroberung
von Quiloa und Monbosa erbeuteten. Die Deutschen behaupteten,
dass ihnen davon ein gebührend Theil werden müsse, was die
Portugiesen läugneten. (Man vergleiche hiezu den Bericht Nr. VI.)

55) Dass die Deutschen trotz dieser Händel doch noch einen
so grossen Gewinn machten, darf uns nicht wundern, wenn man
bedenkt, dass schon in Alexandria das Quintal Ingwer *dreimal*
theurer als in Calicut verkauft wurde und Weihrauch fünfmal theurer.
(cf. Peschel, Geschichte des Zeitalters der Erfindungen. S. 27 sqq.)

56). Ein Sociro Mendez erbaut unter Alfons V. das Castell
zu *Arguim* und war lebenslänglicher Capitän desselben. (cf. Kunst-
mann Handelsverbindung der Portugiesen mit Timbuktu.)

57) Dieser Tristan Dacunha fuhr nicht 1505, sondern im
Juli 1506 mit *Alfons Albuquerque* ab. Er verliess aber unter
Wegs den Albuquerque, um *Madagascar* zu besuchen. Widrige
Winde hielten ihn aber auf, um rechtzeitig nach Indien zu kom-
men. Dies ist die „*Gewalt*," die er ihnen anthat und dass Rem
sagt, er habe ihre Schiffe auf Entdeckung ausgeschickt. (cf. Maffei
Storia Indica Lib. XVI.)

58) Frette et dietto will heissen: Die Güter wurden unter
der Bedingung auf des Königs Schiff verladen, dass sie sich an-
heischig machten, 60% für Schifflohn und Verköstigung der Leute
zu bezahlen. Als Tauschwaaren wurden nach Indien geschickt:
„Panni varii coloris, quos ex Tunis rex facit apportari. Item
tapetes, tela, caldarii cuprei, pelves, pater noster et alia infinita
genera." (cf. Dr. Kunstmann Entdeckung der Guinea.)

Durch die Entdeckung des neuen Seeweges nach Ostindien bekam der deutsche Handel einen bedeutenden Stoss, besonders aber *Venedig* und *Genua*. Der bisher sehr lebhafte Zwischenhandel, der von *Augsburg* und *Nürnberg* betrieben wurde, und dem diese Städte ihren grossen Reichthum verdankten, hörte auf. Daher nun ihre Verbindung mit *Lissabon* und *Antwerpen*.

59) Flemisch gwandt, d. h. flemische Tücher.

60) Azorische Inseln.

61) Capverdische Inseln.

62) Berberey, Nordküste von Afrika.

63) Einkäufe zu machen für die Welser, namentlich Safran in Marokko, Schiffe zu befrachten und Factoreien zu gründen, z. B. in Madeira — Palma etc.

64) Solche Einkäufe konnten nur im *Indiahaus* in Lissabon gemacht werden, wohin alle Speccrei aus Indien gebracht wurde.

65) Bretagne? (Ist undeutlich geschrieben.)

66) In Voltas fahren heisst: kreuzen.

67) Ein Seeräuberschiff.

68) Coromha, jetzt Corunna in der Bai gleichen Namens.

69) Fruo, bei früher Zeit, Tagesanbruch.

70) Ueber diesen Seeräuber *Mondragon* sagt Orosius Lib. VI. folgendes:

„„Hoc eodem anno, cum pirata quidam Gallus, nomine Mondragonius, navem ex India venientem cepisset, et Emanuel per legatum suum de hac injuria apud Galliae regem conquestus fuisset, et navem cum opibus, quae in ea fuerant impositae, sibi frustra restitui postulasset, quatuor naves restitui jussit, quibus Oduardum Paciecum praefecit. Is vero, qua celeritate potuit, in Mondragonium invectus est, quem in ora Callaica, ubi finem terrae nominant, offendit, qui certamen minime detrectavit. Fuit utrinque acerrima contentione dimicatum. Paciecus tamen navem unam piratae depressit et tres cepit ipsumque piratam vinctum ad Emanuelem traxit. Qui, quum omnia quae ceperat, restituisset, fidemque dedisset, se fore semper Emanueli regi deditissimum, neminemque Lusitanorum deinceps injuriam illaturum, custodia liberatus in patriam reversus est.“„

71) Dieser *Wilhelm Martin* war wahrscheinlich ein Factor der Welser. Wenigstens waren später *Stephan* und *Salvator Martin* Welser'sche Factoren in *Venezuela*. (cf. Klunzinger, Antheil der Deutschen etc.)

72) Barel und Barinel ein kleines Fahrzeug.

73) Tunes ist jetzt *Dunge Ness*.

74) gweling, wie es die Wellen und der Sturm haben wollten. (Schmeller. IV. 54 sqq.) Den Wellen preis gegeben. —

75) Die Sandbänke, die durch Marken und Zeichen, gewöhnlich Tonnen, angedeutet waren.

76) St. Leonhardstag. Rem hielt viel auf diesen Heiligen. (Siehe Bemerkung 78.)

77) Antorf = Antwerpen.

78) Sanct *Leonhard*, eine Capelle bei Inkhofen und Aichach

in Oberbayern, 4 Meilen von Augsburg. So oft Rem nach Augsburg kommt, wallfahrtet er alsbald dahin. Schon 1289 bestand dort eine St. Leonhards-Capelle, wohin hauptsächlich Kranke wallfahrteten. Am Ende des 15. Jahrhunderts wurde dort ein Mirakelbuch geführt. Weil aber die Capelle die zuströmende Menge der Menschen nicht fassen konnte, wurde 1311 eine neue Kirche erbaut. (cf. E. Geiss, die Wallfahrt St. Leonhard. 1859.)

79) Fröhlich und vergnügt zusammenleben.

80) Unter dem Versprechen und Zusagen.

81) Dieser *Gilg Rem* war nachmals Bischof und des heiligen Römischen Reichs Fürst zu *Chiemsee* und Weihbischof von *Salzburg* A°. 1520. Er starb 51 Jahre alt A°. 1535 am 14. September. — Ehe er Bischof wurde, war er Canonicus Capitularis zu Passau. (vide Rem'sches Geschlechterbuch. Mscr.)

82) Maisters = Maistre.

83) Sah mich auch in der Nähe um.

84) Zaichnen, d. h. Wunderzeichen thun.

85) Auf meine eigene, nicht des Hauses Rechnung.

86) Dieser *Christoph Welser*, der Bruder der gelehrten *Margaretha Welser*, der Frau des *Conrad Peutinger*, wurde später Dompropst in *Regensburg*.

87) haltong, Heilthümer, Reliquien der Heiligen.

88) Verschaffte mir den Zugang dazu.

89) geweltigen, i. e. gewaltthätig behandeln, verwehren mit Anwendung von Gewalt. (Schmeller IV. 72 sqq.)

90) Marsiglia = Marseille.

91) widern = dagegen wehren, sich sperren und auflehnen, weigern.

92) entrist = entrüstet sein.

93) Valenciennes.

94) Sämmtlich Namen von Dienern der Welser Compagnie und geborenen Augsburgern.

95) Verstreten. Wahrscheinlich eine dialectische Form für = Versprechen, Zusagen. (cf. Graff adh. Sprachschatz VI. 745 und Schmeller III. 689.)

96) In einem Biskaischen Schiff, dessen Capitän Otto a Dareunda hiess.

97) Das gut segelte und uns vorwärts brachte. Es hat aber das Adj. *vorder* auch die bildliche Bedeutung *vorzüglich*, z. B. ein vorder man = ein vorzüglicher Mann. —

98) Ferreria, jetzt Ferrol.

99) hendel, hier s. v. a. Handelsgeschäfte, Einkäufe und Unterhandlungen.

100) Nach Anhörung der hl. Messe.

101) in Degredo legen = wir mussten Quarantäne halten.

102) Es bestund also damals schon in Madeira eine Factorei der Welser.

103) Porro = Hafen. Porto Santo.

104) So viel mir bekannt ist, hat man bisher von *dieser* Besitzung der Welser auf *Palma* nichts gewusst.

Palma hat 25 Meilen im Umfange, Ueberfluss an Wein und Zucker. Das Eiland hat eine schöne Stadt, *Palma* genannt. Es liegt aber auf der Insel auch noch eine andere Stadt, *St. Andreas* genannt. Hier befanden sich vier *Ingenios*, d. h. Zuckerhäuser, die vortrefflichen Zucker machten. Zwei dieser Ingenios führten den Namen: *Zauzes*, die beiden andern den Namen: *Tassacort.* Daraus geht hervor, dass die Welser nicht nur *Handel* mit Zucker trieben, sondern eigene Plantagen besassen. (cf. allgem Historie aller Reisen Thl. IV.)

Hieher ist auch zu beziehen, was der Tagbuchschreiber Seite 14 von einer *Zuckerlieferung* sagt, wegen der er mit dem Könige Anstände bekam. Im Jahre 1530, und schon früher, scheinen die Welser diese Ingenios nicht mehr gehabt zu haben. Denn wie *Conr. Peutinger* versichert, waren diese Plantagen durch einen Wurm verdorben worden, so dass kaum der vierte Theil Zucker gegen früher gewonnen wurde. Bei dieser Gelegenheit erwähnt Peutinger, dass seit ungefähr 20 Jahren (also von 1510 an) keine deutsche Gesellschaft Zucker aus Madeira weder *gekauft*, noch *geführt* habe. (cf. Peutinger Unterricht etc. auf das Bedenken der Monopolien. Mscr. der Kreis- und Stadtbibliothek.)

Auf *Madeira* wurden jährlich 50,000 Arrobas Zucker erzeugt, und war derselbe damals noch so theuer, dass man mit wenigen Pfunden damit Kaisern und Königen Geschenke machte.

Im Jahre 1573 errichtete *Conrad Roth*, ein hiesiger Geschlechter, im Kautzengässchen eine Hütten, oder Kuchen, darein Messinghäfen, eiserne Stangen und Gabeln fabriciert wurden. Auch fieng er an, darin *Zucker zu sieden.* Den Saft bezog er aus *Spanien.* Weil er davon grossen Nutzen hatte, zog er wiederum nach Spanien, konnte aber wegen widriger Winde erst nach zwei Jahren wieder kommen, zu welcher Zeit inmittels gedachter *Roth* über einer grossen Last Pfeffers, so aus India kommen sollte, mit *Sebastian*, König von Portugal auf fl. 300,000, wie man sagt, einen Contract getroffen. (Augsburg. Chronik. Mscr.)

(Ueber Madeira und Palma vgl. Dr. Schmellers Nachrichten über Valentin Fernandez im 4. Bd. Abthlg. 3 der Abhdlgen. der k. b. Akademie der Wissenschaften. 1847. 4⁰ und Dr. O. Peschel, Gesch. des Zeitalters der Entdeckungen.)

105) Ich wünschte, dass es nicht so wäre.

106) Jetzt *Funchal*, die Hauptstadt und der Haupthafen der Insel Madeira.

107) Beide Factoren der Welser auf Madeira.

108) Den obengenannten Jacob Holtzbock.

109) Machiquo, oder, wie er auch genannt wurde, Monchricus, ebenfalls ein Hafen von Madeira.

110) Der Sinn dieser Stelle ist mir zur Zeit noch nicht klar geworden. Vielleicht wollte er sagen: „Ich kam mit Hülfe dieser 3 Schiffe mit Ehren aus der Affaire."

111) Barinel, ein kleines Ruderschiff.

112) Meine Hauptaufgabe war, Streitigkeiten und Anstände, die sich zwischen der Welser Compagnie und dem König wegen des Indischen Handels etc. erhoben hatten, ins Reine zu bringen.

113) Was er unter diesem „*gehederschen Recht von Madera*"
meint, gestehe ich nicht zu wissen. (von Hader? gehässig?)

114) Gerade als es bergab ging.

115) Forgett ab = liess abfahren. abfertigen. von Fergen
oder Ferken, machen, dass etwas weiter kommt; Waaren von
einem Ort zum andern schaffen — speditiren. (Schmid, schwäb.
Wörterbuch S. 190.)

116) Berathungen.

117) Man sieht daraus, wie viel der König auf die Tüchtig-
keit Rems hielt, und wie gross sein Vertrauen zu ihm war.

118) Nach Elvas, einer Grenzstadt Portugals gegen Spanien.

119) Am grünen Donnerstag.

120) Es liegt ganz in der Sierra.

121) Seine eigenen Handwerksleute.

122) Compadre = Gevattersmann. Er hob ihm ein Kind
aus der Taufe.

123) Dieses Kreuz heisst entweder: „*mit*," oder es bedeutet:
„dem Ehrwürdigen, Hochwürdigen."

124) Lucas Rem, Ehinger und Felix Rem.

125) Nach drei verschiedenen Richtungen uns trennen mussten.

126) In Madrid anwesend.

127) Dieser *Hans Vöhlin*, wahrscheinlich ein Sohn Conrad
Vöhlins aus Memmingen, starb in *Saragossa*, wo er im Francis-
caner-Kloster begraben liegt. (Testament des Simon Seitz. Mscr. der
Kreisbibliothek.)

128) Eremiten = Einsiedler.

129) Kirchfart s. v. a. Wallfahrtsort.

130) Barcelona.

131) Ende = Gränze.

132) *Anton Welser*, der jüngere, zum Unterschied von dem
ältern, der Chef des Hauses war.

133) St. Claude.

134) Acht Tage nach der eigentlichen Hochzeit war der
Nachhof, d. h. die Nachhochzeit.

135) Wurde gelähmt.

136) Laussen = Aderlassen.

137) Hatte zur Folge — bracht mich dahin.

138) Zelter, ein edles Reitpferd, ein sogenannter Passgänger.
Der Zelt, der Passgang des Pferdes. —

139) Arzneiete auf den Rath meiner Freunde.

140) Berieth mich mit ihnen, wie und wo ich baden sollte.

141) Wie ein Junggeselle, der keine Frau hat.

142) Besingknus = Beerdigung und Seelenmesse.

143) Dass er durchaus nicht nach *Saragossa* wollte und
überdiess daran arbeitete, seinen Bruder *Hans* aus Lissabon zu
ledigen, worüber er mit seinen Herrn zum zweitenmal in Streit
gerieth.

144) Löste ihn ab, damit er nach Augsburg reisen könne.

145) Zuweilen nach *Löwen*.

146) In dieser Eigenschaft.

147) Rastadt.

148) Pforzheim.

149) Wenn die Kaufleute mit Geld und Waaren auf die Messe nach Frankfurt reisten, nahmen sie zur Sicherheit und zum Schutze gegen räuberische Ueberfälle ein Geleite, d. h. Bedeckung, Sauvegarde.

150) Heer.

151) ganz.

152) Ein Serpelier Wolle waren in Venedig 3 Säcke, 940 ℔ wiegend.

153) Calix, jetzt Calais.

154) das vls heisst Vlemisch 734 Pfund 7 Schilling und 10 den. Zwanzig Schillinge gingen auf 1 ℔ vlemizch.

155) Musste sich deswegen mehrere Jahre Abzüge gefallen lassen.

156) Ich unterhandelte, um zwischen ihm und seinen Brüdern, und zwischen mir und meinen Brüdern eine Handelsgesellschaft zu Stande zu bringen.

157) *Kötz*, eigentlich *Grosskötz*, ein Schloss und Dorf im Ulmergebiet, wurde im Jahre 1512 von *Wolfgang Rem* den *Ehingern* von Ulm abgekauft. Dieser Wolfgang Rem war Doctor der Rechte und Bundsrichter in Schwaben. Er starb 1547.

158) Dieser *Bartolme Rem* hatte Antheil an der *Höchstetterschen* Handlung, bekam aber im Jahre 1517 mit derselben einen berühmten Process. Von diesem Process berichtet ein Zeitgenosse, der bekannte Chronist und Conventual des Benedictinerstifts zu St. Ulrich und Afra dahier, *Clemens Sender*, sub anno 1520 folgendes:

„*Bartolme Rem*, Burger zu Augsburg, hat zu dem *Ambrosi Hochstetter* und seinen Gesellschaftern fl. 900 gelegt. Die haben ihm in 6 Jahren gewonnen: fl. 33000, wie er es überschlagen und gerechnet hat; denn er ist in dieser Gesellschaft Buchhalter gewesen und es wohl erfahren, dass er hat gewusst auswendig, wo ein jedliches gestanden ist, und an welchem platz. Der hat die Gesellschaft aufgesagt und sein Geld wollen haben.

Da hat ihm der Ambrosi Höchstetter zu Antwurt geben, er habe in diesen 6 Jaren nit mehr mit seinen fl. 900 gewonnen, denn fl. 26000. — So hab er ihm in dieser Zeit zu seiner Haushaltung geben fl. 2000. —

Solche Summa Gelds hat Bartolme Rem nit wollen annehmen und hat ihn vor dem Kaiser und Fürsten des Reichs verklagt, und hat von dem Adel ein grossen Beistand gehabt, den er an sich gezogen, von wegen dass er ihnen hat anzeigt sollichen überschwenglichen Gewinn der Kaufleut in so kurzer Zeit, darob sie ein Freud hatten und sagten, der Kaufleut Gewinn übertreff der Juden Wucher siebenfältig.

Bartolme Rem citirt und ladet Ambrosi Höchstetter hie vor das Stadtvogteigericht und gewann dem Höchstetter 3 Urteil ab. Bartolme Rem hat gar ein geschickten, wohlberedten Doctor von Leipsig herbracht und bestellt, der führet ihm das Recht gar ordenlich. —

In der Zeit, während man das Recht führet, verordnet ein Rath mit beeder Partei Verwilligung 3 Mann, die sullten Sie guotlich vergleichen und verrichten, und versprachen, dabei wollte ein jedlich Theil bleiben und stet on all Einred halten.

Da sprachen und erkannten die 3 erbar Mann im Namen eines Rats, dass Ambrosi Höchstetter sollt Bartolme Remen geben an baarem Geld fl. 28000 und sollten ihm dazu auch nachgelassen sein die fl. 2000, die er zu dem Kosten seines Haushaltens gebraucht. Das wär in einer Summa fl. 30,000. —

Das verwilliget sich Ambrosi Höchstetter zu thun. Da gieng Bartolme Rem gen St. Ulrich in die Freiung und war da heimlich 12 tag, damit er von einem Rathe nit gefangen würde, wegen dass er den Spruch nit halten noch annehmen wollt. Da hab ich (der Chronist Sender, der ein Mönch im Closter S. Ulrich war) oft von ihm gehört, wie es ist zugangen, dass in so kurzer Zeit die Höchstetter so gross Gut gewonnen haben. —

Darnach ist Rem gen Hispania, zu dem erwählten Röm. König *Carol* gezogen und hat da einen Rath von Augsburg unrechtlich verklagt und beschuldigt. Und nach der Krönung zu Aachen, als König Carl da ein Reichstag zu Worms hat gehalten, da haben daselbst zwei Wägen mit Kaufmannsgut, Ambrosi Höchstetter zugehörig, wollen hinwegfahren. Da ist Bartolme Rem aus eigener Gewalt zugefahren in der kaiserlichen Stadt und in dem Gelait, und hat den Rossen an den Wagen die Strangen abgehauen. Darum hat des Kaisers Fiscal Bartolme Rem gefangen und zu Worms länger denn ein Jahr im Gefängnuss gehalten.

Darauf hat der Fiscal Remen gen Augsburg lassen führen und auf heil. Kreuzer Thorthurn gefangen gelegt. Darin ist er sein Leben lang gefangen gelegen und hat 2 Mann bestellt, die haben Tag und Nacht vor der Thür des Thurms sein müssen, damit er nit darvonkomme und ist 1525 gestorben. — Und man hätt ihn alle Tage des Gefängnisses ledig gezählt, wenn er das Geld hätt angenommen, das ihm die 3 Mann gesprochen haben, und sich seine Freund für ihn verschrieben hatten, dass er solches stet wollte halten. Das wollt er nit thun, sondern wollt fl. 33,000 haben.

So Sender. In einem Rem'schen Urkundenbuch, das sich in der v. Paris'schen Bibliothek befindet, wird der Vorfall, in Kürze wiedergegeben, also erzählt:

„Am ersten April 1511 lieh Bartolme Rem dem Ambros Höchstetter fl. 500 zu Gewinn und Verlust in die Handlung, worüber er Urkunde besass.

Rem verlangte laut dieser Urkunde seinen ihm gebührenden Antheil an 149770 Mark Silbers, schwarzer Brand, und an 52915 Centner Kupfers, den ihm aber die Höchstetter nach der A°. 1514 geschehenen Rechnung nicht bezahlen und trotz alles

Mahnens nicht auszahlen wollten. Darum klagt Rem beim Stadt-
vogt und begehrt, dass er ihm

a) zu seinem Hauptgut mit fl. 500. —
b) zu seinem Gewinn mit fl. 130. — und
c) zu seinem Antheil an oben angegebener Summe Silbers
und Kupfers verhelfe. Dies geschah am 7. Octob. 1517.

Einen schon 1516 vorgeschlagenen Vergleich nahm Rem
nicht an. Höchstetter fragt nichts nach dem Vogtsgeding. Rem
legt den über die fl. 500 Hauptgut von Höchstetter ausgestell-
ten Schuldbrief vom 23. März 1512 vor. Aber den will Höch-
stetter nicht anerkennen, sucht die Sache in die Länge zu ziehen
und an ein Schiedsgericht zu bringen, worauf aber Rem nicht
eingeht. So stritten sie unter einander bis zum Jahre 1522. —

In diesem Jahr wurde eine kaiserliche Commission zur Bei-
legung dieses Processes niedergesetzt. Als kaiserlicher Com-
missär wurde *Jacob Fugger* aufgestellt. Die Commission machte
einen Vertrag in Ulm am 21. März 1522, der am 21. Juli 1522
zu Augsburg gefertigt wurde. Bartolme Rem lag in Speier da-
mals im Gefängniss.

Laut dieses Vertrags musste Höchstetter an Rem fl. 24500
rhn. Gold (deren 600 zur Zeit der Reformation 1028 Reichsgul-
den betrugen) bezahlen. Das Geld wurde, da es Rem wegen
seiner Gefangenschaft nicht in Empfang nehmen konnte, depo-
nirt. — Dieser Vertrag wurde am 21. März 1522 von Ambros.
Höchstetter, und für den gefangenen Bartolme Rem von *Hans
Rem* angenommen und besiegelt.

Die oben angegebene Summe von 149770 Mark Brandsilber
und 52915 Ctr. Kupfer hatten die Höchstetter in den Jahren
1511—1517 aus den Bergwerken zu Schwatz in Tirol, wo sie
Gewerker waren, ausgebeutet. Davon fiel ihnen fast der ganze
Gewinn zu, Schlagschatz, Zoll und Pacht abgerechnet.

Nicht das Handelsgeschäft allein, sondern grossentheils der
gesegnete Bergbau und das damit verbundene Münzrecht war
es, dem die Fugger, Höchstetter etc. den schnellen Wachsthum
ihres Reichthums und des grossen Ansehens ihres Handels ver-
dankten. Nur auf diese Weise begreift man, wie die Fugger
aus den Bergwerken in Ungarn in einem Jahre eine Million ge-
winnen konnten. Im Jahre 1519 hatten die Fugger alles was
zu Schwatz an Bergwerksrechten dem Kaiser als Landesfürsten
gebührte in Versatzweise zu geniessen, und zogen, wie Graf
Maximilian Mor versichert, davon alle Jahre 200,000 fl. (cf. Sper-
ges, tirolische Bergwerksgeschichte. Wien, 1765. 8⁰.)

Auf diese Weise wird man es auch begreiflich finden, wenn
der *Fuggersche Secretär, Conrad Mayer,* A⁰. 1546, der Herren
Fugger Theilung betreffend, bemerkt:

Ihr Vermögen hat sich damals auf 63 Millionen Gulden er-
streckt, und haben sich von Anno 1539—1546 in sieben Jahren
um 13 Millionen Gulden gebessert. Als A⁰. 1409 der Uranherr
Hans Fugger starb, hinterliess er ein Vermögen von fl. 3000
— das für jene Zeit nicht unbedeutend war. (Aug. N⁰. 425.)

Nichtsdestoweniger haben die reichen Höchstetter sieben Jahre nach Beilegung des Processes mit Bartolme Rem im Jahre 1529 mit fl. 800,000 fallirt.

A°. 1529, sagt eine Augsburger Chronik, fallierten die Hochstetter bey fl. 800000, und ist der alt Ambrosi Höchstetter in der Eisen (Stadtgefängniss) gestorben. Die Jungen, Ambrosius und Joseph, sind auf den Kreuzerthurm gelegt und für selbige viel und manche Handlung geschehen, denn man hätte sie gern frei gemacht. Aber es wollt alles nichts helfen, und also mussten sie gefangen liegen, bis sie auf Befehl kais. Maj. und trefflich Bürgschaft A°. 1544 ausgelassen wurden. Haben viel trefflich Leut, Arm und Reich in grossen Schaden gebracht und mit ihrem Pracht und Herrschaft, den sie getrieben, fast wohl verdient, sie im Gefängniss gar sterben zu lassen, andern solchen Buben, die mehr aufnehmen, denn sie zu bezahlen haben, zu einem Exempel. (Augsb. Chronica Tom. II. p. 278.)

Ich kann mich nicht enthalten, den Lesern mitzutheilen, was der schon oben angeführte Chronist, *Clemens Sender*, in seiner Chronik über dieses Höchstetter'sche Falliment berichtet. (Aug. Nr. 75. Fol. 178 sqq.)

„*Ambrosius Hochstetter*, Burger zu Augsburg, mit seiner Gesellschaft, ein berühmter Kaufmann im ganzen Europa, der hat zu der Ehe gehabt *Jacob Relingers* Tochter, die hat ihm zubracht zu Heiratgut, und darnach ererbt, fl. 60,000.

Ambrosi Höchstetter ist ein feiner, langer, grosser, starker Mann gewesen, der auch mit Trew und Glauben mit Königen und Kayser, Fürsten und Herren und allen Menniglichen gehandelt hat, bis auf das Jahr 1529.

Zu ihm haben Fürsten, Grafen, Edel, Burger, Bauren, Dienstknecht und Dienstmägd ihr Geld, was sie haben gehabt, zu ihm gelegt und von dem Hundert genommen fl. 5. — Menge Baurenknecht, und die nit mehr haben gehabt denn fl. 10, die haben es ihm in sein Gesellschaft geben, haben gemeint, es sei Ihnen ganz wol behalten und haben darzuo eine järliche Nutzung. —

Dieser Höchstetter hat ein Zeitlang in seiner Gesellschaft eine Million Gulden verzinset. (Die gemein Sag ist gewesen, er lüge gern.) Kein Mensch hat gewusst, dass er so viel Geld verzinset hat, und ist ein *guter Christ* gewesen und *ganz wider die Lutherey*. Aber mit seiner Kaufmannschaft hat er oft den gemeinen Nutz und armen Mann druckt, nit allain mit grosser namhafter guet und waare, sonder auch mit schlechter, kleiner waar. Er hat die Eschenholz bei gutem Weg aufkauft, und wann böser Weg ist gewesen, zu Markt geführt, desgleichen Wein und Korn, und die Saiten auf die Lauten gespannt, und hat oft ein ganze waar mit einander aufkauft, theurer, denn es werth ist gewesen, damit er die andern Kaufleut nach Gefallen druck, die solches nit vermögt haben. Darnach hat er in die Waar ein Aufschlag in allen Landen darin gemacht und sie verkauft nach seinem willen. Kein Kaufmann hat mit fl. 50,000 oder fl. 100,000 nichts gegen ihn können handlen, dann er hat

gewonnen, was er gewolt hat, wie ich es dann oben im 1521
Jar beschrieben hab, wie es *Bartolme Rem*, sein Buchhalter,
anzeigt hat. —

Ambrosi Höchstetter hat in allen Königreichen und Landen
das Quecksilber aufkauft, theurer denn der gemein Kauf war
um fl. 8, damit er durch diese Listigkeit die ander Kaufleut
drückte. Da er nun das Quecksilber gar in sein Hand het bracht,
gab er ein Centner um fl. 14. —

Da gab Gott zu, dass der Kaiser in Hispania und der König
in Ungarn Quecksilber in grosser Menge fanden, und der Höch-
stetter het um fl. 200,000 Quecksilber aufkauft. Daran musst
er den dritten Theil verlieren. — Ein Schiff mit mancherlei
Specerei ist ihm in dem Meer untergegangen. Etlich geladen
Wägen, die aus Niederlanden gen Augspurg seind zugangen,
sind ihm durch die Strassräuber genommen worden und sonst
ist ihm auch anderer Unfall zugestanden.

Doch dieser Unfall aller het Ihm nit geschadet, wo seine
eigene Söhne und seines Bruders Söhne het sich rechtschaffen
gehalten und ziemlich zu dem Ihren gesehen, auch der alte
Ambrosi alle Jahre het Rechnung genommen und geben lassen,
wäre solches alles verhütet worden. Dann sein Sohn *Joachim*
und sein Tochtermann, *Franz Baumgartner*, haben *uf ain Nacht*
in einem Bankett dürfen lassen aufgehen und verthon fl. 5000
oder fl. 10000, und *auf ainmal* 10000 bis 20 und 30000 Gulden
verspilt. — Der *jung Ambrosi* Höchstetter, des alten Ambrosi
Sohn, und *Joseph Höchstetter*, seins Bruders Sohn, haben auch
übel Haus gehalten, aber doch nit also übel, wie die andern
zween. —

Ihr viel Gläubiger, da sie vernommen haben den Schaden,
der dem Höchstetter ist zugestanden, und wie die Jung so *ver-
thon sein,* (sic.) haben sie ihr Geld aus der Gesellschaft begehrt
und sein bezahlt worden, dass er auf *ein* Jahr hat abgelöst bis
in 400 Tausend Gulden, wiewol sein Will nit darbei gewesen;
die Gläubiger haben aber kurtz ab nit lenger verziehen. Welche
Gläubiger aber seind hinlässig gewesen, deren ob 300 seind, die
sind in Not komen und stehet Ihnen Ihr Bezalung und Nutzung
noch aus und werden nimmermehr bezalt.

Da die andern Gläubiger vernommen das Höchstetter Ver-
derben, da wollten sie auch von Ihm bezalt sein — da vermocht
er sie nicht zu bezalen. Da verklagten sie ihn hie bei dem Rat
und begehrten, dass man ihn gefangen in den Thurm legte, bis
sie von ihm bezalt würden. — Das wollt ein Rat nit thon, und
sagten, es wäre wider Ihren alten Brauch und wider Ihr Stadtbuch.

Solche Antwurt haben die Gläubiger zu Unwillen auf-
genommen. —

Da hat ein Rat dem Höchstetter geschafft, dass er hat
müssen ein Eid schwören, dass er nit aus der Stadt will gehen,
noch nirgens hinthon, eemals und er die Gläubiger bezalt. —

Item, mittlerweil hat Ambrosi Höchstetter die besten Klai-
noter so er gehabt hat, in Ballen eingeschlagen und ein fremdes

Zeichen an die Ballen gemacht und verordnet aus Augspurg hinwegzuführen, wie dann beschechen ist. Das haben die Gläubiger erfahren und sind für ein Rat gangen, umb dz des Höchstetters alle Hab und Gut, Ligendes und Fahrendes, beschriben werde, und was er im Haus habe. Das ist beschechen. Aber es ist *nichts Richtigs* da gefunden worden, und ist darvor ein voll Haus mit aller Zier, wie ein *Fürstenhaus* gewesen. Da seind die Gläubiger gar übel zefrieden gewesen, und haben die Edelleut und *Doctor Ribeyssen* gar viel Drohwort triben, und sie wollen der Bezalung wol einkommen.

Da ein Rat solches vernommen, hat er um St. Jacobitag den Ambrosi Höchstetter, und sein Sohn Ambrosi, und Joseph, seins Bruders Sohn, berufen. — (Sein älterer Sohn Joachim und Franz Baumgartner hetten sich heimlich davon gemacht, als die Sag was, mit viel Guts.)

Da nun diese drei Höchstetter vor einem Rat erschienen waren, liess ein Rat sie alle drei auf dem Rathaus in eine Stube zu einander gefangen legen und vor die Stubenthür 10 Mann, die haben sie müssen hüten, damit sie nit darvon fliehen, oder etwas zu ihnen gang, ohn des Rats Wissen. Ihre Hausfrauen und Knecht hat man zu Ihnen lassen gehen. Essen und Trinken und alle Notdurft hat man Ihnen aus Ihren Häusern genug zutragen. —

Um St. Michaelistag sind alle Gläubiger hie für Rat und Recht kommen und öffentlich wider die Höchstetter gehandelt. Da nun die Höchstetter nit konnten bezalen, haben Ihrer etlich den dritten Theil wollen nachlassen, etlich minder, etlich gar nichts, sondern vollkommen Bezalung haben. Das wollten die Höchstetter nit tun, sondern si wollten nach Ordnung des Rechtens Ihnen genugtun und wollten Ihre Gürtel von ihrem Leib abgürten und mit geschworenem Eid von allem Ihrem Hab und Gut gehen. — Das wollten die Gläubiger nit tun aus diser Ursach, ihre Frauen nahmen aus ihr Heiratgut, Morgengab, Widerlegung und Verwaissen, und wollten an solcher Schuld ihrer Männer den Gläubigern nichts geben. — Ob solcher Freiheit der Frauen hat der Adel der Gläubiger gross Missfallen empfangen, dass sie ihre Ehemann nit wollten helfen ledig machen von der Gefängnuss und von den Gläubigern, so sie doch mit der Gläubiger Gut Aufenthalten, gross Pompp, Hoffahrt und Hofweis triben, und darzu wenn sie viel mit der Gläubiger Geld gewonnen hätten, hätten es die Gläubiger nit geerbt, sondern die Frauen mit den Kindern, darum sollen sie auch billig jetzt am Schaden anliegen. —

Da ein Rat solches hat von den Gläubigern vernommen, hat sich ein Rat erboten, sie wollen gern die Höchstetter in die Eyssen legen. Hat der Adel geantwurt, jetzt dissmal lieg Ihnen nit viel daran, man leg die Höchstetter in die Eyssen oder nit, vonwegen dass man ihr Bitt und Begehr zu dem ersten hab nit wollen annehmen und erhören, weil das Gut noch bei einander sei gewesen und Joachim Höchstetter und Franz Baumgartner heimlich mit vil Guot davon geflohen seien, sie wollen sechen, dass Ihres Hauptguts und die Schäden einkommen. König *Ferdinand* hat den Höchstettern zu einem Beistand geschickt Doctor *Zott*, und *Herzog Wilhelm* von Bayern *Doctor Augustin Lesch*, seinen Canzler, dass sie die Höchstetter und die Gläubiger mit einander verrichten und der Gefängnuss ledig wurden. Da hat aber nichts können ausgericht werden, ohne ziemliche Bezalung.

Zuletzt sein sie überains worden, diese zwei Commissaren, und haben der Höchstetter Frauen und alle Freundschaft und Verwandtschaft zu ainander berieft und sie alle gefragt, ob sie ihren Ehemannen und Freunden wollten beholfen sein (sie Ihnen selbs zu Ehren) Ihr Gut mittheilen und fürsetzen, damit sie aus der Gefängnuss kämen und die Gläubiger gestillt werden.

Darauf haben sie ein Bedacht genommen bis Allerhailgentag, der ist Ihnen zugegeben worden. In dieser mittler Zeit sind die Höchstetter verhört worden auf dem Rathaus, wie vor.

Auf den bestimmten Tag aller Heiligenfest sind die Gläubiger der merer Theil zu Augsburg nit erschienen, von wegen dass es vast an dem *Englischen Schweiss* da starb. Darum so ist aus gemeiner Verwilligung aller Gläubiger ein ander Tag in dem zuküuftigen Jahr, auf den hl. Dreikönigtag angesetzt worden. Wann die Gläubiger hie zu einander sind kommen, Rath zu schlagen, oder auf das Rathaus sind gangen, so ist zu dem *ersten* der *Adel* gangen, darnach die *Burger* gangen, Frauen und Mannen, Knecht und Mägd, Arm und Reich, ein jedliche Person nach Ihrem Stand, und das auswendig (auswärtig) gemein Volk ist *vor* den Augsburgern gangen."

Folgt darauf der Vertrag, wie die Gläubiger durch die Commissarien verglichen worden sind.

Die Frauen haben aus herzlicher Lieb und zu Erledigung ihrer Hauswirthe an ihren Forderungen fl. 60000 zu Gunsten der Gläubiger nachgelassen, und die Verwandten versprachen fl. 20000 in Fristen zu erlegen, worauf dann die Theilung vor sich gieng.

Dieses bedeutende Falliment und einige andere, die ihm nachfolgten, veranlassten den Rat der Stadt, dass man 1538 unter dem Barfüsserthor einen *Schuldthurm* baute. Dabei macht ein Chronist die artige Bemerkung:

„Aber er ist noch nie gebraucht worden. Man was zu derselben Zeit *zornig*, aber es gieng *gnädiglichen ab*. Es wär Schad um die Schelmen, die erbern Leuten das Ihr also schändlich enttragen; darnach, wenn sie falliert haben, sind sie reicher dann vor. Aber es beissen selten die Wölf ainander." (Grosses Zeitbuch.)

Dieses Falliment der Höchstetter und ihr Process mit Bartolme Rem war die Hauptveranlassung, dass strenge Verbote über das *Monopolisieren* erlassen wurden. Namentlich waren 1530 die *Welser, Remen und Hörwart* desswegen vom Reichskammergericht angeklagt. Wie sie sich dagegen vertheidigt haben, und was Dr. Conr. Peutinger im Auftrage der Augsburger Kaufleute gegen das Bedenken der Churfürsten etc. auf dem Reichstag zu Augsburg A°. 1530 der Kaufmannshändel und Monopolien halben geantwortet hat, das will ich bei anderer Gelegenheit mittheilen. —

159) Dass mir mein Bruder Andreas von seinem Vorhaben, sich wieder in der Welser Handlung zu verpflichten, nichts gesagt hat, verdross mich so, dass ich die Besitzung Riedheim den Ulmern wieder abkaufen und der Kaufmannschaft entsagen wollte.

160) Es kam weder die Verbindung mit Bartolme Rem, noch der Kauf von Riedheim zu Stande.

161) Sie fürchteten, ihre Unredlichkeit möchte durch mich aufgedeckt werden.

162[a]) 162[b]) Ich begehrte nicht bei dieser Rechnungsablage zu bleiben, und erhielt desshalb Auftrag, nach Antwerpen zu gehen.

163) Mir fiel wieder ein, was schon früher Unangenehmes zwischen uns vorgefallen war, und damit es nicht zu neuen unangenehmen Vorfällen komme, hielt ich es für besser, weiter zu gehen.

164) Und hatte doch keine Schmerzen daran.

165) Der Schreiber hat hier, wie gar häufig abbrevirt und undeutlich geschrieben: „10 p. C$\overset{o}{.}$ akapo d. dino abrochen.“ —

166) Ich könnte alles mit Zeugnissen belegen, wessen ich sie zeihe. —

167) Segovia (?)

168) Ihnen — für sich.

169) Und doch fallirten 1614 die *Welser*, *Mattheus* und *Paulus* unmittelbar nach dem Tode des berühmten *Marcus Welser* mit fl. 586578. Der Credito betrug: fl. 374000. —

Sie erbaten sich zwar ein Moratorium und machten Vorschläge zu einem gütlichen Vergleich, wodurch sie die Gläubiger zu befriedigen hofften, aber man traute ihnen nicht. Ein Chronist theilt diese Erklärung der Welser mit, und macht am Schlusse folgende Bemerkung:

„Dieses oben erzähltes fälschliches der Welser Fürgeben und vermaintes demüthiges Bitten an ihre Creditores, ist anders nichts, als ein hochmüthige, stolze und hoffärtige Demuth, damit sie ihre Creditores zu blinden und hinter das Licht zu führen meinten.“

In dem Verzeichniss der Schuldner werden auch „Herr *Marx Fugger* und Gebrüder mit einer Forderung von fl. 131000. aufgeführt.“. (cf. Aug. 96. S. 196 sqq.)

170) Anfangs legten sie sich aufs Drohen, dann wurden sie freundlich, legten sich aufs Bitten, und versprachen mir, als dem Meister aller, grössere Belohnung.

171) Diese Klagen Rems finde ich vollkommen bestätigt in folgender Mittheilung eines gleichzeitigen Chronisten vom Jahre 1519, wenn er sagt:

„A$\overset{o}{.}$ 1519 da was die Stadt hie unter den Burgern und Kaufleuten in grossem Aufnemen und grossem Reichtumb, als kein Stadt in hochen teutschen Landen was. Es waren viel reicher Burger, die Kaufleut waren. Die hetten gross gesellschaften mit ainander und waren reich. Aber etlich waren unter ainander untreu, sie beschissent ainander umb vil tausend guldin. Darumb so wurden die Öbresten in den gesellschaften, die die *rechnong* machten, fast reich, weder die andern, die *nicht* bei der rechnung waren. Die also reich wurden, die hiess man *geschickt leut.* Man sagt nit, daz sy so gross *dieb* wären. Und wan sy sich zusamen verbunden in ain gesellschaft, so machten sy verschreibung. Wann die Öbresten, die gesellschafter waren, rechnung machten, da solten sich die *diener* und die andren, den Ir gelt auch zuo gwin und verlust lag, an sollicher rechnung lassen beniegen und solten Iren schlechten worten darumb gelauben. Sollich verschreibung machendt gross dieb, das wol zu glaben ist, das grösser dieb nicht sein, dann die Öbristen in etlichen gesellschaften. Es machten zu zeiten die geselschafter etlich aus ainer geselschaft rechnung mit ainander, dz sy nicht all bey ainander waren, die dann auch darbey sollten gewesen sein, laut Irer verschreibung. So hetten es, die nicht darbey waren, grossen nachtail, als man sagt 3 in 4 in 5 Tausend Gulden. Wollten sy dan mit Friden seyn, so muosten sy nemen, was man Inen gab; dann die andren hetten das Ire in handen

(Ain Chronica Newer Geschichten, anfachend Anno Domini 1512—1526. Aug. $\frac{\text{CCCXVII}}{\text{N. 128.}}$)

173ᵃ) Seit Kaiser Sigismunds Zeiten war der Stadt Nürnberg erlaubt, des Reiches Heilthümer und Kleinodien an einem Markttage auszustellen und allem Volk zu zeigen.

173ᵇ) Durch den Ardennerwald.

174) Bastonge.

175) Namur.

176) Vielleicht könnte auch gelesen werden: Bongarin. Ich halte aber Bongarten für richtiger. Denn die Bongartner oder Baumgartner waren berühmte Augsburger Kaufleute. (vgl. Bemerkung 14.)

177) Ich füge hier, wo von Kaiser Maximilians I. Tod die Rede ist, eine kurze Charakteristik dieses Kaisers bei, die ich in der Chronika newer Geschichten, anfahend Anno Domini 1512 bis 1526 Aug. $\frac{317}{128}$ fand. Sie lautet also:

„Aᵒ. Dom. 1519. 12 Jenner, zwischen 3 und 4 ur nachmitag, da starb der Kayser Maximilianus zu *Wels* in Ostreich, und man fuort In gen der *newenstadt*, da ligt er begraben.

Der Kayser was ain herr von östreich. Er was frum und nicht von hocher vernunft, und was stets arm. Er hett in seinem land vil stett und schloss und rent und gült versetzt und verpfendt, daz er wenig auff zu heben hett. Er hett rätt, die waren laur buben, die regierten In gar. Dieselben wurden all fast reich, und der Kayser ward arm. Und wer von dem Kayser etwas begert, als Freyhait- oder ander brieff, so namen sein rätt schankung und brachten es zuwegen. Und wann dann hernach die ander parthey kam, so namen sy aber gelt, und gaben brieff, die wider die ersten waren. Das liess der Kayser geschechen. Er wolt stets kriegen, und hatt doch kain gelt. Zuo zeytten, wann er in krieg ziehen wolt, so waren sein diener so arm, konnten sich nit aus der herberg lösen. Wann ihm dann das Reich, oder der Pundt Folck schickt, so schickten die stett ir anzahl; aber die Fürsten hatten selten ir anzahl. Es gieng nun fast über die stett. Man maint, weil er kriegt hat an allen orten, dz wol 5 in 6 mal hunderttausend menschen erschlagen und umb sein komen, daran er ursach gewesen ist. Item, als der nechst reichstag hie was, da kam her ein böhmischer herr, der hiess *herr Hainrich von Guttenstein*, und ain Edelmann, hiess *Hans von Selbnitz*. Die waren ainander feind. Die haben mit samt andren edelleuten ain gesellschaft mit *räuberey* gehabt. Nun zig (zieh) der von *Selbnitz* den von *Guttenstein*, er wär ain mörder, denn er hett etlich Kaufleut ermördt in seinem gefencknuss, darumb, daz sy sich nit hetten wollen schetzen lassen. Er zig ihn auch, er hett von dem gelt, dz sie von den Kaufleuten geschätzt und geraubt hätten, mer genommen, dan ihm zu seinem tail zugepürt hett. Sy zigen ainander böse ding; das alles ungestraft blieb. Dann die laurbuoben wurden von dem Kayser und seinen rätten vertragen und verricht. Man meint, der *von Guttenstein* hab des Kaysers rätten gelt geben.

So hett sunst der Kayser ain grossen räuber hie in gefencknuss, der hett vil Jar geraubt und ain frummen man ermordt, und hett etlichen Kaufleuten Ir gutt auf dem feldt verprennt, das er geraubt hett und es nicht konnt wegbringen. Denselben buoben liess er aus. Solcher stuck geschahen stets vil.

Der Kayser was den von *Augspurg günstig*, und besunderlich den burgern. Es waren vil Kaufleut hie, die handleten mit Im. Wann er Gelt bedorft, so liehen sie ihm gross guot auf *die Silber und Kupfer zu Schwatz.* Dieselben Kaufleut gewunnen vil gelt an Im; denn er was frumm und hielt Ihnen die keff redlich. So kunnten die Kaufleut woll scheren. Und wenn der Kayser Kupfer oder Silber keüff macht mit den Kaufleutten, so lagen zuo zeiten *des Kaysers rätt etlich mit den Kaufleuten auch an mit Irem gelt, doch nur in gehaim.*

178) Nachen — Fähre.

179) Dieser Jörg Meiting war damals noch Theilhaber an der Remischen Handlung und besorgte die Geschäfte des Hauses in Antwerpen.

180) Empfand Schmerzen und war mir unwohl.

181) Linkes Knie.

182) Rechtes Knie.

183) ärger, schlimmer.

184) gerade, im Gegensatz zu krumm und lahm.

185) abwechselnd.

186) Der sonst stets zu Pferde sass, musste sich nun eines sogenannten Hetz- oder Jagdwagens bedienen.

187) Auswarten, s. v. a. pflegen.

188) Tränklein.

189) Einreibungen im Nacken mit Salben.

190) That mir besser.

191) übermässigem Fleiss und Anstrengung.

192) Der Pest wegen, welche allgemein „der *Sterbend*" hiess und in schwarzem Erbrechen bestand, daher auch „*schwarzer Tod*" genannt wurde, flohen viele reiche Leute aus Augsburg.

193) Dieser Ambrosius war der damals sehr berühmte Augsburger Arzt: *Ambrosius Jung.* Ueber den Doctor *Mattheus* von Ravensburg konnte ich trotz aller Mühe nichts Sicheres erfahren.

194) Genau 4 Wochen war Rem im Wildbad.

195) Diese Unterscheidung hat sich bis zum heutigen Tag erhalten.

196) gnach, d. h. genau, gründlich. Es nahm ihn sehr her. —

197) Undect werden heisst: Erbrechen bekommen. Undeen, undecn werden = sich ergeben. (S. Schmeller, Wörterbuch I. 348.)

198) Schwaisbaden, ein Schwitzbad nehmen.

199) Koplett s. v. a. schröpfet, Lassköpfe setzen. (Schmeller III. 513.)

200) Es geschah dies, wie aus dem Rem'schen Geschlechterbuch hervorgeht, in dessen Heiratsangelegenheiten.

201) Vom Jahre 1527 an kommt nur noch die Ueberschrift † Jhus † vor. Ein Beweis, dass Rem in diesem Jahr lutherisch geworden.

Noch deutlicher geht dies aus einer Bemerkung von ihm hervor, die er im Jahre 1527 bei Gelegenheit der Geburt seiner Tochter Magdlena macht, wenn er sagt:

„Si ward in meim haus Cristenlich getauft von Hans Schmid, erwölten predicant vom pfarrvolk zuom Kreuz."

202) Eine pestartige, in diesem Jahr auch anderwärts häufig vorkommende Krankheit, der „*englische Schweiss*" genannt.

203) Kellerin, ein Ausdruck, der noch heut zu Tage in Augsburg für *Wärterin* gebraucht wird, auch anderwärts in Schwaben. Kindbettkellerin oder schlechtweg Kellerin.

204) Ward dennoch von den Aerzten gerathen.

205) Flüsse i. e. rheumatische Schmerzen mit Kopfweh. —

206) Dieser Antonio von Bomberga war einer der ältesten Handlungsdiener der Rem'schen Gesellschaft, und war nach Frankfurt gekommen, um eine neue Verschreibung zu machen. (Vgl. im Tagebuch das Capitel: „Annemong unsser diener" Num. 18.)

207) Dieser Martin Frantz war der älteste Diener des Hauses. (Vgl. das Tagebuch. a. a. O.)

208) Lenhart Hofmann von Nürnberg, der 21. Diener. (Vgl. das Tagebuch. a. a. O.)

209) Magdalena Rem, eine Schwester unseres Lucas, ging 1512 in das Gotteshaus und Kloster Sct. Ulrich, Predigerordens, in Dillingen. Sie brachte fl. 1500 in das Kloster und starb am 20. Januar 1553.

Kinderreiche Familien schickten gewöhnlich eine ihrer

Töchter ins Kloster. Mehrere der Fugger und Welser'schen Töchter waren im Kloster St. Catharina. Eine Fuggerin war 1518 sogar Priorin daselbst. A⁰. 1561 war *Anna Jacobea Fuggerin*, Herrn Georg Fuggers Tochter, Klosterfrau bei St. Catharina. Die kam wunderbarlicher Weis durch Hilf eines Goldschmids aus diesem Kloster. Sie liess ihre Kutte hangen und heftete ein Zettelchen daran:

„Gott allain die Ehr!
In die Kutten kom ich nimermehr!"
Virtus vim vicit.

Diese Anna Fuggerin ist von ihrer Mutter und mit Hülf des Jesuiten *Petrus Canisius* gezwungen worden, ins Kloster zu gehen. Nach ihrer Flucht ist sie zu ihrem Herrn Vetter, *Ulrich Fugger*, der reformirt geworden war, nach Heidelberg gekommen, welcher sie an den Grafen, Herrn *Johann von Ortenburg* verheirathet, wo sie 1587 am 8. Februar starb, aber zu Heidelberg begraben liegt. (Aug. Nr. 40.)

210) Von hier an wird die sonst feste und leserliche Schrift Rems matt, schwach, zitternd und fast unleserlich. Man sieht ihr den kranken Mann an. Von 1538 an bessert sie sich wieder, aber es fehlt ihr die frühere Kraft.

211) Eine bedeutende Besitzung und Grafschaft der Fugger, die *Jacob Fugger*, der Stifter der Fuggerei, von Kaiser Maximilian um fl. 70,000 kaufte.

212) Diese Sache betraf fl. 600000 in Gold, woran Rem $\frac{1}{10}$ an dem Fugger'schen Theil hatte.

Von diesem *Anton Fugger* sagt Guicciardini:

„Die allerreichsten und namhaftigsten unter den auswärtigen (ausserhalb der Niederlande) Kaufleuten allen sein die *Fugger*, teutscher Nation aus *Augsburg*, deren löbliches Haus Herr *Antonius* das Haupt und ein *Fürst* aller Kaufleut ist, welcher, als er jüngst in seinem Vaterlande mit Tod abgegangen Inhalt seins Testaments ob 6 Millionen Kronen Golds verlassen, ohne viel anderer Habe mer, welche durch solch Löbliches Geschlecht innerhalb 70 Jaren mit Kaufmannsgewerbe gewonnen worden sind." (Guicciardini, Niederlands-Beschreibung S. 106 und 134.)

Und Hector Mair in seiner Chronik sagt sub anno 1527:

„Auf des Herrn *Antoni Fuggers* Hochzeit mit *Anna Rehlingerin*, am 5. Febr. 1527 gehalten, sind viel Fürsten, Botschafter, Grafen, Ritter, Edelleut und andere geistliche Herren gewest. Darauf hat ein ehrsamer Rat 64 Kanten mit Landwein geschenkt — sonst nichts."

Der Wahlspruch dieses *Anton Fugger* lautete:

„Stillschweigen stehet wohl an."

(Man vergleiche auch, was über den Reichthum der Fugger S. 94 Anm. 158 gesagt ist.)

213) August und Adolf waren die berühmten Brüder *Occo*, Aerzte und Numismatiker.

214) Einen Theil der Mägde. — Das *Annelin* war Rems ausser-
eheliche Tochter. (Siehe den Abschnitt des Tagebuchs: „Geburt meiner
ledigen Kind.")

215) gmachsam, das viele Gemächer, Zimmer hatte, sehr
geräumig war.

216) In Bestand nehmen, i. e. auf eine bestimmte Zeit
miethen.

217) Von hier an bessert sich die Schrift wieder merklich.
Ein Beweis, wie kräftig das Bad gewirkt hat.

218) Schreiber s. v. a. Handlungsdiener.

219) Es waren 4 Brüder und eine Schwester *Madlena*,
welche zu St. Ulrich in Dillingen im Kloster war. (Vgl. Bemer-
kung 209.)

220) Gemälde. Tafeln s. v. a. Edelsteine, Tafelsteine, die
er später seiner Braut zum Geschenke machte. (Vergl. den Ab-
schnitt im Tagebuch, der die Ueberschrift führt: „Meins heyrotz beschlus,
hochzeit etc.")

221) Seguriren, s. v. a. Securanza = Assecuranz. In Por-
tugal wurden namentlich viele Securanzen gemacht auf die Spe-
cereien, die von da zu Land oder Wasser verschickt wurden. —
Je nachdem der Ort, wohin die Waaren verschickt wurden, weit
oder gefährlich war, ob Land- oder Seefracht, wurden 5, 10, 20, 30
bis 50 Procente bezahlt. Wurde das assecurirte Gut in Jahres-
frist nicht überantwortet, so war der Securator schuldig, den
Werth des Guts zu bezahlen. Kam es erst darnach an, so konnte
man es dem Securator zur Disposition überlassen. (Man vergleiche
damit, was Peschel in seiner Gesch. der Entdeckungen S. 45 darüber sagt.)

222) ân oder ônwerden eines Dinges heisst, sich eines Dings
oder einer Sache entledigen, entäussern. Hier also der Sinn,
ich habe diesen Gewinn in Gemälden etc. verkramt. (Siehe
Schmeller IV. 146.)

223) Zur Hochzeit geschenkt wurde.

224) Kleinodien, Schmucksachen.

225) Aussteuer. (Wie Seite 1 des Tagebuchs.)

226) Ich gab des Friedens halber zu, dass die Handlungs-
Firma: *Endris*, nicht: *Lucas* Rem und *Gesellschaft* genannt wurde.

227) Ulrich Hanolt und Jerg Meiting, die des Handels kun-
dig waren.

228) Die Abrechnung geschah darum in *Ulm*, weil er der
Pest halber mit seinem ganzen Hause und Geschäfte dahin ge-
flohen war. (Vgl. Bemerkung 192.)

229) Fortsetzung unseres auf 8 Jahren geschlossenen Vertrags.

230) Handgreiflich zu verstehen geben.

231) vor Kleidung, wie im Vertrag von 1518 ausgemacht
war. —

232) for = früher. Weil Ulrich Hanolt früher ungeschickte
und unbillige Reden führte.

233) 30 % Gewinn, trotzdem, dass der König von Portugal
es mit den Kaufleuten damals nicht sehr ehrlich meinte, wie
sub anno 1522 ein hiesiger Chronist versichert, wenn er erzählt:

„Im December 1522 da sagt ain glaubhaftig Kafmann, wie der king von Portugal hab oft auffschleg mit dem pfefferverkaffen gemacht, bis er fast theuer ist worden, wie hernach statt:

Am ersten im 1505 Jar hat er ein Centner Pfeffer zu Lisabona geben um 20 Crusadi, das ist 20 Dukaten, und hatt In darnach auf 22 Dukaten gesetzt und geben. Ein Centner in Portugal ist gleich, wie hie zu Augsburg ein Centner und fehlt nicht. Im Jar 1517, da hat er ihn (den Pfeffer) geben um 22 Dukaten und hat ihn darnach uff 24¹/₄ Dukaten gesetzt.

Im 1517 Jar im October hat er ihn auf 26¹/₄ Dukaten gesetzt.

Im 1518 Jar hat er ihn auf 28¹/₄ Dukaten gesetzt.

Im 1519 Jar hat er ihn auf 32¹/₄ Dukaten gesetzt.

Im 1520 Jar hat er ihn auf 34¹/₄ Dukaten gesetzt. Auf demselben Gelt steht er noch (1522). —

Aber die ander spetzerey hat auch fast aufgeschlagen.

Der König hat zu zeitten mit den teutschen Kafleutten gross keff umb spetzerey gemacht, und hat dann zu zeytten den *teutschen* nit halten wellen. Er machet, daz sy nimer gern mit ihm handlen wolten.

(Ain Chronica Newer geschichten, anfahende anno Domini 1512 bis 1526. Aug. $\frac{\text{CCCXVII}}{\text{N. 128.}}$)

234) Nicht in Rechnung gebracht haben.

235) Ich sage Gott Lob und Dank, dass wir trotzdem noch so glücklich davon kamen. —

236) Siehe was darüber im Tagebuche Seite 34 gesagt ist.

237) Aus der Gesellschaft austreten.

238) Siehe oben Bemerkung 206.

239) Grosse Mahlzeiten zu Nutz des Handels.

240) Auch im Jahre 1535 machten die Fugger der Krone Spanien bedeutende Vorschüsse, woran Rem gleichfalls ¹/₁₀ Antheil hatte. (Siehe das Tagebuch S. 27.)

241) Was nur *mich* angeht und meinen Bruder *Endris.*

242) Abgerechnet.

243) Habe sie nicht mehr an der Handlung Theil nehmen lassen und ein eigenes Geschäft für mich allein getrieben.

244) und 245) Diesen Handel mit der Krone Spanien, wovon oben oft die Rede war. —

246) Mahlzeiten, Gastereien.

247) Unter den fast 8 Tag daurenden Festlichkeiten, die auf der Hochzeit statt fanden, war auch ein Ritterspiel, ein sogenannter Stechhof. Es stachen darauf Christoph *Echain* und Marx *Pfister.* Echain erhielt den Preis, ein Ringlein, 5 Gulden werth.

248) Für meine Hochzeitkleider ausgegeben habe.

249) Nachhochzeit, acht Tage nach der eigentlichen Hochzeit.

250) *Stamet,* nicht zu verwechseln mit: *Sammet.* Gewöhnlich: Pernisch Stamet, eine Tuchart. (vide: Oesterreichisches Archiv 14. Band II. S. 291, herausgegeben von der kaiserlichen Akademie der Wissenschaften in Wien.)

A.° 1514 war ein Kaufmann zu *Ulm, Martin Scheller,* der

bracht Walchen (Italiener) heraus von Como, und liess sie zu Ulm Tuch machen auf die Welsch Art, wie man sie zu Como macht, die man heisst *Stametti.* Und der Scheller verlegt all Ding. Er liess die Walchen spinnen, wirken und färben. Aber er liess die Leut zu Ulm lernen, dz man der Walchen nimer bedurft. Es ward ein feiner Handel daraus, es trug ihm guten Nutzen, als man sagt. Es hulfen sich vil Leut damit. (Chronica newer Geschichten. Aug. Num. 128. Fol.)

251) Ausser 40 Dukaten gab er noch 36 Goldgulden dazu. Muss also eine stattliche Kette gewesen sein.

252) Eheringe.

253) Brunenkette s. v. a. Brustkette zum Schnüren des Mieders. Von Brünne Brünje. Auch Preiskette genannt. (cf. Schmid, Schwäb. Wörterbuch S. 95.)

254) Breigoff, die Gabe der Braut an den Bräutigam. Den Tag vor der Hochzeit überschickte die Braut dem Bräutigam die üblichen Geschenke, die in der Regel in einem Hut, zwei Manschettenhemden, Hemdknöpfen, Schuh- und Halsschnallen, zwei Paar seidenen Strümpfen, Handschuhen und zwei Ringen bestunden. (Vide Schmid Schwäb. Lexicon.)

255) Kleid mit Schleppe.

256) Zusammen — im Ganzen, in allem.

257) Tuch aus Leyden.

258) Schaube, ein Kleidungsstück des Oberleibes für beide Geschlechter, eine Art Wams, franz. Juppe. (Schmid schwäbisch. Lexic. S. 453.) Der Oberrock hatte zu Anfang des 16. Jahrhunderts eine doppelte Gestalt, die des *Trapparts* und der *Schaube.* Jener war nach der alten Weise vorn geschlossen und musste über den Kopf angezogen werden, während die Schaube die senkrechte Oeffnung von Oben nach Unten hatte. Die Schaube verdrängte im 16. Jahrhundert den Trappart. Sie war gewöhnlich mit Pelz gefüttert oder verbrämt. (Vide: Falke Trachten- und Modewelt. I. 301.)

259) Ein sogenanntes „*Guldenhemd,*" dessen Brust mit Goldstickerei verziert war. Als gegen Ende des 15. Jahrhunderts die Jacke, oder das Wams der Männer auf der Brust einen weitern Ausschnitt erhielt, wurde das dadurch sichtbare Stück des Hemdes bestickt und mit diesen Einsätzen grosser Luxus getrieben.

260) Die Stichel, d. h. die Speerträger = hastiferi beim Stechhof, woraus sich auch die Pfeifer und Trommelschläger erklären. (Schmeller a. a. O. III. S. 609.)

261) Gabgelt s. v. a. die Hochzeitgeschenke, welche von den Knechten und Mägden der Hochzeitgäste und der Verwandten überbracht wurden. Die Geschenke wurden annähernd taxirt, und vom angeschlagenen Werthe bekamen die Ueberbringer ein Geschenk, nämlich vom Gulden *drei Kreuzer.*

263) Beuren, d. i. Kaufbeuren.

264) Was zu der Aussteuer gehört. —

265) Scheir, ist ein Pokal, oder Becher mit Fussgestell und Deckel. (Schmeller, Wörterbuch III. 392.)

266) Horbett und Harbet, ein Kopfputz der Frauenzimmer in Gestalt eines schmalen Kranzes um die Stirne. In Memmingen wurden sie auch „Berlinkränzlin" genannt. Sie dienten dazu, das Vorderhaar zusammen zu halten. Vornehme Personen zierten diesen Kopfputz mit Perlen und Juwelen. (Schmid, Schwäb. Wörterbuch S. 261.)

267) Es war nur der Mann, nicht aber die Frau, auf der Hochzeit. — Die *Herwart* waren berühmte Kaufleute in Augsburg. Schon 1429 war *Hans Herwart* mit betheiligt in der grossen Handelsgesellschaft des *Ulrich Arzt*, der für den reichsten Kaufmann seiner Zeit galt. Von diesem *Ulrich Arzt* bemerkt *Zenk* in seiner Chronik:

„*Man schätzt ihn auf 40,000 fl.*" und fährt dann sehr naiv fort:

„*Er kunnt aber die Piren* (Birnen) *sieden, dz die stil nit nass wurden.*"

268) Auch *Paumgartner* geschrieben. Paumgartner gab es auch in Nürenberg, wo 1465 Anton Paumgartner verdarb, der dem Herzog von Sachsen 300,000 fl. für Quecksilber schuldig war. (cf. Mülichs Chronik sub anno 1465.)

269) Pelzrock von Marderfellen. Vermuthlich wurde er um diese Zeit Canonicus in Passau.

270) Einschlaf, oder Einschlauf, heisst ein Anzug, eine Bekleidung. An unserer Stelle das Sterbehemd. Diese Tochter Conrad Peutingers war als Mädchen gestorben. (Vide Veith histor. vitae C. Peutingeri S. 26, und Schmids Wörterb. 466.)

271) Dieser Hans *Hack*, öfters auch *Hagg* geschrieben, war aus Dinkelsbühl und damals *Stadtschreiber* in Augsburg.

272) Den Werth gaben heisst: So viel zur Hochzeit schenken, als weiland der Braut Eltern ihm zur Hochzeit geschenkt hatten. (Siehe das Register S. 51.)

273) Der Schreiber hat hier abbrevirt *xy*tuoch. Vielleicht Bernertuch — oder bezieht es sich auf Ellen? 10 Ellen?

274[a]) *Kemse*, d. h. *Chiemsee*. Sie machten ihm, als er als Bischof das erste Amt las, ein Geschenk.

274[b]) Dieser *Baltus* (Balthasar) *Langauer*, eigentlich *Langenauer*, war Doctor der Rechte. Ihnen gehörte Deybach, wesshalb sie sich „*Langenauer von Deybach*" schrieben.

275) Köpflin, ein kleiner Becher oder Pokal.

276) Dieser Wilhelm Mörtz war Wittwer. Von ihm und seiner Frau sind zwei ausgezeichnet schöne Porträte (Holzgemälde, von Hans Holbein gemalt) vorhanden, welche zur Zeit im hiesigen Maximiliansmuseum aufgestellt sind.

277) Meine Base.

278) Lehengüter.

279) *Kissingen*, ein Dorf in Oberbayern jenseits des Lechs, dem Schlosse Mergentau gegenüber gelegen.

280) Taidungsherren, s. v. a. Schiedsrichter.

281) Wir haben darüber drei Jahreszinse verloren — sind uns entgangen.

282) *Weringen*, ein Dorf an der Wertach, zwischen Bobingen und Schwabmünchen.

283) *Ottmarshausen*, ein Dorf, auf dem Lechfeld gelegen.

284) *Hurlach*, gleichfalls auf dem Lechfeld.

285) Böhmisch.

286) Geschwei für Schwägerin.

287) Die ihrem Manne selig gehörten und die er jährlich zu zahlen schuldig war.

288) Bedacht — Bedenkzeit.

289) Mergentau, ein Schloss diesseits des Lechs, Kissingen gegenüber.

290) Rem war vom Jahre 1508 an bis 1518 grösstentheils in Antwerpen, und überhaupt in den Niederlanden.

Wir wundern uns billig, wie der Tagbuchschreiber so ohne allen Rückhalt ein Verhältniss berührt, das man zu unserer Zeit mit Stillschweigen zu übergehen pflegt. Das Mittelalter war hierin nicht so streng wie unsere Zeit, wenn gleich seine religiöse Anschauung das Gegentheil sollte erwarten lassen. Die Sitten waren nicht so verfeinert wie heut zu Tage. Die naturalistische Lebensanschauung des 15. Jahrhunderts kam mit dem erneuten Studium der Alten zur Geltung. Was bis dahin als eine lässliche Sünde gegolten hatte, die sich durch Beicht und leichte Busse abthun liess, erschien jetzt als etwas Natürliches. Daher drücken sich die Humanisten jener Tage über Verhältnisse und beziehungsweise Vergehungen dieser Art in einer so glimpflichen Art aus, dass wir uns heutiges Tages nicht darein finden können. (Strauss, Huttens Leben I. S. 337 sq.)

291) *Rod*, d. h. mit dem regelmässigen Augsburger Boten, dessen Fuhrwerk das Rodfuhrwerk genannt wurde. Daher auch der Ausdruck: *Rodstrasse*, d. h. Strasse für Pack und Fuhrwesen. Sie ging über Partenkirchen nach Innsbruck. — Daher auch das Rodgeld. (Vgl. Schmeller, Wörterb. III. 169.)

292) Jungfräulich.

293) Bleichsucht.

294) Bruch, Leibschaden.

295) Triefende Augen, deren Schärfe ihm die Haut aufrieb. Ophthalmia, lippitudo.

296) Wir glaubten, dass er sterben würde; gaben nichts für sein Leben.

297) Die Blattern — Varioliden.

298) Miseln — Masern.

299) Vollmond.

300) Hier haben wir den deutlichsten Beweis, dass er wirklich lutherisch geworden war, was er 1522 auch schon, aber noch heimlich war.

301) Der Begräbnissplatz der Domkirche, *finstere Grübd* genannt.

302) Ein Hautausschlag der Kinder im Gesicht. —

303) Wassermann.

304) Diese seine Tochter *Elisabeth* heirathete A⁰. 1553 den *Paulus Hainzel*, die sich *Hainzel von Degerstein* schrieben.

305) Sie hatten daran $1/10$ des Fugger'schen Antheils. (cf. S. 38. Tagebuch.)

306) Das *Original* des Tagebuchs ist erst in neuerer Zeit in den Besitz der Stadtbibliothek Augsburg übergegangen. Vordem befand es sich in der Privatbibliothek des Herrn Banquier *Friedrich von Halder*, der diese namhafte und werthvolle Bibliothek im Jahre 1846 der Stadt zum Geschenke machte. Sie wurde in der Stadtbibliothek gesondert aufgestellt und führt den Namen: „*von Halder'sche Bibliothek*. In dieser Bibliothek ist das Original mit: Num. 677 in 4⁰. bezeichnet.

Mehreres habe ich seiner Zeit über diese Bibliothek in meinem Vorworte zum „*Tagebuche des Hans Lutz über den Baurenkrieg*“ mitgetheilt, was im 13. und 14. Jahresberichte des historischen Vereins pro 18⁴⁷/₄₈ Seite 54 und 55 enthalten ist.

Wie und von wem das Original seinerzeit von dem Gründer dieser Bibliothek, Herrn *Georg Walther von Halder*, erworben wurde, vermag ich nicht nachzuweisen; das aber weiss ich, dass es nach dem Tode des Lucas Rem noch lange Zeit von seinen Nachkommen als ein Ehrenbuch der Rem'schen Familie bewahrt wurde, und dass der Schwiegersohn des Tagbuchschreibers, *Hans von Hartlieb*, es sich bei Abfassung seines Tagebuches zum Muster nahm und einzelne Stellen daraus wortwörtlich in sein Tagebuch aufnahm.

Dieser Hans von Hartlieb, 1519 am 10. November geboren, war von seinem Vater ursprünglich nicht zum Kaufmann, sondern zum Studieren bestimmt. Von 1533—1535 studiert er unter der Aufsicht des *Dr. Wolfgang Beringer* von Wimpfen in *Padua*. Noch in demselben Jahr schickt ihn sein Vater mit Hans Pfanzelt nach *Burges* in den Niederlanden. Dort hatte er Carolo Gerardo, einen Franzosen, zu seinem Praeceptor, bei welchem auch noch zwei andere Augsburger, *David Baumgartner* und *Sebald Rehlinger* waren. 1536 geht er nach Antwerpen, wo er von seinem Vater an *Erasmus Schetz* und *Arnold Praun* empfohlen war, und von da nach *Löwen*, um weiter zu studieren. 1537 geht er zum zweitenmal nach *Padua*, wo er bis 1539 bleibt. Er hat, wie er selber versichert, fl. 1512 β 14 den 11. verstudiert.

In diesem Jahre (1539) kommt er zu *Lucas Rem* und verschreibt sich auf 9 Jahre vom 1. Januar 1540 anfangend. Zuerst geht er aber nach Nürnberg, um bei *Johann Neudorfer* rechnen zu lernen.

Rem scheint ihn zunächst für den Handel mit Edelgestein bestimmt zu haben, deren Verkauf er an den Höfen in Frankreich und England besorgt. Erst 1543 besorgt er die Geschäfte der Wittwe Rems im deutschen Hause zu Venedig, deren Tochter Magdalena er 1544 heirathet. —

Er scheint 1561 gestorben zu sein, denn mit diesem Jahre schliesst sein Tagebuch.

1560 geht er mit *Endres Welser, Sebastian Fictterer* und andern an den französischen Hof, um die Schuld, die man die „*gross Partida*" hiess, beim König in Erinnerung zu bringen. Sie richteten aber nichts aus.

(Auszüge aus Hans v. Hartliebs Tagebuch.)

Auf Seite 87 Anmerkung 54 ist statt: (Man vergleiche hiezu den Bericht Nro. VI.) zu lesen: (Man vergleiche hiezu die Berichte VIII. und IX.)

Briefe und Berichte

über

die frühesten Reisen nach Amerika und Ostindien

aus den Jahren 1497 bis 1506

aus

Dr. Conrad Peutingers Nachlass.

I.

Kurzer Bericht aus der neuen Welt

vom Jahre 1501.

Reise des Alberici Vespuccj.

Erwürdiger Herr!

Ewer Gnad bevilch Ich mich. Nit vil tag sint verschinen, daz ich Ewch geschrieben hab von meiner zukunft von den newen Landen, die kinigklich Mayestät newlich suochen lassen hat, die man nennen mag ain newe Welt, angesehen, daz die vormals kainem menschen nie geöffnet worden, oder bekant gewesen sein, und besonnder, daz alle alte weysen und natürlich mayster vermaint haben, daz yenhalb des cirkels, den man nennet den Vergleicher tag unnd nachts, gegen dem mittag, sei kein erdtrich, aber (sondern) das gross mer, genannt *atlanticum*, alle ding bedecke. —

Ob aber Etlich gesagt hetten, daz an den enden erdtrich erfonden würde, sein sie doch der mainung gewesen, daz nit müglich were, daz die menschen daselbs wonen möchten, auss vil ursachen der natürlichen mayster und sterensöcher.

Nichtz desten minder in der leste meiner raiss hab ich erfaren, daz gar vil alt Lerer darin geirt haben und in Irer mainung betrogen worden sind. —

Dan ich hab erkent, daz der grosser tail gegen dem mittag ynen des tags vergleicher und kain tayl des erdtrichs in Asia, Africa oder Europa also mit menschen erfült seye, dan der luft daselbs mer, dan in keiner Region, die unns bekant, so milt ist, als Ir in disem gegenwurtigen brief hören werden, in welchem ich kürzlich schreiben will allain von den natürlichen und edlenn

8

stücken, die ich in diser newe welt gehört und gesechen hab,
wie hernach volgt. —

Am ersten seien wir aus der statt *Lisibona* aus ordnung
und gepot des Kunigs mit dreyen schiffen gefaren, zuo suochen
newe erdtrich, gegen dem mittag am *XIV des Mayen*, im Jare
Tausent fünpfhundert und ains, und sein auff diser fart *swayn-
zig monat* gentzlich verharret, allweg gegen dem mittag gefaren.[1]

Dieselb unser fart sich also gehalten hat:

Wir sein gefaren durch die Insel, die man vor zeyten *glück-
selig* gehayssen hat, die genant werden *Insel des weyten graben.*
Die sein gegen niderganck der sonnen wohl wohnbar, und in dem
dritten Climat, von dannen wir umbgefaren haben das gantz
Land, genant *Africa*, des umbgeben ist mit dem grossen mer,
bis wir erraicht haben die seyten des Landes, genannt *Ethiopia*,
oder morenland bey einem perg, den Ptolemäus nennet das
Vorgepurg von morenland. Aber yetz wird es genant *Capo
Verde*, und in der moren sprach *Bezenick*[2]), und das Land hayst
Agisimba, das sich erstreckt 14 gradt über den fuerern der sonnen
cirkel, des landez inwoner suartz moren sein. Nun in dem land
wir unns ergetzt und alles, so uns nott was, in unnsere schiff
getragen haben.

Darnach haben wir dem wind die segel bevolhen, und den
lauf gegen mittag gehalten, mit ainer naigung gegen der sonnen
niderganck, nachvolgend einem winde, gemeinlich genant *Silot*,
durch den abgrund des grossen mers. Und von dem tage, als
wir abgeschaiden sein von dem obgenannten moren purge, bis
wir haben gesechen das new erdtrich, sein wir *zween monat* und
drey tag gefaren. Aber wie grosse sorg unseres Lebens in dem
grossen mer wir gehabt haben, mag ain Yeder gar leichtigklich
verstên und ermessen, der erfaren hat, wie sorgklich es ist,
suochen *newe* und *unbekande ding.* Und damit all sach in *ainem*

---

[1]) Schon 1499 am 20. Mai fuhr *Amerigo Vespucci* mit *Alonzo de Hojeda*
unter dem geschickten Steuermann *Juan de la Cosa* nach Südamerika und
entdeckte die Küste von *Venezuela.* Im Juni 1500 kamen sie zurück. (Vid.
Dr. Klunzinger, Antheil der Deutschen an der Entdeckung von Südamerika,
und Dr. Peschel Geschichte der Entdeckungen. Seite 406 sqq.)

Von diesem Bericht vom Jahre 1501 existirt auch ein seltener alter
Druck in latein. Sprache; impressum Argentine per Matthiam Hupfuff 1505,
unter dem Titel: „De ora Antarctica per regem Portugalie pridem inventa."—

(Man vergleiche damit auch: „Neue Welt." Strassburg 1534. Fol°.
Seite 38 sqq.)

[2]) Auch Bisecherem.

wort begreifen werd, solt Ir wissen, daz wir on underlass 44 tag in regen unnd nebel gefaren, in der masse, daz wir nit ain stund das liecht der sonnen, noch ze nacht den claren hymel gesehen haben, desshalben wir in verzweiflung gestelt. Doch am lesten hat uns der barmherzig got das new erdtrich erzaigt; und sobald wir das gesechen haben, hat sich die vorig traurigkeit in ain grosse freyde bekert. —

Und auf dem *sibenden tag Augusti* haben wir mit unsern schiffen auff das new ertrich gelendt, im Jare 1501, und got dem Allmechtigen danck gesagt, ain loblich mess und process mit Cristenlicher Ordnong gehaltten.

Wir erkanndten auch das erdtrich fest und wonbar, dann wir sochen, daz vil menschen, und alle wilde tier, die uns bekannt sind, auch vil ander und ungestalte, von den lang wär zuo schreiben, die auch da woneten.

Doch der allmechtig got erzaigt uns ain grosse barmherzigkeit, so wir das new lande funden, angesechen, daz wir alles holz verbrennt und alles siess wasser verzeret, ferner nit lang mögen leben. —

Wir hetten auch under ainander beschlossen, daz wir an der seyten des genanten erdtrichs gen aufganck der Sonnen füren, und das allweg in unsere gesicht behielten, und sind so lang in der mass gefaren, bis wir sind komen zuo ainem ort des genannten Lands, do sich das erdtrich mit ainer naigung nach dem windt, genannt Silot, gegen mittag erstreckt. Derselb winckel von dem gestatte, do wir am ersten seien zukomen, 240 welscher meyl gelegen ist.

Wir sind auch mer dan ainmal auff das erdtrich aussgestigen, haben mit den lewten des lands, als ir hören werden, freundlich geredt und gehandelt. Ich het vergessen, euch kundt zu thun, das von dem vorgepürg des moorenlands, genannt Capo Verde obberiert, bis zu anfang des newen erdtrichs seind bei 1500 welscher meyl; doch vermain ich, das wir haben gefaren bei 3600 meylen, angesehen, daz die Zeit uns widerwertig gewesen ist, und vil irrung im mer gethan haben, und het uns nit geholfen die kunst der beschreibung der welt. Dann *kein* Kundman, noch ainig schiffmann mocht gesagt haben bei 500 meylen, in welchem ort der welt wir gewesen wären, und all vermainten, wir weren verloren. Und allain die instrument, genannt *Quadrans* und *Astrolabium*, damit man den lauff und höchen des gestirns begreifft, weysten uns die warhait, als die, so gegenwirtig gewesen sein, solchs mit warer that erlernet haben, in welchen

8 *

Dingen ich mir gross lob erlangt hab, dan ich hab bewert, daz ich on alle beschreibung des mörs oder mertafel bas und sicherer faren kundt, dann alle patron und schifflewt der welt. Dann die piloten sind nit zu brauchen, dann allain in den Schiffungen, do sy zu menigem mal am faren gebraucht worden sein.

Der grosser tail des erdtrichs ist under dem hitzigen circkel der sonnenlauff, und denet sich aus von dem mittagvergleicher gegen dem mittag. Und *das* ich gehört von der natur der menschen, ir gewonhait, werken, fruchtbarkait des erdtrichs, gesöhen, aigenschaft des lauffs und gestirns, auch der angebenckten stern des achtenden himels ermessen, die dann vor nie von unsern vorfaren erkandt worden sein.

Am ersten als vil antrifft die lewt, so haben wir sovil menschen erfonden, daz die, als Apocalypsis sagt, nymand hat mogen erzellen, und aber mit inen gut hanndeln ist. Sy sein gemainlich unbedeckt irer leib, alle nacket, man und frawen, und wie sy von muotterleib geporn werden, also gand sy bis auff die stund irs tods. Sy sind ainer guten complexion, und am fleisch wolgestalt und rot farb, das ich aus der ursach vermain, daz sy blos geen, als gesagt ist, vil suartz har haben, gross lib, (leib) wolgesetzt und gering an irer person sein. Und haben ain gut gesicht des antlitz, aber sy selbs verflecken sich, dan sy durchstechen die backen, die leftz (Lippe) und die oren, und ain Yederman hat siben locher im angesicht, und in ain jedes loch möcht ain grosse kerz gelegt werden, in welche lecher sy versetzen stain von marmer, alabaster, cristal und weissen bainen, oder von anderm, nach irer gewonhait und gebrauch, das euch ain wunderparlich ding zu söchen bedunken wurde, dass allain ain mensch trägt in seinem angesicht siben stain, dero ain jeder den vierten tayl seiner lenng ist hocher, dann das angesicht, und habs zu menigem mal erfaren, daz allain die sieben stain wegen (= wiegen) XVI untz, on daz ain yedes orr hat drey löcher, und in ainem yeden loch hangt ain ring mit dreyen stainen geziert. Aber die frawen haben die stain allain in den oren.

Weitter haben sy ain schnede gewonhait, dan die frawen, so bald sy zu iren mannen lust genummen, machen sy durch ain besonder kunst das mänlich glid geschwellen in ain solch grösse, daz es ungestalt anzusöchen were, und bringent das zuwegen durch vergiffte tier, darein sy das manlich glid baissen, aus der ursach vil mann yr glider verloren und sy solchs veracht und nit geertzneiet haben, sein inen die abgefault. Sy haben kein thuch, weder von flachs, woll oder filtz, es ist auch nit not. Sy haben kain aigen gut, aber alle ding sind gemain, lebent in ainer gemain on kunig und oberlewt, und ain yeder ist herr sein selbs. Zuo der Ehe nemen sy so vil frawen, als sy gut bedunkt. Die kind verheirent sich mit ir muoter, und bruoder mit der schwester, und in dem haben sy kain gesatze. Underweilen werdent sy unains und halten kein ordnung. Nichts dester minder treyben sy Abgotterey und nach dem gesetz der natur leben und vil Rechter mag man die nennen Junger und nachfolger *Epicuri*, der den menschen rat, daz sy wollustberkeit im leben brauchen, dan *Zenonis*, der die menschen zu tugenden bewegt hat. Ain versamlung des volcks wider die ander on alle ordnung streitet, die Jungen den Altten von ettlicher leer wegen volgen, fahen und ertodten selbs ainander, daz sy speys haben, dan sy essent ainander, und ir speys ist oft von menschlichem leib. Sollchs ir furwar glauben sollen, dann wir den vatter sein sun, und die mutter ir thochter essen und ain menschen gesechen haben, der hat mer denn drey hundert menschenlib helffen essen, mit dem ich geredt und in ainem flecken XXVII. tag gewonet. Do hab ich söchen hangen menschlich fleisch, gleich wie speck, und sy verwundern sich, daz wir unser feind nit auch essen, angesechen daz sy sagent, es sy ain wohlriechendt fleysch.

Ir weren (waffen) sind bogen und pfeyll, und wann sy zu feld ziechen, so bedecken sy sich nit, und sicher, in dem sein sy gleich wie wilde tier, und wir haben fleiss gebraucht, damit wir sy von solcher bösser gewonhait ziehen mochten, das zuo thun sy uns zugesagt haben.

Die frawen, wie obstet, sind ganz blos, und sind zumal unkeisch, und halten sich an iren leiben hipsch und sauber, und wiewol sy gantz nacket, so söchen sy doch nit ungestalt, als ir bedencken möchten, dan sy seind feyst, und decken mit ir feyste den haimlichen Tail irs libs. Und haben nie kain frawen mit hangenden prüsten gesöchen, wie wol sy vil Kinder geberen; und ir möchten auch die Junckfrawen aus den frawen nit erkennen. Auch vil ander sach an irem leib sy haben, das ich von erberkait wegen geschweigen will. Und wann sich die frawen mit den Cristen verainen, mochten sy Inen alle wollustberkeit zwifaltig machen.

Si lebent 150 Jar, selten krank sein, sich selbs mit wurtzen und kreitern gesund machen. Und das sind die naturlichen stuck, die ich hab mogen erlernen under disen menschen. —

Der wind ist wunderberlich gesit, und als ich hab mögen

erlernen, sy wissent nit, was die pestilentz ist; aber Ir Krankheit, die kumpt von dem faulen luft. In dermass, wann sy nit sterben durch boss zufell, oder krieg, ir leben ist lang, aus der ursach, als mich bedunkt, dann in dem genannten land wehen die wind von mittag, und aigentlich den wir nennen Silot, der bey Inen hat die aigenschafft, die bei uns habent die kriechischen wind.

Sie sein gross Fischer, dann ir mör ist gantz voller fisch. Sy jagent nit, vermain ich von wegen der grausamen tier wegen, die im land sein, als Bären und Lebwen, schlangen und ander ungestalte tier, dass auch im land gross tanweld, (Tannenwälder) auch daz sy gantz blos sein, haben auch nichtz, damit sy den tieren wehr und widerstand thun mögen.

Das erdtrich ist fruchtbar und lieblich zu söchen, indem vil grosser Flüsse, hipsch brunnen, gross weld (Wälder) mit aller handtierung erfült. Das erdtrich von im selbs vil bem (Bäume) die frucht bringen gepurt, davon etlich guot zu essen, die ander gut zu ertzney, und seind den unsern nit gleich. Es geburt vil kreiter und wurtzen, vast nutz den menschen, aus den sy machen brot und fast guot speis, den unsern ungeleich.

Das erdtrich tregt kain Ertz, weder allain gold in grosser anzall, wie wol wir auff der ersten fart kein gold mit uns gebracht. Aber wir haben durch war Zusagen erlernt, daz in dem mittayl des erdtrichs ist vil gold, und sy haben kain frag darnach, und wie ich euch durch ander hab bericht, sy haben vil perle. Und wan ich wolt beschreiben und sagen die fill und mengin der tier, wurd solchs langer handel sein. Acht da für, daz Plinius den tausenten tayl nit beschriben hat, so vil sind underscheid der sittich, des polycletus, die all nit abmalen mocht.

Alle bäwm ain edel geschmack riechen, schwitzen all hartz und öl. Welche ir aigenschafft verstünden, mochten inen die gar nutz zu dem leib des menschen machen. Und warlich das irdisch paradis, gelaub ich, nit weit ist von dem land, das als ich gesagt hab, gen mittag in so einem milten lauff gelegen ist, daz niendert (nirgends) ist grosse hitz noch kelten.

Der himel, und der lauff des gestirn des Jars ist schön und fast geringert von nebel und wolken, klain regen, die nit lenger dan drey oder vier stund weren, und bald als die wolcken wider vergeen.

Das firmament ist ganz voll hipscher steren, und ich hab gemerkt bey XX steren, die sind so liecht, als bei uns Venus und Jupiter; der bewegung ich hab betracht durch die kunst der geometrey, iren umbkrays hab ich erlernt, daz sy all sind

ainer mercklichen grössin, und hab gesöchen drey gestirn, die
man nennt *Canapos*, die zway sind klar und liecht, das dritt ist
finster. Der *Ortstern* in dem land ist nit gefiguriert mit dem
grossen und klainen wagen, als bey uns. Dann bey irem Ort-
oder Angelstern sicht man nit, dann allain drey liecht steren,
die ain kleine bewegnuss haben, und die machen mit dem ort-
stern ain vierangel; und in irer bewegnuss machen sy ain umb-
kreiss in dem firmament, des weiten ist XIX gradt. —

In dem land hab ich ding Aristotelis leer widerwärtig ge-
sehen. Dan zu mermalen haben wir zu mitternacht den Regen-
bogen gesöchen ganz weiss, den hab ich allen schifflewten ge-
zaigt. — Wir haben auch dick (oft) den newen mon (Mond)
gesehen, den ersten Tag seiner erscheinung. Alle nacht durch
den luft sahen wir vil fürer (Feuer) aus allen gestirnen.

Ich glaub, daz aus der statt Lisibona, da wir dan sind aus-
gefaren, die weyt ist von dem furin sonnencirckel XL gradt bis
in das land, das ligt Iner des genanten Circkel L gradt, ist der
viert tayl der welt. Und darum sag ich, daz wir unser füss
keren gen der seiten der lewt, so wonen in dem genannten
Lande, und *wir* sind in ainer rechten Linien, und *sy* in der
Creutzlinien. [1])

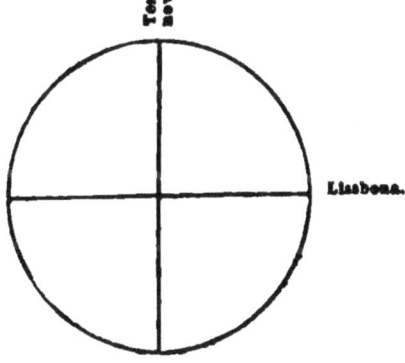

[1]) Zu diesem Berichte gehört eine gleichfalls aus Dr. C. Peutingers
Nachlasse stammende lateinische Urkunde, die ich Herrn Professor Dr.
Fr. Kunstmann in München mitgetheilt habe. Da diese Urkunde von ihm
im Band VIII. 3 der Abhandlungen der histor. Classe der k. Akademie der
Wissenschaften, München 1860, veröffentlicht worden ist, so verweise ich
deswegen auf dessen Abhandlung: „Valentin Ferdinand's Beschreibung der
Westküste Afrika's. Seite 788 und 789. a. a. O.“

Inen, dass aussen um hin den Kolfo pei dem mer umb im land
vil stett, kastell, dörfer ligen und fast sehr und wohl fruchtpar
ertrich ist, und wollt erbeuten allerley frucht und korn über-
flüssig, desgleichen mit fich, mit mancherlei. Und von disen
enden fürtte man viele specerey zu einer statt, darzu sie kom-
men werden über diesem Kolfo, heisst *Kolokutt*. Und um den
obgemelten Kolfo der halbtail im mittag ist heidnisch folck, und
das ander, gen Lebande [1]), sollen Cristen sein, als sie dann dort
ein glauben haben. Und am end des Kolfo, auf die linke hand,
ist ein strette [2]) des mers, als der stretto von Romania in
Kriechenlandt. Und von dem stretto, oder eng des mers, ist
das *rot mer*. Und do das rot mer ain end hett, do ist wieder
ein strette, macht aber ein ander Kolfo, den man nennt das
mar Arabeco, das der gross Alessandro kriegt, und die Römer
gar gewonnen. Und zu der rechten Hand des roten mers, gen
Lebande, leit (liegt) ein Statt, heisst lo Mecha, (= Mekka) do des
Machomett grab ist, und leit (liegt) 3 tagreis weit von dem roten
mer, und ist schier ein grosse statt und ist heydenisch folck. —

Und da die Portogalesen kamen über den obgenanten Kolfo
zu der statt *Colochutt*, das folck ist weder weis noch suarz, und
das folck ist Cristen, aber schlecht, und die statt ist *grosser*
dan *Lisbona*. Und in diser statt sein Kirchen und Kloster, und
kain priester ist da. Auch hält man kein götliche oficio, allain
ein stein mit weichprunnen, und ein ander stein, als der sicht,
als wer balsam darinen. Und all 3 Jar daufen sie klein und
gross in einem fliessenden wasser nachet (nacket) bei der statt.
Und Ire hewsser von stain, kalk gepautt nach heydnischen sitten,
und die gassen mit ornung gepautt und schon geziert, als in
welschen landen. Und den Kung in diser statt helt man in
grossen eren, und helt herrlich kunklichen hoff mit alen seinen
dinern, und hat ein köstlichen palast. —

Und do die 4 schiff kamen zu diser statt, do was der kung
nit alda, was aus (ausser) der statt 5 oder 6 lege. Und alspald
er inne ward, das solche fremde schef kumen waren, do kam
er in die statt mit 50 man. Und am dritten tag schickt der
küng nach dem haubtman. Der was draussen im mer und kam
mit 12 man in die statt. Und von dem wasser pis zu des kungs
palast gelaitt man sie mit 5 mannen, ihn zu Ehren. Und an
dem dor stunden 10 durhuder (Thorhüter) mit kostlichen stében
in der hand, mit silber peschlagen, costlich. Darnach fuort man

---

[1]) Levante, so viel als Osten. — [2]) Strasse — Meerenge.

sie in des kungs kamer. Do lag er auff einem köstlichen pett, fast nider, und das pett was als (ganz) umbhangen mit suarz-grünem samet, und auff dem pett was ein weisser kostlicher golter und kostlichen ausgestreckt (sic) (durchwirkt) mit goldt, und ob dem pett ain kostlicher schöner umbhang, herlich geziert und fast schon, und die mauer in der kamer alle umbhengt mit schonem samet, mancherlay farb.

Und der kung liess den haubtman fragen, was er suchett, oder wöltt. Do saget er, es wer sitt in der Cristenheit von den grossen herren, wen man ein pottschafft sendet, er nit in der gemain sein pottschafft berlen (sic) (verleihen, reden) soltt. Do hies der kung von stund an Jederman ausgên. Dan saget er zu ihm, wie der kung von Portegal vernumen hett von seiner grossen herlikait und macht, und vor aus er ain crist wer, so begeret er freuntschafft mit Im zuo machen, als der kristen küng Jeder wer, und ainer von dem andern ein wissen hett.

Item also, diser kung hort In fast geren und mit frolichem gemuot, und lies ihn geleiden und fuoren in ains grossen mechtigen heiden haus, do man Inen gross eer thet. Und in diser statt sein on Zal vile heidnische kauffleutt, und ser reich, und ale kauffmanschafft ist in Iren henden, und haben auf dem platz ein köstliche Musee (Moschee), oder Ir kirchen. —

Und diser kung reigierte sich nach rat der heiden, es sei durch grosse schankung, man ihm that, oder durch ihr weisheit. Den das ganz regement ist in Iren henden; dan die cristen do sind schlecht und grob folck, on al gescheidikait. —

Item — und von allerlay *Specerei* findt man in diser statt *kolokutt*, kumt von weit dar auff dem mer, aus Insellen. Do findt man piper, verzi [1]), gra°., Zimenrinden, (Zimmet) Weirach, lach (Lack). Deren ist onzall, und gilt schir gar nichtzig, und verzi viel alda, helfandtzen ser vil, und ander mancherlei kauffmanschafft von allerlay seiden gewandt, und mancherlay farb, als pei uns umb (sic) kostliche guldene duch oder stuck, und fast schone kleine weisse leubett (Leinwand) und wullen duch, als bokasine (Bombasin?) allerlay farb, und ser vil paumwoll. Und (man) meint, das das seiden gewandt und die duch komet von *Alkeiro*, und auch die leubatt. — In der statt gett (geht) gold und silberin munz, Venediger Dukaten, Genobeser und ander golt, das da komt von Alkeiro, heist man Zerafi [2]), und do nendt

---

[1]) Verzinum, das ist Brasilholz. Vide Kunstmann, Africa. S. 18, und Kunstmann, Entdeckung Amerikas. München 1859. S. 7 sqq.

[2]) Zeraphi oder Zaraph = 1 Dukaten, und waren von Gold.

man sie Zerafini, und sein 2 in 3 karatt geringer dan dukaten, und kleine silberne münz [1]), auch von Alkeiro komt. Und guten malvasier findt man auch alda, der auch kumt von Alkeiro. —

Item, die Specereien, die da kumen gen Kalakutt, der maist dail, soll kumen von der Insell, heist *Zelony* (Ceylon). Und ist eittel heidnisch folck darinnen, und sie sein herren über die Insell. Und sie liegt von der statt Kalakutt weitt, 160 lega, und von dem rechten land ligt sie neurdt (nur) 1 lega.

Und wenn man auff dem land dar will von diser statt, so mus man 20 tag haben. Und in der Insell sein weld mit verzi (Brasilwälder) und vil rosenbeeren da, und andere specerey, Nagelle, Reobarbara. Etlich ander klein specerey kumt weit aus ander Inseln. Die zünarinden (Zimmetrinde) kumen auch aus der Insell Zelony. —

Zu Kalakutt wachsen auch Piperroren, nit ser vil, und an etlichen andern enden am land, ist aber nidrett (nirgends) als gut, die aus den Inseln kumt.

Das landt und die statt Kalakutt ist der mer tail eyttel sand, do weder koren, noch ander frücht wachsen mügen. Das pringtt man auff dem mer dar, als dan oben statt (steht), (nämlich) von dem ertrich, das als fruchtpar ist. —

Und in diser statt ist nidertt lang von allerlay specerey, das zusamen kumt. Und gerbett (sic) zin [2]) und messing findt man fast vilen da. —

Und wan dieser kung in krieg zeucht, der mer tail seines folcks get zu fuos, und die cristen reyden auf helfandt, der sind mer klein und gross on zal. Und wan diser kung zeucht von einem endt zuo dem anderen, so müssen ihn sein pest diener tragen, die er hett, auff den axelln. Und das folck get der mer-tail plos von den gürteln hinauf, man und frawen, von dem gemainen folck. Aber was erber folck ist aus des kungs hoff und ander, gen (gehen) ganz verdeckt, und Ir frawen und des kungs folck kostlich geklaidet von seiden gewandt. Und ist erber frum folck an seinem hof, und ein Izlicher (Jeglicher) get klaidt nach seinem stand und adel.

Die andern plos gand, von den gürdel hinab lange weisse kleider von paumwollen gemacht, ser klain am faden und gering zu tragen. Und die haiden gen klaidt nach ihren sitten, lange kleider, heisst man *Zübe.*

---

[1]) Wahrscheinlich Parant. 1 Parant = 6 Schilling.
[2]) Gerbet zin s. v. a. Blei(?)

Und die 4 schiff von Portogal sein zu Calakutt peliben gelegen vom adi 19 Marzo pis auff 25 agosto. — Sie vile ding gesechen haben. —

Und in diser zeit haben sie sechen kumen 1500 heidnisch scheff mit Specerey und ander mancherlay Speis (die) man fürt zu der stadt. Und die grossen schiff, die sie gesechen haben, sein 1200 fasser, und sein auf mancherlay furm und seltzamkait gemacht, klein und gross. Und etlich die haben gar kein eissen nit in. Dann an etlichen enden müssen sie faren über den *Kalamito* oder *Manmettstein*[1]), der ist nit weit von der Insell Zelony. Und ihre schiff haben nit mer daun 1 segelpaum, und müssen neurdt (nur) mit dem wind in pope farn; al cargo mügen sie nit faren[2]). Auch die schiff umb specerey faren, der boden unten ist ser breit, denn an etlichen enden haben sie nit tife, das wasser ist seich. Und wenn die schiff kumen in den porto, und das wasser ablauft, so peleiben die schiff alle im Ledur (sic) und in der drucken. Sein sicher vor dem wind und mer wenn fordüne ist. Auch diser schiff ertrinken vil in dem mer. Und so vile zerdür (sic) findt man in disem port, 5 in 600 schiff, und kumen oft, dass sie auf den windt müssen warten 4 in 6 monat. Ist ein gros ding. Dan da regicren neurdt 2 wind, *Lebante* im winter, und *Ponente* (Westwind) im sumer. —

Item in diser statt negellen, kanell, gilt 1 pezo 12 Zerafi; ist ein 2 in 3 karat ringer dan 1 Dukat. Und 1 Pezo ist 5 Kantar, und 1 Kantar ist 250 ℔. —

Und der Imber, etlich andere specerey, gilt neurdt halb so vil gedenke was die andere gelten mag. Und in den Inseln gelten negell, kanell nit gar 6 Zarafi ein pezo, und der verzi[3]) ist fast wolfail.

Item, und wollen nie andere zalung haben denn gold, Silber und korall. —

Die Kaufmanschatz man pey uns braucht, der achten sie nit, und gilt nit vil bei ihnen. Aber was von leybatt wär, das sollt fast wol geld gelten; dann etlich schiffleut verkauften Ihre hemd ser wol gestacher (sic) an specerey, und darum mein (meinen) sie, daz die Leubatt gut Kaufmanschaft wär. Auch sie haben vile, schone, kleine, weisse leubatt, und ist ir zoll 5 pro C℔. Und wer den zoll verfährt oder bedreugt

---

[1]) i. e. Magnetstein? Mahomet-Stein?

[2]) Sie verstehen nur mit vollem Winde zu segeln, nicht aber wenn der Wind von der Seite kommt.

[3]) Brasilholz.

(betrügt), der hat das guot verloren. Item, die Portogalesen haben nit vil Kauffmanschafft gehabt, noch geld zu kaufen, daran sie vil gewunnen hetten. Denn von edelgestain findt man guten kauf da, und perlein. Und das edelgestein, sie gesechen haben zu verkaufen die heidnischen Kaufleut, ist gewesen Walassy, Safer, Rubiny, Granatj. Und etlich schiffleut meinen, daz ihr Capitanio etlich edelgestein kauft hätt; denn er hätt silber zu verkaufen.

Und in diser zeit, sie da sein gelegen, haben sie vil schiff gesechen mit Specerey laden, die gen *Alessandria* gefürt wurd.

Und faren zu dem roten mer. Do ist ein Stretto, und wen sie darüber komen, ist ein statt. Da legt man die Spezerey in ander kleine scheff, und füren Sie über das rot mer zu einer statt. Darnach kumen sie *alla Mecka*, und die von *Alkeiro*, die holen sie dann und faren hart am perg *Sinai* hin, und über ein sandig mer, pis sie komen gen *Alkeiro*. —

Und in diser statt *Kalokutt* hat man etlich notizia von *Priester Johanni de India*; der soll weit im land von ihnen ligen der statt Calakutt, und haben erkenntnus, wie Jesus Cristus geporen sey von einer Junckfrawen, on erbsündt, und ist gekreuzigtt worden von den Juden in Jerusalem, und do pegraben. Und haben ein wissen von dem papst in Rom, der oberster in der Cristenheit. Ander wissen haben si nit von kristenlichem gelauben, und haben ein pesunder geschrifft, dan etlich ander haben, und nach Irem gedunken, und sagen, das reichtumb ist in diser statt unzal. —

Item, und haben vernumen, nit hin für pas zu faren, dann kein solche statt mer zu finden, do man mencherley pei einander find. Und in dem weiter hin fürpas zu faren findt man seltzam Inselln und Generazionen, und pesorgten zu faren das mer und vielle Inselln.

Item, und ihr maynung ist, nit weiter zu faren fürpas, dann zu der statt, und sagen auch, wen man *wein* dar mocht pringen, das er nit verdürb, den verkaufet man ser wol. Denn die Cristen trinken ihn fast ser geren, und die heyden nit. Auch *Öll* wer gut da zu verkauffen. Und in diser statt dutt man guot Recht, all Unrecht werden gestrafft, und wer den tod verschuldt, spiest man, als man in der *durkey ungerlandt* tuot. —

Item, es ist pey 80 Jaren, do kamen in dise statt 2 scheff, und waren weiss Cristen, und hetten lange har und perdt (Bärte) under der nasen, als man in *Kriechenlandt* dreitt, (trägt) und der part unten aller geschoren. Und die man waren geharnischt mit koreziny (Kürass) und hatten auch eysen perdtt und ander wer, (andere Wehr u. Waffen) und püchsen, aber kurzer, dann man itzund braucht. Und sider her (seit der zeit) noch komen sie alle 2 Jar mit 20 oder 25 schiffen. Und sie konnten nit erfaren, was Kaufmanschafft sie prochten, sonder (ausser) viel schone leubatt und messing, und luden widerumb specerey, und haben in ihren schiffen 4 segelbaum, als in Speinya (Spanien). Und wenn sie diesser nazion weren, so möcht man ein wissen von Inen haben. Sie meinen, ob es *Reussen* weren. Die haben etlich porten des mer. Sie wollen es erfaren, wenn Ihnen Gott wider darhilft.

Und man hat viele korner alda. Auf dem mer der komt. Umb 3 Quadrini kaufft einer prodt, was er essen mag ein tag. Und ist on heffen gemacht, dass es nit aufget, als bei uns, und pachen es umb die eschen (aschen) oder kludt (gluth). — Item, und haben mererley und mancherley frucht dann wir, ser gut und wolfail. Und vil *reis* ist alda. Auch isst nit Jderman fleisch noch fisch, das man todten muss. —

Der küng mit seinen dienern und kordofany, und ander erber frum cristen sein wollen, halten die Regel. Aber das ander gemain folck helt das nit, essen allerlay, sunder *oxen* nit, (nur keine Ochsen) sagen, sie sey ein dier (Thier) das gebenedeit sey. — Und wo sie auf der gassen gen (gehen), so griessen sie ain mit ainer handt, und küssen darnach die handt.

. Ir ursach ist, als sie gangen (sagen), dass sie nit flaisch essen noch dotten (tödten), kein dier zu essen, Cristus hett gesagt, wer dott, der wird auch gedott.

Und an des kungs hoff machen sie sich kostlich und herlich zu disch dienen. Und ihr speis, so sie essen, ist von milch, reis, mandel, puder ser viel, und ander viel gutes essen von allen andern dingen sie machen, damit sie ihren cristenlichen gelauben halten wollen. Und wenn der kung drinken will, so hat er ain costlich gefäs, von silber gemacht, als ein kandell (kannte) auf einem hubschen furm. Die helt der küng in der handt und in der höch, und lässt das dranck in den mund fallen, damit er die kandell mit dem mundt nit anrür, wie wol man ihm Credenz dutt am ersten. Und von fleisch, fisch allerlay, als in Speinya und Portogall mer sind, (man find?) der haben sie überflüsig genug. —

Item Ihre Ros sind groser, dan wirs haben in unseren landen. Cristen nnd heyden achten sie ser hoch.

Item, von *Lisbona* pis in dise statt zu faren *Calekutt*, ist 3800 Lege. Um hin, und wider heim zu faren, haben sie wellisch

meyl 34200. — Gedenkt, was zeit man darzu muss haben! 15
oder 16 monett, und dürfen nidert still liegen noch zeit verlieren,
nach ihrem sagen.

Und ihr pedodo, (der) sie furt die 700 lege über den kolfo,
den her sie komen waren, sagt ihnen, wenn sie wieder heim-
warts faren wollen, und nit betten ain wegfürer, und die gelegen-
heit nit wol westen (wüssten) und sie mit andern schiffen faren
wollten, so haben sie XI Insell, die sie hinder ihnen müssen
lassen, so mochten sie irr faren, dass sie nit westen wo aus zu
faren, und mochten sie verlieren, oder gefangen werden von der
Insell eine. — Also namen sie wider ihren willen den pedotto.
Diser kung von Kalakutt sendet Ihn wider zu den pedotto. —

(Der Bericht ist sehr unleserlich geschrieben und überdiess die Dinte
stark abgebleicht.)

III.

B e r i c h t

über

die Expedition

des

Admirals Pedro Alvarez Cabral

ddo. 27. Junio 1501.

---

*Copi eins Capitell eins prieffs her Creticho Enpittung der durch-
leuchtigen herschaft in Portogall.*
Datum dess tags XXVII. Junio M. d. I. (1501.) [1]

Durchleuchtigster Fürst etc. Glaub Eur Durchleuchtigkeit
durch prief der grossmechtigen potschaft hab vernumen, diser
durchleuchtigst kung hab gesant naven des wegs gen India,
welche izund sind wider kumen. Aber von *dreizehn*, so ir waren,
sind verloren sieben der reis. [2]

Und erstmols, durchleuchtigster fürst, der seiten *Mauritanio*
und *Getulion*, gen mittentag bis *a Cavo Verde*, welches alters

---

[1] Dieser Bericht ist von einem Cretenser, der Herren von Venedig
Legaten am Hofe des Königs von Portugal. Man vergleiche: „Neue Welt"
Seite 41 sqq.

[2] Das ist die Expedition des Petrus Alvarez Cabral, die am 8. März
1500 auslief. Siehe Gebauer, Portugiesische Geschichte. Seite 134 seqq.
Osorius S. 42 seqq.

9

genannt wirt *Experueras*, do sind die Inseln *Experuiden*[1]), zuo
Anfang des lands *Etiopia*. Von dan hinfür ist unerkannt ge-
best (gewesen) den eltern, do fürfarend der seiten *Etiopia* gegen
aufgang, so vil, dass Inn (ihnen) leit (liegt) gleicher Lini *Cicillia*.
Der seiten 9 Grad, zwischen der Lini equinotiall. Fünf oder
sechs grad zuo halbem weg diser seiten ist die *mino* (Mine,
Bergwerk) des durchleuchtigsten kunigs. Darnach erlengt sich
ein ort oder spitz gegen mittentag, das teilt *Etiopia* von
Capricorno neun grad. Ditz ort ist genant dj *bona speranza*,
oder der guten hofnung, pratet sich der weite *Barbarico*.

An disem Ent, mer dan funf taussent meyll des gestatens,
einwärts gegen uns der ort enhalb widerum einfahrent gegen
einen ort oder spitz, genant von den eltern *Prasin Promontorio*,[2])
bis dahin ist wissent gewest den Alten. Der andern seiten, von
danen aber fürfarent schier nahent aufgangs pei *Troglodicio*,
Do fint (sic) ein ander perchwerk von gold, wird genant *Zeffalo*,
do die alten besteten, mer gold sei, dann in ander enden, danen
einfarend in *Culffando* in das mer *barbaricho*, darnach in das
Indianisch zu kumen in *Colocut*, das ist ihr Rais, welche ist
mer dann 15000 meil. Aber zuruckfarend kürzen sie die fill.

Ob *Cavo bona Speranza*, gegen *Gambin*, haben sie enteckt
neu Ertrich, heissen sie *enhalb*[3]) *deli papayoi* oder der *Sitich*,
so der da sind anderhalb ellen lang, mengerley farben. Dersel-
ben haben wir gesehen *zwen*, schätzend, dass sie *terra ferma*,
aber nit insell. Und an der seiten sind sie fürfarend 2000 meil
und mer noch, des kein ent gefunden.

Do wonent nachet (nackt) leut und hübsch irer weis. Ver-
loren 4 schiff. Zwei schickten sie *a la mino novo*, die man
schätzt sind verloren. Die sieben kamen gen *Colocut*, do sie in
der erst wol gesehen waren; und wurd ihnen geben ein haus
durch denselben hern.

Do beliben ezlich der schiff, die andern waren an anderen
nahenten orten. Nach dem komen die Zerini, oder die scheff
des *Soldans*. Die erzurnten, dass die waren kumen, ihnen das
viament zu nemen, oder nutzung zu entzichen, und wollten for
(eher als die unsern) laden. —

Der faktor, oder verweser des durchleuchtigen kunigs, be-
klagt sich dem herrn, (den man schätzt, sich verstond mit den

---

[1]) Hesperiden.
[2]) i. e. Mozambique.
[3]) Soll wohl heissen: Ilhas = Inseln.

heyden) und sagt, so sie lueden ihnen die specerey nümer, des
sie komen zu unainigkeit. Und die ganz statt, genaiget den
heyden, liefen zu dem haus, das beschiden was den Portogalesj
und hauten die, als vil Ir in der statt waren, in stucken, welche
waren bei 40. Unter den was der faktor, der sich warf in das
wasser, zu fliehen.

Do das vernomen die andern schiff, kamen sie und ver-
pranten die Zerini des Soldans, der waren zehen. Und mit dem
geschoss beschädigten sie die statt ser, und verprannten vil
hewser, der mer tail was bedeckt mit stroh. Von wegen solchs
auflaufs schiden sie von Colocutt, und wurden gefürt durch Iren
wegweiser, der da ist ein taufter Jud, in ein andre statt, pei 40
meilen forter (weiter), genant *Chutzin*, zu einem andern kunig
und feint des von Colocut, der In (ihnen) hett allerpeste gesell-
schaft geleist, und het mer specerey, dann ist zu Colocut.

Haben geladen drengiglich in hauf oder wert, dass ich mir
furcht zu sagen. Aber so sie das besteten, haben gehabt ein
kantar *Canell* [1]) umb ein Dukaten und minder. —

Diser herr von Cutzin schickt sein potschaft mit disen naven
zu disem durchleuchtigen kung und zwen *Ostasi*, oder pürgen,
damit sie sicherlich wieder komen.

Am widerfaren heyden und die von Colocut haben sich ge-
rust (gerüstet) die zu fahen, und haben gewaffnet mer dann 150
scheff mit mer dann 15000 Mannen. Doch, so (weil) dise geladen
waren, wollten (sie) sich nit schlagen, noch jene mochten ihnen
ichtz thun, dan dise gaben sich a la burino, oder zwerchwarts,
des si nit können faren.

Der widerfart kamen sie in ein Insel, do ist der Leib *Sant
Thoma Zwölfboten.* Der herr derselben tet ihnen fil liebs, und
het In geben heiltong (Reliquien) desselben Heiligen, pat sie, sie
sollten Specerey von Ihnen nehmen auf porg ins wiederkomen.
(Aber) Diese waren geladen und mochten Ir nit mer nemen. —

Sind gewest 14 monat auf der rais, aber der widerfart allein
4, und sagen, fortan die zu ton in 8 monente, oder 10 aufs
lengst. —

Der widerfart von 7 naven sind kumen 6 mit haill. Die ein
het aufgefaren, davon ist das folck behalten. Die was von 600
fassen und reich. Noch ist hieher kumen anders dan eine von
300 fassen. Die andern sind nahent, als sie sagen. Die ist
eingefaren St. Johans obendt.

---

[1]) Canell = Zimmet. 1 Cantar = 250 ℔. 1 Pezo = 5 Cantar.

Ich befand mich bei disem durchleuchtigen kung, der mich beruft und sagt mir, dess ich mich freut, dass seine naven aus India geladen mit specerey zukumen weren. Also freut ich mich mit schuldigen geberden. Er liess machen fest oder freud denselben obent im palast, und glocken leuten in der ganzen statt, den nachfolgenden tag ein treffenliche process durch die ganze stadt.

Nachmals mich aber bei S. Maj. befindent, kom zu red der naven, sagt (er) mir, solt schreiben Euer Durchleuchtigkeit, dass die schickt von dan hinfür die gallien, Specie do zu heben. Er wol sich gütlich bezeigen, und solten achten in ihr eigen haus zu sein. Und er wöll fürkomen, dass dem Soldan nit specerey zugehe, und will setzen auf disc reis 40 naven, der etlich sollen hinfaren, und andere wider kumen. Demû [1]) Acht, (sic) hab India zuo seinem gebiet.

Die naven, so eingefaren ist, ist des *Bartolomio Florentin* mit sampt der Ladung. Die ist *Piper* Cantar *300* oder dabei, (ungefähr) *Canell*, Cantar 120. *Lacha* [2]), Cantar 50 in 60, *Berzy* [2]) 15 Cantar. *Garofalli* haben sie nit, dann die heyden habens gehabt. Auch nit *Zenzero*, dann do sie geladen haben was keiner, aber er wachst zu Calacut. *Apotechary* [3]) haben sie keinerley gattung. Sagen dass sie verloren haben vil edelgestein in dem auflauf zu Colocut.

Ich will nit erlosen, dass hieher kumen ist die potschaft eins kunigs von *Etiopia*, genat kung von *Ubeno*. Der het geschickt present disem durchleuchtigen kunig, von Schiavi oder Erkauft [4]) (?) und helffanpeinzen, wie wol solche ding fil zeit hie erschinen. Do wext auch *piper*, aber ist nit folkumen als der *ander*.

Mer dise nave an der Überfart haben begegnet 2 grosse schiff, die kamen von *lo mino novo*, und fuoren gegen India. Die hetten grosse sum golts, und forchten, dass sie dise fiengen. Begaben sich zu zallen *15000 dobly* [5]) in erstem, dann jede was wert ob *500000 Dukaten*.

Aber dise wollten nix nemen, eher schankten sie In present und teten In gut geselschaft, damit sie mochten farn deselbigen merr. [6]) —

---

[1]) Vielleicht = Denn man.
[2]) Lack und Brasilholz.
[3]) Drogen.
[4]) wohl Sclaven?
[5]) Dublonen.
[6]) Cabral kam 31. Juli 1501 wieder nach Lissabon. Vide Gebauer S. 135.

IV.

Brief von der Portogalesischen Meerfahrt

ddo. 30. März 1503.

Aus dem Longobardischen ins Deutsche
übersetzt

von

Dr. Conrad Peutinger, und
Christoph Welser, seinem Schwager.

Vasco de Gama zweite Reise nach Indien

1. April 1502.

Ain abschrift ains brieves auff der newen Portugallischen
merfart geschriben und geben an dem 30. tag des monats Marcii,
von der gepurt Christi unsers hailmachers, in dem fünfzehen-
hundertesten und dritten jare, der auch zu Augspurg durch
Doctor Conraten Peutinger, und *Cristofen Welser,* seinen schwa-
ger, aus Langobardischer in tewtsch sprach gebracht, und dest-
bas in gedachtnus zuo erhalten, artikelweise gestellt worden ist,
wie hernach volget. [1]

Erberen lieben gepietend oberen, als ich an dem ersten
tage des monats Aprilis, des nachst verruckten jars, aus *Ulix-
bona* von euch von Land weck gefaren bin, hab ich euch die
zeit her, aus mangel der potschaften nit schreiben mogen, aber
in disem brieve ich euch melden thue, als vill mir dan fur-
gefallen ist.

---

[1] Dieser Brief ist Original, denn er ist von Peutinger eigenhändig
geschrieben.

Der erst artikell.

Wir sein anfangs oberhalb der Insel *Madera* fürgefaren, die auch unsers teils woll sehen mochten, und an derselben schiffart *Bizicho* und *Tertzera* verlassen, daselbs hin nit komen, sonder das haupt der Insel des *schwarzen Creutz* erraicht haben, daselbs auch ain Insel, die unser keinem vor bekandt gewesen ist, ansichtig worden sein, bei 100 meilen von demselben hawpt gelegen, und als wir daselbst hin bei zwölf meil nahmen, wurden wir aus unfall des widerwinds getrengt, unser schiff mit umbschwaiffen auffzuhalten, auch des willens, an demselben ort des guten winds zu erwarten, als beschehen, wo das maistergwicht an *Raimundus* Schef nit gebrochen worden were.

Der ander artikell.

Nachvolgend, umb abstrickung willen verlierender zeit, ruckten wir, mit vill widerwartigen winden und bösem ungewitter gegen dem hawpt genant *Bona Speranza*, in tewtsch zuo der guoten Hofnung. Und an dem ersten tag des monats Junii überfiell uns ain ubergros ungewitter, also wir uns und die Scheff *Bartholomeus* und *Fior de la mare* von den scheffen *Raimundus* und *Juliana* verluren, wie woll mit unwillen und aus der ursach, als wir nachmalen bericht wurden, wie das gemelte schiff *Raimundus* sein verga zerbrochen het, dasselb auch und *Juliana*, nachdem sie, und insonder Raimundus schef, nit gut von segel waren, woll 15 tagreiss von uns weg fielen. Und als wir abnahmen, dass gemelte zway schef nit mer zu uns komen mochten, verfolgten die andern obbestimten drey schef, Fior de la mare, die Juliana, das unser, und also mit gutem segel unsern weg dem hawpt Bona Speranza zuschifften, auch daselbst hin, das wir das sehen mochten, mit vill ungewitter und wie got der herr wolt, genahnet haben.

Der trit artikell.

Und fueren an dem VIII. tag des monats Julii gegen *Monsenbie* bei 270 meil, des landts wir bekantnus hetten. Aber das wetter was so fast widerwärtig, das wir uns abermalen mit umbschwaifen in dem weiten mere aufhalten mussten, und doch am XV. tag des nechstgemelten monats gen *Monsenbie* komen sein.

Der viert artikell.

Daselbs haben wir ainen brief von unserm obersten hauptman, des kungs von Portegall Almirandt empfangen, auch in dem vernomen, wie er am XII. tage vor unser zukunft daselbst von dannen und weck gegen *Chilua* gelendet hette, mit weiterem inhalt, das ein jedes schiff, so gen Monsenbie komen wer, daselbs nit verharren, sondern stracks und on allen verzug gegen Chilua wärts ihm nachvolgen solt. Auch so ferr wir ihne in dem port zu Chilua ligend sehen, solten wir nit zu ihm schiffen, sonder davor hin, gegen *Melinde* farn, derweil dan auch unserm hauptman, *Steffan Ganbor*, inhalt ainer ordnung, ihm von dem gemelten kunig übergeben, bevolen was, dass er allain in sein Schef, und sonst yemandt ausserhalb seiner gegenwirtigkeit, da und anderstwo nichtz laden lassen solt, und solch Ladung, das namen haben möcht, von nichten wegen (?) um das wir dann auch wenig kauffmanschafft hetten, und die einfart zu *Chofala* sorgklich was, haben wir daselbst hin auch nit getracht, und schickten uns on alle ladung auf den wege, und fueren an dem XVIII. tag des gemelten monats Juli wir von Monsenbie gegen Chilua, dahin wir kamen am XXIII tag desselben monats.

Der funfft artikell.

Wir enthielten uns, umbschwaiffendt denselben tag und nachts, ausserhalb des ports zu *Chilua*. Und an dem nächsten tag darnach kam der genant Almirandt mit seinem scheff heraus, der uns dann mit vill freundtlicher und frölicher erzaigung empfahen, sich auch daneben erpieten thett, unser yedem zu beweisen und zu thun, das ihm Lieb und möglich were. Daselbs wir nachmalen verruckten und nit weit von *Melinde* furen; aber um kurze des tags mochten wir daselbs nit fürkomen, sondern umbzuschwaiffen anfiengen, indem der grosse lawffe des widerwinds dieselbe nacht uns verjaget, also daz wir uns den nachfolgenden tag funf meil für Melinde hinaus befanden. Daselbs wir süss wasser zu suchen begonnen, auch zwen tag verharten.

Der sechst artikell.

Indem der obgedacht Almirandt an all hauptleut und uns, in allen scheffen, ein gepot ausgeen liess, das ein yeder in verzeichnus geben solt, wie vill Specerey, und welcher gattung ain yeder haben und laden wolt, desgleichen, was geld und kaufmanschaft ain yeder hette, dann ihm wer not, all Somma der schiffung zu wissen, sein rechnung darnach zu machen, damit, so er gen *Cananor*, *Callocut* und *Cochin* keme, nach einer yeden kaufmanschaft zu fragen und den kunigen daselbs anzuzaigen. Es solt auch niemandt ainich kauff oder kauffmanschaft annemen, dann allain wie *er* das kauffgelt darauff setzen, also das solchs durch die hände des kunigs factor allain zu gehen und gehandelt werden solte, das alles wir, in betrachtung des mindern bösen, williglich angenomen haben.

Der siebent artikell.

Daselbs sein wir bericht worden, wie der genant Almirandt mit sambt der kuniglichen nave *St. Peters*, *St. Gabriels* und *Sct. Anthonien*, beiden, von *Frigaredo*, auch *Johann von Fonseca* navilien gen *Chofalla* gefarn was, auch daselbs etlich gold geladen hette. Und als mich angelangt hat, so ist des überall nit über 2500 metichali golds gewesen. Mag ein metichal ains Cruciaten gulden wert sein und den gelten, deshalben sie nit sonders daran gewunnen haben, aus der ursach, das die moren, daselbs wohnend, für sich selbs gross und reich herren sein, vill golds in hande der unsern komen ze lassen sich hart sperren. Sie sein auch daselbs vermögenlich und für sich selbs reich, solchs sie uns dann zu offenbaren nit grund getan, noch willig gewesen Doch als man uns ferrn angezaigt hat, so were das selb ort mit vier navilien zu erobern und alsdan das gold von den, so das zuwegen gebracht, geladen und über Land gefürt werden möcht, denn etlich under Inen Cristen sein. Auch Johann von Fonsecca navill daselbs am herausfaren den grund berürt, also das es zerbrochen, verdorben, und doch etlich waar und kauffmanschafft davon und auf andre schiff gebracht worden ist, und also nit sonder grossen verlust empfangen hat.

Der acht artikell.

Unsers herrn Kunigs von Portigal Almirandt, der zeit seins anwesens umb *Chilua*, begert den kunig daselbs zu sechen, mit Im frid ze machen und zu handeln, das dem Kunig nit sunder gemaint und also dem gemelten Almirandten ursach geben was, sein geschos an das Land zu richten und zu schiessen, denselben kunig daruff aus grosser furcht benotigct, zu ihm in einem schiffe zu komen, als beschach, und sich als ein Lehenmann an den kunig von Portegall begab, mit dem erpieten, in seinem

Land den portegallischen fanen fliegen zu lassen und ihm jar-
lich tribut und dienstgeld zu geben als 1500 metichali goldes,
auch darauff mit gemelter somma dem genanten Almirandt des
ersten Jars bezalung gethan hat.

Der newndt artikell.

An dem XVI. tage des monats Augusti sein wir von *Melinde*
mit gutem winde gegen *Dangiediva* gefaren und an ain Land,
gnant *Abiel*, komen, von Dangiediva bis 100 meil gelegen. Solch
Land uns nit bekant was. Desshalben der Almirandt ain schiff
gen *Verligua* schicket, und wie das obgemelte Land *Abiel* ge-
haissen, und gross were, dass auch vill Lacha daselbs erzeugt
und etlich diamant erobert würden, erfaren thette. An demsel-
ben ort wir, ladung zu bekomen, funff tag geharret und nach-
volgendt am XVIII tag des gemelten monats gegen *Dangiediva*
komen sein, und daselbs wasser und holtz geladen. Auch furter
auf des Almirandt begeren, wie wir uns vergleichen und mit
dem kunig von Portegall nach anzall im kauffen um die specerey
anligent nit anderst dann nach seiner fürgenomen ordnung
kauffen, und keiner ab dem schiff geen, dann allain zwen, oder
drey, die durch gemain kaufleut darzu verordnet werden solten.
Und wie wol wir uns besorgten, er wurde für den kunig ? emaln ?
und uns seins teils unser ordnung geben, kauffen. Jedoch wur-
den wir all ainhelliger weise zufrieden und solchem seinem willen
und begeren volg thaten, wie ihr hernach mit mer umständen
mundtlich vernemen werdet.

Der zehendt Artikell.

Darnach an dem XXVIII tag Augusti namen wir den ab-
schied zu Dangiediva, dann wir für unsre kranken, benamb-
lichen den dritten tail, nit sonder ergötzlichkeit daselbst gehaben
mochten, und verstreckten unsern weg an ain ort, von *Cananor*
funff meil. Daselbs überkamen wir hennen und anders, damit
unsre kranken gut ergotzung erlangten und sich zu gesundheit
kerten, doch bei Siebenzig von ganzer flüt (Flotte) und schiffung
verliessen, die mit tod abgiengen, under den allein zwen auf
unserm schiff sturben. Der ain was ein Sicilianer, und also
krank auf unser schiff komen. Jetzo, zemal wir uns mit der
hilff gottes ganz gesund und frisch befinden — daselbs die schiff

St. Juliana und Raimundus zu uns komen, und nit für Dangie-
diva hergefaren sein.

Der XI Artikell.

Wir sein an disem ort ain monat gelegen und haben auf
die scheff von *Mecha* gehalten. Und wie wol alltag von unsern
schiff vier oder sechse füren, so konten wir die noch nie er-
greifen, dann allein *ein* scheff von mecha on sondern streit und
auf ein ainigen schuss als ergeben fiengen. Die Leut darauf wir
nit verstunden, aber als vill wir von andern haben abnemen
mögen . . . .

Bemerkung: Hier bricht leider der Bericht mitten auf der vor-
letzten Seite ab.

V.

Reisebericht

des

Franciscus Dalberquerque

vom 27. December 1503.

† 1504 †

Item, das ist die Copey von dem brief, den der Capitani, genant *Dalberckerk*, der im Märzen Anno 1503 mit 12 schiffen von Lissbona nach Indien gefarn ist, und hat dem könig von Portugal, so a die 16 Junio anno 1504 herkommen ist, geschriben.

Ist geschriben, als Ir hernach vernemen werdt, was er in India pis auf selben Zeit, do das schiff von Im geschieden ist, geschafft hat.

Nachdem ich Ewch und Ewr Herlichkeit mit *Johann Lapis*, auch *Pitro Estrello* hab geschriben von unser guten raiss, die uns unser Herr Gott verlihen hat, so in wenig tagen. Von *Lissbona* aus pis an die *Capo bonna Esperanza*, kamen wir in Einem monat und 27 tag. Von dann fuoren wir in wenig tagen an die *Capo Corendis*. Von dann aus segelten wir in 15 tagen nit über 10 meil; dann was wir bey tag gewunnen, das verluoren wir zenacht wider, das machet, das wir nit fil windts hetten und Contrario, und auch im mer die Correntes und sturm wider uns waren.

Item, a die primo Juno segelten wir in das mer. Da fand Ich pesseren windt, also das ich kam gen einer statt, heisst

Melinde, adie 18 ditto. Da waren wir empfangen mit grossen frewden. Do kam zu uns des königs von Melinde pruder mit ettlichen grossen Landsherren und sagten uns, das der kung von Melinde krank was, also daz er nit in unser schiff mocht komen.

Aber seinem pruoder gab ich Ewr. K. Maj. brieff.

Darauff ward mir geantwurt, sy hetten gross begierd, Ew. k. Maj. mit lieb und fraintschaft zu willen werden, gleich als ob sy selbs aus Portugal geporen weren, und wolten guten fried mit uns halten, wiewol daz sy fil feindt umb sy hetten, umb unseren willen, und sich besorgen mussten. Auch baten sy uns, daz wir ein frid auf fil jar mit In sullten beschliessen. Also beschlossen wir den von stund an mit ainander, damit sy fast wol zefrieden und fro wurden. Also fragt ich Sy, ob sy ain *factor* von des kungs zu Portogal wegen zu Melinde wollten haben oder mochten leiden. Sagten sy ja, und waren wol damit zufrieden.

Auf solichs gab ich des kungs bruder unsern *Antonio Lapis* an die hand, daz er In zum kunig brecht und ihn bevelch und Im in bevolchen liess sein, bis daz die nächsten schiff von Portugal wider gen Melinde komen, daz man rechenschaft von Im sollt geben. —

Nach demselben ward uns bracht vil present und schankung. Und Ich bereit was im wegfaren, do fragten wir noch ains, ob sy mit ewrem factor zufrieden weren. Sagten sy ja, sy weren sein fast fro, und wollten mir geben, was ich begeret. Da bat ich um ein brief von dem kunig unter seim und ettlicher fürsten handzeichen. Dieselben gaben Sy mir von stund. Wir hetten das Land wol mügen lassen und fürbass gefarn, het wir *Antonio Lapis,* Ewren factor nit da an Land muessen setzen, dann wir hetten noch speiss genug von allen dingen, das wir notturftig waren. Gott der her hab Lob!

Item adi 24 Juni bis auf 6 August sahen wir das Land von India bei 20 in 30 meylen. Do fand wir *Anthoni del Campo,* als er Ewr. k. Maj. wol wirt sagen, und hätt Gott und ich nit so bald zu ihm komen, und etlich ding, das ich ihm gab in sein schiff, er wär villeicht nit mer in portugal komen.

Darnach macht wir frid mit dem Herren vom Land, und dieselbig Insel heisst *Angadibo,* und ligt gegen dem windt, genannt Wöreall (sic), und dieselb Insel gehört zu dem küng von *Narsinga.* —

Und als wir von dannen wollten scheiden adi 13 ditto, do kam zu uns *Vernando Rodrigo* mit seinem kranell mit *Piro* und

Rodrigo Renil und mit dem andern volck, und Ire kranell wassen genug geladen, sunder (aber) speiss hetten sy geprech. Do begerten sy, wir solten unser speiss mit Inen tailen, was Inen von noten wer. Von stund an that ich austailung in die schiff, wie dan recht was.

Item adi 23 ditto 3 stund nach mittag segelten wir von *Angadibo.* Da liess ich zwei brief unter einem stein, ob die andern schiff dar komen, daz sy wissen solten, daz ich mit den schiffen von dannen was gefaren.

Item adi 25 ditto kamen wir zu *Piro de Kade* hinder ainem perg, den man haist *Ely.* Der fuor furbass sein weg nach *Kananor,* und am sambstag zu abent kamen wir gen *Kananor,* und beredten uns mit dem factor und schreibern. Adi 27 ditto sagten sy uns von der grossen verwüstung und verprennung der statt *Cutzin,* und wie der kung von Cutzin geflohen wär und unser factoria zertrennt weren. Do bespracht ich *Gonsel Gyll,* unsern factor, und gepot, daz alles volck vom schiff von *Pidro Kade,* und auch von kranell, und theilt das volk in die andern schiff — mich daucht das nutz sein. Und ich nahm den Capitani aus dem Cranell und setzt darein mein bruder, *Lyonell Dalberkerck* umb bessers willen, das man noch wol hören wirdt.

Item, do das geschechen was, do requirt mich *Gonzell Gyll,* factor von Kolin, daz do not wer, daz ich dem king von *Cutzin* zu hilff komen wer, und daz man doch mocht wissen von der factoria und wie all ding sich verlauffen het. Auf das gieng der factor von *Cannanor* zum konig und sagt ihm, daz er kein Verdriess darin wollt haben, der Capitani von Portugal muost mit der eyl weg zum kunig von *Cutzin,* demselben zu hilf komen, so *er* doch on not wer. So er aber sein bedurffen wurd, so wolt er ihm alweg zeit genug ze hilf komen.

Do ich fürbass wolt segeln von *Cananor* nach *Cutzin,* do liess man an mich werben, ob Ich frid machen wollt mit dem könig von *Colocut.*

Adi. 31 Agusto, am donnerstag, fuorn wir von dann und kamen am sambstag 2 September für *Cutzin.* Und da der könig von Cutzin was geflohen mit unser factoria 2 meil von Cutzin, und do Ich das hört, do wolt Ich kein püchsen schiessen oder fröligkeit machen. Do liess ich In wissen mein Zukunft. Do was er fast frolich und all sein laid was Im vergessen, daz sein fraind aus Portogal da waren. Also thet er mich bitten, daz ich mein püchsen wolt abschiessen. Also thet ichs von stund, gross und klain, all abschiessen. Auch thet er mir entpietten,

daz all edelleut und hayden, auch Melberess (sic) und Cristen
meiner zukunft ser fro mit Im weren. Auch thet er mich bit-
ten, daz ich all mein schiff wolt auf anker legen für die ver-
prennte statt *Cutzin*, und daz ich In wider solt einsetzen in
sein konigreich umb deswillen, daz im so vil übels wardt gethon
von seines konigs von Portigal wegen, und liess mir darbey
sagen, syder (seit) der Almirant am negsten weg wer, daz er
syder derselben zeyt nye kain Frid oder Ruo von dem könig
von Calokut gehabt het.

Item, alsbald ich mein schiff auf anker in der porten vor
Cutzin gesetzt het, kam unser factor, der zu Cutzin gelegen ist,
in unser schiff und erzält uns, wie es alles ergangen was, und
sagt mir, daz mich der konig liess pitten, daz ich näher mit den
schiff an land käm. Unser factor erzält mir, wie der konig von
Calokut mit grossem volck, ze wasser und ze land, auf *Cutzin*
komen was, und in dem ersten streit 2 Fürsten von Cutzin, auch
des konigs bruder und vettern, mit vil volcks zu todt geschla-
gen und ain tail verprennten; auch daz sy das land von Cutzin
hetten verhert, und derselb krieg het gewert (gedauert) ein monat
lang. Und dieweil der konig von *Calocutt* das land *Cutzin* ver-
hert het, dieweil wer der konig von *Cutzin* mit unserm factor
und schreibern in ein Inseln geflohen mit dem guot, das dem
könig von Portigal zugehört, do ich sy fand, und vil kaufman-
schaft verdorben, auch daz die von *Calocutt* hetten begert vom
konig von *Cutzin*, daz er In wolt liberen oder übergeben die
factor, schreiber auch guot, so dem konig von Portigal zugehör-
ten, so wolten sy frid mit Im machen. Das wolt der konig von
Kutzin in kainerlei maynung nit thun. Und do die herren von
Calokutt sahen, daz des könig von Cutzin sein gloub so stark
und stet gegen den Portigalischen hielt, do fielen vom konig von
Calocut vier mechtig herren und kamen zum konig von Cutzin
umb seiner gerechtigkeit willen.

Item, adi 4 September wapnetten wir unsere barken und
kamen an land. Do kam der konig von Cutzin selbs in mein
barken und thet mir er (Ehre), dann er wolt nit an land, oder
sein konigreich wider annemen, sonder daz In der Capitani von
wegen des konigs von Portigal wolt annemen und In wider in
die statt *Cutzin* setzen. Auch blib der konig lang mit sein ober-
sten in meiner barcken. Do schenk ich Im und all sein herren,
die er bei Im het. —

Nach demselben hielt ich Rat mit all unser factor, Capitani
und schreibern; funden und beschlossen, daz ich mit meiner

barcken fürpass soll faren, und die factor und schreiber an landt, bei der verprennten stat *Cutzin*, die so ser verderbt und hässlich verprennt was, daz einer derschrecken mocht, der sy ansach, soll lassen. —

In demselben so wir weg fuorn, do fanden wir ein Insel, was des konigs von Calocutt. Und als das volck von der Inseln floh vor uns auf die seiten gegen Cutzin, dieweil steckt wir das feuer in die heuser, daz mans zu Cutzin wol sehen mocht, und fiengen vil volcks. Des war der konig von Cutzin gar fro. In demselben kamen zwei von unsern schiffen, die ich bei der *Capo bona Elsperanza* in einem grossen sturm hinter mir gelassen hett.

Item, auf den andern tag entpot mir der konig von *Cutzin* und liess mich bitten, daz ich dieselben Inseln gantz wollt zerstoren, dann sy wern sein pöss nachparn gewesen.

Adi 6 ditto setzte ich mein volck in ordnung und kam wider auf das land und verprennten den Rest von den hewsern, auch huob wir ab all die fruchtpern paümen, die wir finden mochten, und der meist tail von den paümen waren mit *tattelpaumen*. Das alles mocht der konig von *Cutzin* wol leiden und was wol zefrieden; yedoch zum letzten liess er mich zu dreienmalen bitten, daz ich mit meinem volck solt abziehen und nit so gross rachsal thon, dann die heyden hetten für das *grösst* übel, daz ein feind dem andern thon mocht, oder keinen grossern schmach mocht beweisen, dann die war, mit tattelpaumen abhauen. Derselben liess ich nit mer dann 1000 abhawen und verprennen. Darnach kam ich wider zum konig von Kutzin an das land am mer. Das er mit mir redet, will ich Ewr. K. Maj. selbs sagen.

Item, do begeret auff mich von des konigs von Portigal wegen unser factor *Digo Vernandez*, auch die schreiber, daz ich In ein schloss solt bauen lassen, daz sy das guot mochten einlegen und sich darin enthalten vor den feinden, auch daz alle kaufmanschaft darin versichert wer. Wo nit, so wolten sy mit meym schiff nach Portigal faren und all ding stên lassen. Do het ich mit all factor, schreibern und Capitani Rat. Also wurd wir des eins, und baten den konig von Cutzin umb ein platz, oder stuck landt, darauf wir das schloss mochten setzen. —

Solichs begern daucht den konig von *Cutzin* nicht gut sein und entpot mir: In und den seinen deucht solich platz, so sy begerten, wär ihm zu nachet bei seinem tempel und obersten statt *Cutzin*. Sollt er aber solchs verwilligen, so muss es mit grosser sorg und bezwang zugehen. Doch am letzsten wurd so vil darzuo geredt, daz er sich darein verwilliget.

Item, es deucht uns das pest sein, daz wir das schloss bei dem wasser, das durch die statt *Cutzin* fleusst, unten am mer machen, dann es sunst in der statt nit vil sterk het.

Do schrib mir der konig bei unserm factor ein brief, darin stund sein gegendienst um der hilf willen ich seinem Reich gethan het, auch daz ihm fast lieb wer, daz man das schloss aufbawen solt und all die hilf und beistand, die er mit seinem volck thun möcht, sollt ich ihn willig finden und nach allem meinem begeren zu dienen. — Auch that der könig von Cutzin ausrufen in all sein land, daz nyment so stolz wer oder sein solt, der in dem umkreiss, den sy zum schloss begert hetten, gieng, als lieb ihm sein leben wer. Darnach, do das alles gethan was, da liess ich mein volk an land komen, zu hawen holz zum schloss, und uff der andern seiten mein volck mit barcken, um stein, also daz ich alle ding zusamen brächt, das mir zum schloss not was. —

Item, do solch ruf in India gieng, do kamen vor furcht zwen gross fürsten mit vil volcks von einer Inseln, gehört dem konig von *Calocutt* zu. Dieselben zwen fürsten ergaben sich mit allem irem volck an den konig von *Cutzin* und schwuren ihm freuntschaft und gehorsam ze sein. Auf denselben tag schickt uns der konig vil frucht und schankung und thet mich bitten, daz ich alls wol wolt thun und zerstören ein Insel mit volck (die stund bei der andern, die wir vor verprennt hetten,) die gehört einem hern, genannt *Quaima*. Derselb herr ist unterm konig von Calocutt, in der vil gewapnetz volck was, und des bruder von *Calocutt*.

Item adi 9 ditto kam ich an die Inseln, geheissen *Charnexa*, mit meinem volck wohl gewaffnet. Und do wir an das land wollten, do hetten wir vil pfeil von In auf uns geschossen. Jedoch kamen wir mit den püchsen ans Land und zuogen lang an einem fliessenden wasser hinauf, das war an der ein seytten der Inseln. Auf der andern seytten schickt ich ein Capitani, genannt *Nicolao Quelho*, an das ander tail in der Inseln mit seinem volk an das ort, do sich das maist volk versamlet in der Inseln. Das meist volck von den feinden wurd wund, und von meinem volck keiner, dann einer, der wurd mit einer von iren püchsen erschossen.

Item, do ich sach, daz kein feind an meiner seiten was, da segelt ich mit meinem volck auf die andern seitten zu *Nicolao Quelho*, da er mit seinem volck lag. Aber do ich zu ihm kam, do ward der streit geschehen und het do tod geschlagen den *Chaimal*, der herr und hertzog vom land was, mit seinem volck. Darnach hetten sy geplündert ire hewsser, die waren ser stark und hetten die thüren kaum auf mögen pringen. Das alles was vor geschehen, ee ich zu ihm kam. Darum gnädigster herr könig, ein solch mann und Capitani ist würdig zu eren mit freudenfewr und mereress. Umb desswillen, das ich mit meinem volck im mer war und sy das feld sunder unser hilffe gewonnen, daucht mich, daz sy wurdig waren er (Ehre) einzulegen, als Im solcher gepürt. Do macht ich zu Ritter *Lyonell Dalberkerck*, meinen bruder, und andere 23, die ir ding recht gethan hetten, als gut Ritter. Und do das also getan was, do fuorn wir wider zu schiff zum konig von *Cutzin*. Der kam zu mir an das wasser und sprach zu mir: „Capitani, mich bedunkt, wir sind nun genug für den todschlag meines bruder und vettern gerochen." Solches saget mir der konig von Cutzin mit weinenden augen. Solchem meinem schreiben wollt gn. herr konig glauben, dann ich will Ew. K. Maj. kein unwarheit nit sagen. —

Darnach thet ich für den könig pringen alle die lantzen, spiess, schwert, pogen und pfeil, die ich den todten, seinen feinden, genomen het. Das alles schenkt ich dem konig und seinen herrn. Und der konig nam selbs ein lantzen in sein hand und was fro, und hielts fur ain grossen dienst, daz ich Im all sein verloren wehr wider pracht. Auch nam ein ytlicher fürst und herr ein lantzen in sein hand, und waren all ser fro umb des willen, das ich einpracht het.

Item, der streit von diser obgeschrieben Inseln werdt (währte) von morgens früh bis 2 stund nach mittag, und meins volks was wund worden bei 22, und der ein, der mit der püchsen zu tod geschossen was. —

Item, da die von *Calocutt* gewar wurden, was wir getrieben hatten, alsdann hievor geschrieben stet, do schicken sy an unsern factor und begerten, ob sy frid mit uns mochten machen und ob sy's an uns wol sollten mugen erlangen. Und ich hielt mich selbs also stil schweigen, daz ich nichts damit zu ton het, sondern ich hielt mein volk dieweil in arbait, holtz und stein zu pringen zum schloss aufzurichten, als daz ich nit ein einige stund mocht verliren, sunder alweg Ewr. Gnaden in gut zu dienen.

Darnach adj. 10 kam zu mir ain Kaufmann vom land in mein schiff, war einer von den obersten in India, welcher vor (früher) dem almirandt sein schiff mit specerei geladen hat, aber

er thet nie keim (keinem) als grosser er, (Ehre) als mir, dann er
hat sich nye in kain schiff wollen wagen. Er ist auch machtig,
auch pold mit specerey zu laden und verfertigen.

Auf solichs schenkt ich Im roten Kremesin Samet zu einer
schank.

Davor empuot mir der konig, daz er mein schiff gern sehen
wolt, doch so fern ers an mir gehaben mocht. Also daucht mich,
es wer unpillich, solt ichs dem konig abschlagen und versagt
haben, dann der kaufmann ist mechtig und mag mich im laden
wol fertigen und nutz sein. Yedoch liess ich dem konig sagen,
wie wol es unser gewonheit nit wer, yedoch wolt ich Im in
solchem zu willen werden.

Adi 11 ditto beredt ich mich mit den kauffleuten von *Kor-
rans*, ist eine grosse geselschafft, und kauft von ir *4000* bachar
piper, der drucken, alt und gut ist, in beiwesen des konigs von
Cutzin und schreiber und factor, so in Ewrem regiment bestimt
ist und in helt, in demselben kauf, als vor der almirandt mit
ihm beschlossen hat. Aber sy geben mir in (den Pfeffer) 1 fan-
nani nechner (wohlfeiler). Das deucht mich, gnädiger herr, es
wer ein grosser dienst fur Ew. konigreich solche nachlassung,
die sy mir getan haben. Auch waren sy in dem kauf verbun-
den, das guot zu-bringen im gantzen monat November.

Item, auf disen tag wurd ich innen, daz der konig von
Culocutt het lassen fahen die 2 lapidarios, oder stainmetzen, die
Ew. K. Maj. schickt mit Ew. factor im schiff vom Almirandt,
umb deswillen daz sy ihm lügen zugesagt hetten und betrogen.
Hetten ihm gesagt, daz portugal ein kleins ländlin wer, und ver-
mocht nichtz, dan ein wenig kleiner schiff, und vil ander lugen,
die sy Im zugesagt hetten. Aber er sach wol, daz die fluett
(Flotte) und schiff neu auf neu, je eins auf das ander kamen,
syder der almirandt weg was, und was sy alle tag sagten, kam
ihm zu grossem schaden, auch daz sy verretter und lügner
weren. —

Auf solichs hoff ich, wann *wir* und *Alfonso Dalberkerck* mit
unsern schiffen und mit der ganzen fluott zusamen komen, wills
got, so wollen wir ein gute Richtung von Im bekomen.

Item, adi 14 ditto, auf des heyligen kreutztag, do leget ich
die mass, wie gross das schloss solt sein auf seim platz, und
der kirchen gab ich den namen zum *heiligen Kreutz*, umb des-
willen, daz wir ein kreutz in unsern segeln fuoren, auch umb
des willen, daz das hl. kreutz auf allen platzen und enden so

gross geeret wirt, und daz die kirchen auf des heiligen kreutztag angefangen wurd. —

Adi 15 ditto, do kam zu uns *Alfonso Dalberkerck* mit sein schiffen aus *Portigal*. Das erzält wir Im, was wir begangen hetten. Und am montag huob wir an ze graben das fundament, und gaben dem schloss den namen: *Castello Dalberquercke*.

Darnach komen ich und Alfonso Dalberkerck zesamen ins schloss, und liessen ausrufen, Alfonso Dalberkercke und ich lassen gebieten vons Konig von Portigal wegen, daz auf suntag künftig all unser barken gewapnet weren mit volk und geschütz, dan der konig von kutzin will unser mess mit all sein herren hören, und damit daz er muog sehen, was eren und triumpff wir unserm Herr-Gott empietten, und wie wir In anpetten. Also kam der konig mit seinem volck und herren. Den gefiel unser manir von gesang und costüm fast wol, und sy pliben mit sampt dem konig die gantzen mess in der kirchen.

Item, darnach fuor wir all, on wissen von den heyden, zwischen *Kutzin* und *Caylha* untterhalb *Arrcall*. Do komen wir auf ein Inseln, in welcher wir vil schwartz volks erschluogen, und verprennten die hewser alle, die wir ankamen, und fingen von Inen 20 heyden. In demselben überfuol uns die nacht, daz wir nit mer ubels mochten ton. In derselben schlacht und Inseln wurden mir 8 mann wundt und einer ze todt geschlagen. —

Nach demselben macht ich *Albaro Verini* Ritter, umb des willen, daz ers wol verdient hat. Darnach sagten mir die gefangen heyden, daz kein konig im land nye so kon (kühn) oder fresch wer gewesen, der sich mit 10000 mann het mit In in ir Inseln durfen schlagen, und nam sy gross wunder, daz wir uns so mit wenig volcks hetten unterstanden.

Item, do das getan was, do kam der factor von *Kananor* und begert ein kravel, das wolt er schicken *Anthoni de Saa* gen *Agulonj*, daz er sich mit demselben volck oder kaufleuten in derselben Insel versönet und mit In überkom, gleich als die ordinantz hie zu Cutzin Inn helt, den preiss von allen guotern, so wir ins land pringen, und auch von allen specerey bestimmen. Solch kravel gab ich Im zu und die ordinantz wurd also gemacht; doch begerten dieselben heyden, daz wir kein schiff wollten senden an das ort, do der Almirandt vormals mit sein 2 schiff geladen het. —

Item, adi 29 september sant ich 4 Capitani mit 4 schiffen, lagen im land hinab, ob sy etwa schiff von *Meccha* mochten überfallen, auch um speiss zu suchen fur unser schloss Dalberkerck auf etliche Zeit mochten überkommen, oder ob sy einige schiff mochten zwingen von Kalokutt. Denn als ich vernam, so wollten sy beschliessen, daz mir kein speiss mocht zugehen. Auf solich abenteuer liess ich die 4 schiff von hinnen gehen.

Item adi 7 October kam zu mir ein grosser kauffmann, haist *Karine Mecarj*, ein heidt, der saget mir, daz ich sol lassen wapnen unser barcken, dan der Pfeffer, den er uns het wollen pringen, den het er miessen niderlegen, dann er het sich vor den von Calocutt besorgt, daz er nit weiter durft faren, und sagt uns, in welcher gegend vil gewapnets volcks leg, das dem konig von kalokutt zugehört, und farent allweg mit Ir armada in derselben gegent oder Refir auf und nider.

Auf solchs begeret *Digo Vernandes*, unser factor, daz ich dar solt schicken unser schiff, dan es wer nit müglich, daz wir mochten laden, dann durch das ort, das wer nur 4 meil von Kutzin, dadurch ein fluss und schiffreich wasser gieng. Also het ich Rat mit Alfonso Dalberkerck und mit all ander Capitani. Also deucht uns guot sein, daz wir nit all unser barken wappneten darfür, und die summa piper holten, die der obbeschrieben kaufmann bracht. Darauf ich all raitschaft macht und gebot unsern factoren und schreibern, daz sy sich fertig wollten machen und daz *Alfonso Dalberkerck* mit In uns den piper fuor und den prechten, so mocht man denn anheben einzuladen. Aber er wolt solches nit ton. Wie wol ichs zu dreymalen von Ew. K. Maj begeret an In, schluog er mir's alweg ab, dan es wer ein solicher weg zu segeln. (sic.) Die ander ursach werd Ich Ew. K. Maj. selbs sagen.

Also da ich das sach, daz er ye nit faren wollt, do ward mir not selbs dahin zu segeln. Und ich kam an ir fluett (Flotte). Da sagt mir der heydnisch kaufmann, genannt *Charine Mecar*, der mit mir fuor, ich solt da mit meinen kravelen und volck still ligen und warten, so wolt er den piper und ander gut, so er het also in fardlen an ein ort in derselben Inseln, die dem konig von kolokut, zu standt bringen, doch bat er mich, daz ich ihm zu wolt geben etlich volck vons konigs von Cutzin, die ihm helffen, damit das gut verward wurd. Das alles gab ich ihm zu. Und dieweil sy um das gut waren, schickt ich ans land, mit etlichem volck, *Duart Pacheco*, daz sy verprennen solten die hewser, die am ort von derselben Inseln stunden. In demselben, do sy am pesten brennten, da kam der beyd mit dem pfeffer, des was 150 bachar, (1 Bachar = etwa 400 ℔) und *1 bachar* ist *3 Quintal* zu *Lissbona*. Darnach fuor ich wieder gen *kutzin*.

Item, den andern tag begert der k. von kutzin und unser
factor an mich, daz ich den kaufleuten wider wolt durch das ort
helffen, die den pfeffer pracht hatten, dan sy fuorten mit In geld
und cöstliche gütter. Auf solches nam ich die barcken gewapnet,
und schickt mein bruder mit In und vil geschütz. Und da sy
auf dem weg herwarts wider fuoren, da sahen sy des konigs von
Calacutt Armada. Yedoch da die von Calocutt sahen, daz mein
bruoder so wol mit geschutz gerüst war, da liessen sy ihn faren,
und sy fuoren Iren weg.

Item adi 14 October kam zu mir *Nicola Quelho*, und mein
bruder *Lionell Dalberkerck* von der Armada und uns helffen zu
speisen und das schloss zu versehen und mir helfen rauben auf
die schiff von *Meccha* und *Colocutt*. Dieselben zwei brachten
uns potschaft, wie daz der gros *Soldan Kario* het gross krieg
und aufruor gegen den heyden von der statt *Meccha*, da *Macho*-
met begraben ligt, in *Arabia*, und het thun fragen iren konig,
umb wess willen er het thun verlieren den zol von der specerey
und edelgestein, und ob sy nit daran schuld hetten, daz die
Cristen solichs überkomen hetten.

Item, auf den andern tag, adi 15 ditto, kamen wir auf den
Passann, das ist zu sagen, do man durch muss gên oder faren,
Alfonso Dalberkerck und ich, umb zu besechen, ob wir mochten
Rat finden und manir, daz etlich kung unser freundt wurden,
damit wir mit macht mochten durch das land, mit andern koni-
gen unsern freunden und Armada, wider den kung von Calocutt.
Darnach am montag furen wir von dannen und hielten Rat, was
wir thun wollten. Und am dienstag fruo, da tratt an Land
Alfonso Dalberkerck und gieng von mir ein grossen weg, one mein
willen oder wissen, oder sonder mir zu sagen, was er im synn
het. Jedoch war er an aim ort an einer Inseln komen. Und do
ich zuo ihm kam, da ward ihm potschaft bracht, daz ihm einer
von seinem volck wer zu tod geschlagen und 4 auf den tod ge-
wundt weren. Auch hetten wir potschaft auf dieselben stundt,
daz die konig, unser freundt, damit wir vermainten ins konigs
von Calocutt land wollten ziehen, nit komen mochten. Do ich
das sach, da huob ich an ze schiessen mit meinem zeug in das
land, davon etlich stein kamen unter das volck. So sy das sachen,
huben sy an zu fliehen. — Darnach giengen wir wieder ze schiff
und segelten lang am land hinab. Und was wir hewser am land
funden, brannten wir alle ab. Aber *wir* kamen nit an Land.
Aber *Duart Pacheco* der lag am land in dieser Insel, genant
Reppelin; do brannt er, was ihn ankam. Und do wir von dannen

schieden. do kamen zu uns etlich schiff des konig von Calocutt, wol gewapnet, mit fil püchsen auf ir manir. Derselben schiff waren bei 35 oder 36, so wol gestelt, als möglich was. Aber unser geschütz thet sy von danen weichen. Darnach, do der konig von Calocutt wollt begern frid, da bedurft ers nit wol an uns begeren, dann er gedacht, man wurd ihms nit verhengen, sondern thet uns sagen, ob wir frid mit ihm wollten machen, so solten wir zu *Carnagallor* empfachen 100 bachar pfeffer, die solt man uns da von seinen wegen libern, (liefern) und den übrigen, das solt noch sein 1400 bachar, den wolt er uns zu *Calocutt* libren, oder uns anzaigen, wo wir den solten empfachen. Sollichs deucht uns in allen dingen guot sein. —

Also sandt ich dar *Alfonso Dalberkerck*, den *factor* und *capitani* mit samt den *schreibern*, daz sy den pfeffer solten empfahen, als sy dan theten und huben an ze laden in unser schiff. Do das geschach, do dacht wir wol, der konig von Calocutt wurd frid mit uns machen, und die von der statt *Carnagallor* machten grosse freud, also daz die moren, die da waren, für den capitani fielen, als ob sy ir abgotter weren, und die freud mocht nit grosser sein. Do ich das alles empfangen hett, da kam dieselben nacht so gross ungewitter und fortuna (Sturm) an uns, daz ich mit meim schiff muost nach *Calocutt*, und Alfonso Dalberkercke nach *Kaloni* mit vil stuck und raitschaft, die uns dieselben nacht entzwei brach.

Item, adi 9 November kamen wir in die Rifir, dadurch wir pasirten, do wir den piper holten, den uns der heidnisch kaufmann gab. Da war uns gesagt, es wer uns mer piper an dasselb end komen. Den andern tag fuor wir dar und wolten den empfahen, und die kravell mochten den strom oder Rifir nit hinauf, untiefen halben, daz die Rifir nit tief ist. Doch kommt die meist specerey denselben strom herab und wurd darnach nach Kutzin und Calocutt gefuort. Auf derselben Rifir lag vil gewapnetz volcks, das dem konig von Calocutt zu gehort, unnd zu benemen die specerey, die dem konig von kutzin solt zugefuort werden. Do ich das hört, do nam ich mein bruder mit mir und fuorn noch pesser hinauf, um solch volck, das auf dem strom lag, zu vertreiben, damit der strom frey, und uns die specerey zugefuort wurd. Ich hat auch mit mir den meist tail von meim volck. Und do der konig von Cutzin das hört, do macht er sein volck reitt, auch ein ander konig, sein freund und nachpar, der des andern tags davor was zu ihm komen mit 8000 mannen. Derselb konig ist herr in India, do die meist

specerey wechst, und darnach gen Kutzin und Calocutt gefurt
wird. Und do sy zu mir kamen, baten sy mich umb das land
von *Kanallen* (sic) und Inseln, do ich vor von geschrieben hab,
denn es war In laid, daz sy es nit in Iren handen solten haben,
so ichs doch gewonnen het. Solichs ward ich zufrieden und gab
In, darumb sy mich baten, dann es deucht mich, es wer Ewr.
K. Maj. das recht, den 2 konigen solichs nit versagen, umb eins
pessern willen.

Den andern tag ordnet ich das volck in das schloss, darin
zu pawen und verwart das mit püchsen und artelaria, und ich
schafft auch dem volck von dem schiff, das genant ist dess
Marada, und von einem andern, das man nennt *Sant Peter*,
das eym Juden (?) Ir Quittelas in derselben schiff. Auf densel-
ben tag kam uns botschaft vom konig von Calocutt mit einem
erbern mann, der sagt mir, wie daz ihr konig willig wer zu thun,
was Ich wolt. Auf solichs schickt ich dar den factor *Vernandez
Rodrigo* und *Alvara Vaony*, was ich damit versteen solt, von
dem, was er mir enpotten het. Und die antwurt, die sy mir
wieder vom konig von Calocutt brachten, die was, daz sy mit
uns wollten frid halten. Des brachten sy des K. von Calocutt
handtzeichen mit des kungs bruoder, genant *Beaderim*, mit
solchem unterschid, daz ich Im auch solt mein handtzeichen
schicken, solichs ze halten. Darnach, sobald mir die botschaft
kam, do thet ich ein Rat komen all Capitani, factor und schrei-
ber, das sy beschlossen von disem frid, und in was manir den
solt vollenden, und was stuck und Forderung ich thun solt, daz
Ew K. Maj. Er (Ehr) und nutz wer.

Des andern tags sandten sy mir geschrift, daz sy im Rat
gefunden hetten und wären mit einander überein komen, ein
forderung die Ewr. K. Maj. und allen Cristen Er und nutz wer.
Demnach empott ich dem konig von Cutzin, ich wolt gern mit
Im reden. Da wolt er zu mir sein komen, do ich was, und ander
konig und fürsten sein nachpauren mit Im. Darauf thet ich Im
sagen, er solt es nit thon, dan es wer pesser, daz ich zu Im
kom. Des war der konig fro. Und do ich zu Im kam, da was
so ein gross menge volcks um In, also daz ich mit Im nit son-
derlichs kundt reden. Do sagt er mir, ich solt in ain barcken
mit Im sitzen. Das that ich. Do wundert yedermann, daz er
mit mir fuor und mit mir also allain redt. Da bat ich In, als
wer er ein Indianer konig, so hofft ich, er solt mein begeren
thun, also mit dem konig von Calocutt frid ze machen. Des

gab er mir sein handtzeichen. Was ich ausrichtet für In in Calocutt, das wolt er stet und fest halten, on widerred.

Item adi 17 December schickt ich 2 factor auf der see auf den halt gegen Calocutt wertz, und auf denselben tag prachten sy uns 300 bachar piper, und adi 20 ditto, do bracht man mir die handtzeichen des *Neubenderm*, (sic) (= Beadarim, des Königs Bruder) so ich begeret het, und daz sy mir antwurten wollten. Die 4 obersten heyden in seinem land, den mocht ich die heubter abschlagen, so ich wolt, die solch spil zwischen Ew. K. Maj und konig von Calocutt gemacht hetten, das ich dan E. K. Maj, so ich zu Ewch kom, wol berichten will.

Item adi 21 detto, do fuor ich morgens fruo mit mein barken wol gewapnet und kam an land zum konig von Cutzin, do die 2 kung bei Im waren mit vil volcks und auch die Ambasadore vom konig von Calocutt. Vor dem volck und kungen thet ich ausrufen offenlich frid, und der konig thet auch ausrufen im konigreich *Melibarus*. Und all das volck was fast fro. Und von stundt an thet ich ablegen all püchsen und wappen von den barken, auch von den kravelen und schiffen, das In fast wol gefiel.

Hienach folgt der ausruf von dem frid, der gemacht ist mit dem konig von Portigal und dem konig von Calocutt etc.

Das erst Capittell:

„Hört, hört, hört, was der hoch und stark mechtig cristenlich konig, der *Manoel*, konig von *Portigal*, von *Algarbo* herwärts mers, und über mer in *Africa*, ein herr von *Genuea* und von der findung und schiffung aller traction der kauffmanschaft von *Morenland*, von *Arabia* und *Persia* und von *India* setzt und macht frid für *tausend* Jar lang für sich und den konig von *Cutzin* und dem konig von *Kananor*, und auch für sich und all sein freundt, die Im getrew wollen sein, die sich mit Im anspannen wollen und sich darein ergeben, damit er hinfür frid mag und will halten mit *Çamorin* (Zamorin) und mit allen seinen herren, die Im getrew sein wollen und disen frid halten wollen.

Item, das sind die Capittel vom frid, das da beschlossen wurd, das got will, das gehalten werden, als hernach folgt etc.

Das erst, daz *Franciscus Dalberkerck* edelman von des konigs hoff von Portigall, meines herrn sein oberster Capitani und haubtmann von der Armada oder wapnung, im Jar 1503 ist komen in India, in dem namen des genannten meines herrn, durch urkund dises briefs und gib frid und verbindt mich gegen dem konig *Çamorin*, konig von Calocutt, sicher und vest zu halten zu ewigen zeiten, doch so fern, daz die nachgeschrieben stuck gehalten werden nach lautt der Capittel. Zum ersten, daz der konig von Calocutt soll zalen dem konig von Portigal 1500 bachar pfeffer — zu wissen ein bachar ist 3 quintal — für den schaden, den er in seinem land hat entpfangen, umb daz sein volck ein factor zu tod geschlagen hat, mit namen *Ayris Carea.* Denselben pfeffer soll er mir libern 300 bachar zu *Crangalor*, und den rest 1200 bachar zu *Calocutt*, nach der statt gewicht. Auch daz der konig von Calocutt frid soll halten mit dem konig von Cutzin und mit allen seinen freunden, die in disem frid begriffen sind und verpunden wollen sein. Mer, daz er frid woll halten mit dem konig von *Kannanor*, und daz solch frid stethaftig bleib zu ewigen zeiten, gleich als mit meinem gnädigen herrn von Portigal. Und ob einer disen friden prechen wolt oder wurd, so sollt er von uns gestrafft werden.

Item, mer, daz da vorgenannt konig von Calocutt nit solt leiden, daz an keinem ort in seinem land kein schiff tractir oder laden lass, das von *Meccha* sei, oder von andern enden die dar wollten faren, auch keins liess faren, das von *Genüa* oder von *Arboria* zoch, oder von keinem andern ort liess in seinem konigreich laden; und wo das anderst befunden wurt, so sollten all die schiff, die die Portogalesen ankämen, verloren sein und genomen werden mit allem guot und der frid nit mer gehalten werden.

Item mer, ob der konig von Portigal wolt lassen machen ein starck hawss im konigreich von Calocut, umb die kauffleut und güter sicher zu behalten, zu dem solt er verpunden und Im ein platz oder flecken lands dazu geben, und hilf und holtz auch stain für sein geld darzu geben.

Item mer, daz der factor, der zu Calocutt wonen wirt, hab sein gerechtigkeit recht zu sprechen und lassen hangen und enthelffen (sic) sein volck, das bei Im würt sein, oder aus Portigal hin in allweg zu ihm wurd komen, und daz der konig von Calocutt, oder nyemantz mit seinem recht zu thun hab, oder darein sprechen woll, sondern ihn mit seinem volck lassen umgan nach seinem besten bedunken, auch daz ihm all freyheit gehalten werden, die dem andern factor *Carea*, der zu tod wurd geschlagen, gegeben war.

Item, daz alle specerey, auch trogoria, so im konigreich Kalucut kaufft wurd, den soll des konigs factor von Portigal bezalen als die Costum und der vertrag in Cutzin gemacht und gesetzt ist, und daz der konig von Calucutt frey sei, dem factor nichtz von solcher specerey, so kaufft wurd, er oder die seinen dürfen zalen, als vor haben von Kalocut, was sy verkaufft haben dem factor, der da zu tod ward geschlagen, müssen bezalen, 20 per C°.. Also will der konig von Calucutt nit haben, daz er oder die seinen mer solten zalen, dan zu Cutzin bestimmt ist worden.

Item, mer soll uns der konig von Calocut libern die 2 unser männer, die uns pflichtig[1]) sein worden in sein land und konigreich, daz er mir die 2 woll geben, auch ander, die uns vor etlich zeiten mügen entloffen sein. Ob er der ein wissen hab, soll er uns auch antwortten, mit gold, silber, mit aller manir, wie man sy find, es sei kauffmannschaft oder ander ding das gelts werd sei, in derselben mass, do sy von uns geflohen sein, und was volks von seinem landt flüchtig wurd in unsere schiff komen, sollen wir ihm auch wider antwurtten in einer solichen gestalt, als sy uns verpflicht zu thun seien.

Item mer, do got vor sey, ob ainigs von unsern schiffen per fortüna[2]) in sein konigreich an Land käm und bräch, als dann oft an mer enden geschicht, ob uns hinfüro, do got vor sey, solichs in seim landt auch geschäch, das uns all das guot, das im schiff gefunden wurd, oder an land kompt, solt wider gelibert werden dem Capitain vom selben schiff, oder unserm factor, on einigen zuspruch des konigs von Calocut. Auch ob sach wer, daz solch guoter und schiff in andern sein landen und inseln funden wurden, sol er verpflicht sein, soliche wider zu keren."

Item das alles gefällt dem genannten konig von Colucut wol, des frids und der artikel, und will es fest und stet halten, als in brieffen bezeichnet und geschrieben stet, den ich Ew. K. May. pringen will, der laut also:

„Ich obgenannter *Franciscus Dalberkerck* gib in meines hern namen und verheiss, daz gehalten soll werden, als ob es von seiner K. May. selbs geben und verwilliget wer, von disem tag piss auf tausent Jar, und streng gehalten soll werden, und thuo kund allen Capitani und factoren, die hinfüran komen werden an die end in India, daz alle die portten, land und volck, auch schiff im konigreich Calucut bewart sollen sein, als weren sie des konigs von Calucut selbs. Dann der k. von Calucut hat guoten frid und fraintschaft mit uns gemacht. Des geb ich dises brieffs *Piro Alvaro* Schreibern von der factorey unsers gnedigen herrn konigs ain Copey, den ich selbs gezeichnet hab auff den 27 tag December anno 1503."

---

[1]) Flüchtig. [2]) Vom Sturm verschlagen.

Item darnach am dienstag zu mitternacht schickt ich Rodrigo Renell mit einer copey von disem brieff, der mit meiner hand was verzeichnet, dem *Nabadarius*, des konigs von Calucut bruoder. — (oben Nabadarim.) [1]

adj. 22 ditto komen 2 Swartz, die da weren gewest bei dem herrn, genannt *Quiamal*, den ich tod schluog, um deswillen, daz sy unter In ain soliche kostumi oder gewonheit haben, wan ein herr zu tod geschlagen wurt, so seind schuldig 2 sein diener um seind willen ze sterben, oder in grosslich zu rechen an dem hern, umb deswillen er zu todt ist geschlagen.

Desselben herrn 2 diener kamen für den konig von Cutzin heimlich, um ihn zu ermorden. Doch konten sy nicht wol für oder zu im komen. Da huoben sy an ain rumor und schlugen unter sein volck. Und in demselben schlagen verwuntten sy ein cristen und 2 von des konigs von Cutzin Diener, die darnach bald sturben. Yedoch wurden die 2 diener von dem hern *Quiamal* auch pald zu tod geschlagen und darnach geschlaift an das mer. Darnach liessen si's ligen, und liess In alles, das sy bei In hatten, dann sy wollten von der 2 verretter guot nichts haben.

Item darnach adi 24 ditto kam ich von meinen arbeitern, die am schloss werkten, zum K. von Calocut und fragt In, ob er begert oder haben wollt, daz ich zu Im käm. Da ward mir gepresentirt ein heidnisch herr, genannt *Mangati Aquaramall*, und ward mir gesagt, er wer ein verretter und baten mich, daz ich In wollt nemen in mein freuntschaft. Aber ich bewiess Im ain frolich angesicht, darnach wurd er mir in mein gewalt geben.

Item adi 25 ditto kam unser factor von *Crangallor*, und pracht uns ain copey von allen hendeln, die er aussgericht het, als sich dann Ew. K. Maj. gepürt. Darnach thet ich zurichten, und gepott diss nachvolgenden schiffen sich zu rüsten und sich zu richten, umb daz mich daucht, es wer fur Ew. Gnad pesser, daz sy bald wieder heim komen, dann daz sy lang verzuogen. Dann sy sein auch fast verwüst und verarbeit; auch umb des volcks willen, darauff täglich gross uncostung get. Auch daz ich begert, Ew. K. Maj. zu schicken die erst bezalong vom frid vom konig von Kalokut. Auch hoff ich, der frid, so ich in India gemacht hab, werd Ew. K. May. gantz wol gefallen.

Item hienach folgt, was die 2 schiff, so zu uns sein komen und lang uff der raiss sind gelegen, inn hetten, do sy zu uns kamen, davon Capitani was: Anthoni de Campo etc.

---

[1] Nach Osorius Lib. III. heisst er: Naubeadarimus.

Itcm, das erst schiff het in geladen, da sy zu mir kamen, den nachfolgend *pfeffer* bei 372 bachar. Darnach soll das schiff mit dem, das hernach folgt, gen *Cannanor* faren und sich mit Channell und Ingwer da wol laden, und mit dem ersten windt, wills got, nach *Portigal* faren, darzuo ich Im alle notturfft und reittschaft hab geben, damit sy pald von dannen mügen komen und abgefertigt werden.

Item, das ander schiff hat in, davon ist Capitani, *Petro Chaide*. Dem hab ich geben alles, das Im not was. Derselbig hat geladen als hernach stet:

	Quintal.	Robi.	Rattll.
Beygoin, ist ein ding, das ser wol schmeckt	18	—	—
Bastaroni, das sind Fusti	20	2	28
Naire??, da man schwerlach mit ferbt . .	2	2	2
Spigo	2	2	28
Sandoli	8	—	28
Piper	171	1	1
Brisilj	72	—	—

Darnach schickt ich *Rodriguo Renell* gen Crangallor, umb zu bestetten, umb einzuladen die 200 bachar piper, so uns dar sollten komen. Und auff samstag darnach fertigt ich *Duart de Pacheco*, um zu empfahen 1200 bachar piper zu Calocut, und sich darnach aufs erst fertig machen, damit wir all in kurzem zusamen komen, wider heim zu faren.

Item am samstag darnach da thet ich singen in unser Capellen zum hl. kreutz ein cristen mess, und thet das schloss mit vil pannern behengen und sunst von allen dingen wol zugericht. Und do der gotzdienst da also gethan was in gegenwertigkeit aller Capitani und Edelleuten, auch andern gemein volcks, da gab ich über die schlüssel und die verwarung des schloss *Digo Vernandes*, und macht In Capitein davon, und empfiengs, und gab sein trew an ains aydts statt, so mir got wider dar hulff, das es da sollt vollendt und ausgemacht sein mit samt den mauren und portten und sich darzu vermessen, daz ers in der mass will lassen zurichten, das gar ein grosse macht darfür must komen, die Inn schaden mochten daran thon. Darnach gab ich Im ain zu, so er aus welt gan, oder mit einigem konig zu schaffen het, daz derselb dieweil das schloss solt verwaren.

Item darnach gab ich in Ew. K. Maj. schloss, die das solten helfen verwaren, 40 mann, die ich in meinem schiff in India bracht. Noch gab ich Im zu 30 mann, die vor im land von unserem volck waren, und den Capitein *Digo Vernandes* und

sein gesellen, der unter Im ist. Mer liess ich im schloss ein
Barbierer, mer ein schlosser und ain schneider. So liess ich
Im darnach an wer oder an zeug als hernach stet:

4 haupt stuck von *püchsen*.

3 grosse gantze stuck, und ains mit einer kamer.

2 gross *schlangen*.

8 klein *schlangen*.

15 *handpüchsen*.

7 *fass pulvers* und ettliche gattung stain genug.

300 *Lantzen*.

60 *lang spiess* aus *flandern*.

30 *helmpartten*.

18 *stehlin pogen*.

4 truhen pfeil.

40 eyssen hütt.

Item, darnach saget mir der Capitani, daz sein mainung
wer, daz ich etlich kravell auf dem land het gelassen, ob er der
dürfen wurd, das er die mit samt seinem volck ins mer mocht
werfen und brauchen bei dem schloss, oder wo sie der notturf-
tig sein werden. Solichs daucht mich auch guot sein, daz ich
ettlich kravell im land, auch noch über das volck, so ich vor
hab gesetzt, 10 mann liess. Doch will ich vor in meinem ab-
scheid vor mit allen Capiteni abschliessen, ob solichs zu thun
wer, oder ir maynung sey etc.

Ich weiss Ew. K. Maj yetz nit mer sonders zu schreiben
— dann was von klein dingen ist, wirt Ewch zaiger wol wissen
zu sagen. Doch hoff ich, will mit der gotz hilff selbs pald heim
komen. Damit sey Ewr. K. Maj got dem almechtigen bevolhen [1]).

Datum adi 27 December, anno 1503.

Franciscus Dalberquerck
Capateni.

---

[1]) Franciscus Dalberquerck hatte am letzten Januar 1504 Cutzin ver-
lassen, und gieng, man weiss weder wie, noch wo, mit seinem ganzen Ge-
schwader verloren.

VI.

Auszug eines Briefes

aus Lissabon ddo. 10. October 1504 nach Augsburg geschrieben.

Auszug ains briefs von Lissbona, des datum X ottober[1]. *Enpfangen am XIII tag Septtember (sic)*[2] *in Augspurg Anno 1504.*

So wisst, das vor vill tagen 3 nave aus India komen sind. Hand bei 20 Tausend Cantar Specceria, allerlay sorten bracht, und hand zu *Caulon* und *Cutzin* geladen. Man ist auch noch 2 oder 3 wertig, darvon man noch nicht wayst. Dan diser king von Portegal schicket zwey hauptman in India. Und der minder, der am letzten hie ausfuor, kam dort am Ersten an, und machet sich obersten Hauptman, stiftet das unglück, davon Ich ewch geschrieben hab und die copey seins briefs gesandt. [3]

Solcher hett vill gestift. Und da der ander diser, hie ankomen, in India kam, des handlong sach, verdross es Im fast, (dass) der ander über Ihm sein wollt. Konnten sich mit ainandren nit verainen, suochten baid weg und steg ainer den andren ze schmechen und schedigen, In mass wie der erst den krieg, Im anfang frid machet und tett was er wolt on des andern

----

[1] Er stammt ohne Zweifel aus der Welser Factorei in Lissabon — und ist wahrscheinlich von Lucas Rem geschrieben, oder vielleicht auch von Valentin Fernandez. Die beiden Hauptleute, die der König 1503 nach Indien abschickte, sind: *Franciscus* und *Alfonsus d'Albuquerque.*

[2] Muss wohl heissen 13. *December.*

[3] Siehe den Brief des Franciscus Albuquerque vom 27. December 1503.

befelch. Des wolt der ander nit zefrieden sein, noch den frids-
brief mit Calicut nit underschreiben; dann der ander in vil din-
gen des kungs ordinantz noch befehl nit thun hett, also dass
diser komen, den andern seim kriegen frid machen etc. ton lies,
und fuor gen *Calon*, dar nach *Cutzin*, luod alda gemelt Specerey
und fuor mit unwillen vom andern und lies In dort seim kopf
folgen. Also was der ander nach des kommen hinfort geschafft
haut (hat) wird die Zeit zu erkennen geben. — Aber der frid
zwischen Calicut und diss kungs ist zerbrochen, des die hiegen,
und in sonder der kung fast fro ist, vermaint jetzt dester mer
leyt hineinschicken und mit hilf der king von *Cutzin*, *Cananor*,
Caulon, *Cailicolon*, etc. die diss kungs ser und überfro sind, den
king von, und Calicutt gar ersteren, verderben und verbrennen.
Hand des gar kein sorg, sagen, unmöglich sey, daz der Soldan
Her von mecka, venediger, türck noch niemans In (ihnen) Laid
noch hindernuss thon mügen, und sagen, sie bedürfen des kali-
cutischen kings gar nicht, dann sy an die port selb faren wend
da spetzeria wechst, und der hayden etc. gwin selb gewinnen,
den calicutischen king liederlich ersteren.

Ain starck schloss hand sy zu Cutzin gemacht und ain gut
geliger belegt mit factor, schreiber etc. zuo *Caulon*.

VII.

Beschreibung

der

Meerfahrt von Lissabon nach Calacut

vom Jahre 1504.

––––––

Jesus Maria 1504.

Die Scheff, so von Lissbona faren in India, die faren am
ersten von *Lissbona* in *Canaria*, sind 6 Insel im mör, sind des
kungs von Spania, und mit seinem volck besetzt. Sind vor 12
Jaren funden worden, und lewt darin gewesen, die kein glawben
gehapt haben, und ist vill vichs in gemeltten Inseln, und wachst
auch Zucker darin und 150 meyl von Lissbona. —
Darnach faren sy in die Inseln *Cabowerdj*. Der sind 8 In-
seln, die sind mit weissen Lewten von dem kung von Portegall
besetzt. Do wachst bomwoll in, und auch vill vichs. Darnach
ist darbey *Cabowerdj*, das ist *Ghinea*, das ist *Ettiopia*. Ist ein
gross land und weit, und vill künig darin, und wertt (währet)
bis gen Jerosalem, und sein eyttel Suartz darin, und hat ain
kung mit dem andern krieg. Und was ainer dem andern von
volck nimpt, das verkauffen sy darnach dem kung von Portigall,
oder wem er das arendiert etc. Und ist auch ein Goldertz in
gemelten Landen, das man in wassern, das von bergen läuft,
findt. Da fiert der kung von Portogall vill pfenwert hinüber,
und geit (gibt) den moren umb das gold pfenwert, als spiegel,
paternoster, messer und andere kleine pfenwert. Und darf sonst
nyemand kain pfenwert hinüber fieren, weder (ausser) der kung.
Und ist von Lissbona gen Cabowerdj 500 meil. Man pringt
auch aus den gemelten Landen vill bapoge (papageyen) und hel-
fandbein (Elfenbein).
Darnach faren sy zu einem land, heisst *terra de santa Cenis*
(sic). Waisst man nit, ob es ain Insel, oder ein Land ist. Alda

gand (gehen) die lewt nackt, und hand nichtz an, und kein eyssen-
waffen nicht, und ist alli ding gemain, und hat nymand nicht
aigens, und hand auch kein herren nit, und hand kein glawben.
Und bringt man aus gemelten landen vill *prisilli.* Das cost nichtz,
dan dass man das abhaut, und sucht man noch stets in ermel-
ten landen, hofft ander ding darin zu finden. Heisst *terra nova
de Prisilli,* und essen gemelten lewt ainander, also sy mit ain-
ander kriegen, was sy lewt erschlagen oder fachen, die essen sy.
Und ist vill vichs in gemelten landen, und ist 350 meil von
Cabowerdi.

Item, darnach faren sy *a Cabo de bona Speranza.* Darin sein
suartz lewt, gand auch nacket, dan das sy schayden aus bast
zu Iren scham machen, und wayst man nit, was sy fur ain
glawben halten, dan noch nymant mit in geret hat, der sy ver-
standen habe, und ist voll visch[1]) in dem gemelten land, und
hat man noch kein statt noch dorff darin gesehen, allayn hirten
und heyden. Und ist flaisch fast wolfail. Und ist noch niemandt
so weyt in das land komen, das man kein weibsbild gesehen hab. —
Von *Cabo de bona Speranza* faren sy gen *Zufala,* ist ein
gross wasser, gaut in das mör, und ist ein Insel. Da haut man
auch vil gold, gehort dem kunig von *Killo,* sein heyden. Nit
weyt von gemelter *Zufala* sind die grossen berg, da der *Nillos*
entspringt, der gen *Barutto* fleust. Und ist um gemelts birg
ain Land, da *Priester Johan* in wont, und haist das kunigreich
von *Hawesch,* und betten abgotterey an. Und ist vil gold, fast
wolfail alda, und hand die lewt sunst kain handwerk, dan das
sy gold graben. Ist 300 meyl von *Cabo de bona Speranca.* —
Darnach faren sy gen *Killoa*[2]). Ist auch ain kleine Insel
an aim wasser. Darin ist der kunig von Killova, der muss dem
kung von Portegall alle Jar berlin geben umb 1500 Dugaten.
Ist derselb kung ein heyd, und gand nacket, dan allain bedecken
sy ir schamen mit aim bomwollin thuch. Und ain edelman macht
ain knopff an das thuch, und der bawrssman darf kain knopff
daran machen. Ist 80 meyl von *Zufala.* Von *Killoa* faren sy
gen *millinda*[3]). Ist ain grosse statt und ain eigner kunig, sind
haiden *machmetz* glawben. Der gemelt kung haut die Cristen,
am ersten, da sy hinubergefaren sind, wol entpfangen und In
pillotty zugeben, so sy gen *Callacutt* gefiert hant. Ligt gemelte
stat am mer, ist 250 meil von *Kiloa.*
Darnach faren sy 800 meyl uber ain colffo gegen *Calacutt*

---

[1]) Muss wohl heissen fich = Vieh.   [2]) Quilos.   [3]) Melinde.

zuo. Und das *rot mör*, und das *mör von Persia* land sy auff die lingken hand hinder in ligen. Und so sy an das *calacuttisch* Land komen, finden sy im mör bey 50 in 80 meill vill schlangen, darbey sy kennen, das sy nit weit vom land sind. Und ee sy an das Land komen, finden sy ain Insel, ain meyl vom land, darin ist vil gutz wassers und holtz. Da ruoben sy (ausruhen) an 8 oder 14 tag, damit sy sich wieder stärken und erfrischen. Und in dieser Insel nemen auch die schiff, so von *Mecha* komen, nemen auch da holtz und wasser.

Und von gemelter Insel faren sy gegen *Cananor*. Ist ein grosse statt. Wohnt ein aigner kunig darin. Wachst in gemeltem Land allerlay specerey, aber *Imber* am maysten. Sind gemelt lewt, die abgoter anbeten.

Von dem hand sy 15 meil gen *Calacut*. Ist ain besonder kunig, und der machtigist, so in India ist, und ist ain grosse statt, und die gewerbost (gewerbsamste) so in India ist. Und bringt man vill specerey dahin. Und die Hayden von *la Mecha* hollen die da. Und bringt man die specerey von *Malacca* und *Cella*, (Zeylon) ist die gross Insel *Tabrobana*, davon man sovil schreibt. Ist vil edler gestain in, ist 250 meil von Callecut, und wechst der *Canel* (Zimmet) aller fast in gemelter Insel. Von *Malacca* bringt man Negel, Muscado, Lingno malove, Bisum. Die bringt man von weitem dahin. Ist auch ein grosse gewerb statt, ist auch ain besunder kungkreich, mechtig. Und an der Kest (Küste) gemelts lands, 300 meil gegen uns wärts, lauft das gross wasser *Ganges*, das aus dem paradiss komt. Ist *Malacca* bei 800 meill von *Calacutt*. Und in gemeltem Land alss (lauter) lewt, die abgotter anbeten, und gand nacket, das sy die scham allain decken.

Und von *Malacca* fert man in des *grossen tauss* von *ratte*[1]) land, und der kunig von *Malacca* gibt im tribut.

It. Des kungs von portegal schiff hand tails geladen zu *Cananor*, ist 15 meill herwarts *Calecut*, und tails zu *Cutzin*, ist 15 meill jenhalb *Calacut*, und tails zu *Collam*, ist 32 meill von Calacut. Und ist ain yedes ain besonder kunigreich. Zu *Collam* sind im Land bey 20 tausend cristenhewser, Sant Thomas glawben. Ist Sant Thomas in gemeltem Land gemartert worden. Und wechst der maist pfeffer in dem Land. Hand fast die cristen in Iren henden. Sind auch in gemeltem Land bey 5000 hewser Juden.

---

[1]) Maratten.

VII.

Handels - Brief

Anthoni Welsers

ddo. Augsburg 11. December 1504

an

Doctor Conrad Peutinger

und

Auszug eines Briefes der Welser Comp:

in Antorff, ddo. 18. Novbr. 1504.

---

† Jhus maria 1504 in Augsburg, an dem aulften tag Decembris. †

Dem wirdigen und hochgelertten herrn *Conrat Peutinger*, der Recht
Doctor etc. an K. Maj. Hoffe, meinem günstigen herren.

Unter dieser Ueberschrift steht von C. Peutingers Hand geschrieben:
„Gesellschaft Ulixbona"

Der Brief ist von Anthoni Welser eigenhändig an Peutinger ge-
schrieben, und lautet also:

Mein fraintlich ganz unverdrossen und willig dienst und
gruoss seye Ewr. Wird. zuvor berait. Hochgelerter und wirdiger
lieber herr Doctor. Ich pin in gott guoter hofnung, Ew. Wird.
sey mit sampt den gefertten wol und mit lieb an den K. Maj.

11*

Hoff kommen, und befinden Ewch alda in guoter wolmigender gesonthaytt. Seyen hier auch ale im ziemlichen guoten wesen; gott sey geloptt! Der wolle uns durch sein gnädigen friedenreichen Zuokonft und mentsch-werdung in allem guotten bestetten! —

Wirdiger und lieber Herr Doctor, mir ist auf 9 Decbr ain brief von *Antorff* zuo chomen von den *unsern* aldar, die *Erbar Compagnia* antreffend, meldend uns under anderm, als Ir im auszug darvon hierinn abnemen migt, nemlich Etlicher sorgfelttigkayt halben, so uns entspringen ist vom Hinsenden unsrer Silber von dan gen *Ulixbona*. Dan, als Ir in gemelter Copia hierin verstaun miget, es vom *Prinzen* verpotten ist, ainig Silber aus seiner Gnauden Land ze fieren.

Nun were unser fleyssig und ernstlich gepett an Ewer Wird, Ir uns (wa es mit ainichem fuog gesein mecht) von K. May! ain *furdernusbrief* erlangtten und impetriertten an *hertzogen Philips*, aufs formlichest, als dan Ewr Wird fil passer wayst, weder wirs angeben kinden, das wir für unsere Silber, die wir von hinnen etc. aussenden per *Ulixbona* freyen und sicheren pas hetten, durch seiner Gnauden gepiett uff Land und Wasser, des der pillichayt (als uns gedeucht) wol gemes wer, dan wir die Silber, die wir fir *Ulixbona* vermainen, nit in seiner Gnauden Land aufkaufen, sondern von hinnen etc. darsenden. Weltt Ewch, Lieber Herr Doctor, die sach anligen laussen, und uns in dem und anderm for enpfolchen halten, des wir mit sondrem fraintlichen und wolgenaygtten willen umb Ewer Wird. begeren, zuosamt fil pillichen ze beschaden.

Weitter Lieber Herr, zayger ditz ist *Hans Sayler* von *Kempten*, unser *diener*, den wir Ewch von der sach wegen zuofiegen, ob Ewer Wird so lang am kingklichen Hoff nit verharren wird pis zuo ausdruck oder End des handels, das dan Ewer Wird gemeltten unsern diener hinder Ewch verlaussen, mit befelch und auch Ler, wie er die sach in der kantzley etc. solitzitiern und solch brief erobren mige. Hoffen er sölle nichtz versaumen, so ferr Ir Im's weysen. Hoffen darneben der *K. Maj!. brief* an *fr!. kung*, auch ***dere brief in Indiam.*** Ich hoft herr *Blese Höltzl* solt wol migen furdren. [1]

Gunstiger und lieber herr, Doctor, *Cristof* (Welser) hat Ewch hie vor aus meim bevelch in meinem namen geschriben. Was uns aber anligt im Niderland und wie unser nottorft erfordert

---

[1] Siehe Peutingers Brief an Blasius Hölzl vom 8. Jan. 1506. S. 170.

uns unser genedigster herr Ertzherzog *Philips* den pass unsers
Silber durch seiner furstl. Gnauden land und gepiet auf Land
und Wasser gnedigklich verliche und zuogeb. Dan nit allain
von dessen wegen, das wir sy in seiner Gnauden Land nit er-
zuigen, sondern aus *disen* landen hinabsenden fur Ulixbona ver-
mainend, sondern auch darumb, das solhe Silber, so also gen
Ulixbona kamend, aldau gegen Spetzerey und andern kaff-
manschafft ubergeben, die wir darnach in Seiner fürstl. Gnauden
portten, land, stetten etc. fiern und gewerb damit treiben, dar-
durch die zöll, land und narungen auch Seiner fürstl. Gnauden
underthanen genutzt und gemert werdend und der handel daselbst
behalten. Wir fiern auch nit alain silber in und durch S. Gn.
Land, sonder auch fil gwands, das in S. f. Gn. landen gemacht
und berait wird in mer stetten, das alls seiner F. Gnaud und
dero Underthanen zu nutze und fuogen walten ist. Ewer Wird
wirt das und anders, der sach zuguot, wol bequemlich und frucht-
perlich einzufuern wissen.

Not ist, (das) die furschrift K. Maj! fast stattlich gestellt,
und obs Ewch guot deucht, darin auch angeregt, wo den Silbern
der pass gespert werden und beleiben, so wurd es unwerth und
abfall im Silber geben, das dan seiner K. May! an iren silbern
nit zu chlainem nachtail zaychen; auch so mochten durch sper-
rung des passes die Silber an andern portten des mers, dem
fr̃. kunig, oder dem von Hispania gehörig, oder gen Genoa ge-
fiert, die hendel und gewerb dadurch den Niderlanden entzogen
werden etc.

Nun Ir wisst den dingen wol farb und gestalt ze geben und
fruchtpers erlangen. Des und alles gute der almechtige Ewch
und uns genaud verleichen, Ewch mit friden wider anheim helffen,
well. amen.

Anthoni Welser.

† Auszug ains briefs aus dem Niderland von *Antorff*, dat. 18
Nov. In Augspurg enpfangen auf 9 Dec. 1504. †

Ersam lieb Herren.

Ir hand vor wissen, daz stets verpotten ist, Silber aus
disem Land ze fieren. Und seyder Silber aus dem schiff
Hulcka, als Ir wist geraupt, ist das Land vol, die Teutschen
fieren nichtz dann Silber; und haut man schon etliche gietter
zuo *Zirichsea*, kisten und mer guot, das verdechtig gewest

ist, geöffnet, haut der *Balgin* Silber gesucht, und wan Sy
also Etwatz findendt, were es on genaud verloren. Zuo *Zirichsea*
gaut es biebisch zuo. Sollichs ist von *Armua* minder ze sorgen,
dann da. —

Nun aus solcher und mer ursach wer guot, man hette auf
solchs fürsorg, vom hertzogen erlauptnus zu erlangen, daz *wir*
Silber durch und aus seim, auf Land und Wasser fieren moch-
ten, dann wir es doch in der mainung in dis land fieren, daz
wir es wieder darauss fieren wellen, und wir kauften es hie, in
sein landen nit. Was Ir uns, lieb Herren rautten des halb,
laund uns wissen. Man möchte von K. May. *befelchbrief* zu
weg bringen an Hertzog Philips, das kain frumer kaufman von
teutscher Natzion aus dem obern land, under dem Adler gesessen,
nit ersuocht wurd, oder dergleichen etc. *für uns und unser ge-
selschaft allain* procurieren laussen. —

Item, lieber Herr Doctor, was für uns brief von K. May.
erlangt werden, da wollend verhelffen, daz uns Copeyen der-
selben zuchumen. —

IX.

Bericht einer Reise

vom Jahr 1505.

Unter

Franciscus Almeida, Vice-Re.

(Die Copie ist von Anton Welser eigenbändig geschrieben.)

Adi 2 Jenner 1506 seind zu *Cananor* 6 portugalisch nave ausgefaren gegen Portogal, nemlich: *San Raffael*, *San Jeronimo*, paid gross, darauf dan die *Teitschen ain namhaften Theil habend;* dan *Conception*, *Butafogo*, payd des kings; dan die funft *Ferando, de la Regina* zugehorig. Sind also alle funf nave bey und mit ainander pis zu *Capo de bona Speranza* gefarn. Da haben die vier nave die *Conception*, des kings nave da hinden gelassen, dan sy machet fast wasser. Ist geschätzt, sy sey gen Monsambien gefarn, umb zu fürchumen den Eingang des wassers. Also seind die 4 nave mit und bey ainander gefarn und beliben bis gen Lisbona für die stat, dahin sy mit redlicher Ladung uf 22 *tag May* des obangezaigten Jars [1]) wol anchummen seind, und mag Ir ladung sein diser 4 nave bey 15600 Centner Nurenbergisch gewicht mererlay specerey.

----

[1]) Nach dem Tagebuch am 22. Mai 1505, was offenbar unrichtig ist.

Noch wasend nachstend nave zu *Cananor:* Die *Lionarda,*
unser teitschen, solt uf 3 Jenner gen *Cochin* farn, umb vol zu
laden. Ir gebrach bey 1000 Centner. Noch *la Madalena, Sant
Gabriel, Fior de la mar,* das in alls 5 nave sind mit der *Con-
ception,* oben gemelt. Ward geacht, sy wurden alle fuuf 20000
Centner Specerey laden und mit gots hilff bringen, und auf 31
tag Jenner us India vom Land faren, nemlich von *Cananor.* Do
pflegen die schiff allweg vor Irem abschid speis und wasser etc.
zu nemen, nach Irer nottorft. Man schätzt sy vor tuto Agosto
nit gen Lisbona. —

Die ersten 4 angekommen nave habend ain nuyen (neuen)
weg gefaren, der vor nit gefarn worden ist. Wie wol die piloti
maintend, den gewonlichen weg zuo farn uf *Monsambien,* so
füegt's doch der will gotts anderst, also das sy den weg fast
kürzt hand.

Man fand leyt, (Leute) die maintend, die nauchgeenden 5 nave
wuorden vor dem October nit gen Lisbona komen [1]), um etlicher
stille wegen der wind, so es an der *Costa de Ghinea* zu solcher
zeyt pflegt ze haben.

Was sich new's am hinuberfarn geben hat.

Erstlich, ist sich die portogalisch flotta oder armada uf 15
Augusto 1505 nauchend zuo ainer statt, genant *Quiloa.* Also
sandt des portogalesisch kungs stathalter, *Vice-Re* genant, zu
dem king derselben stat, lies an ihm erfaren, ob er dem kung
von Portogal den trybutt bezalen woelt. [2]) Ward Inen antwurt,
sie wollten kumen und der ding red mit dem Vice Re halten.
Und als die Portogaleser auf dem Land am gestat stuonden,
wartend zu vernemen, was der kung von Quiloa und die Seinen
reden und sagen wolten, sandten Sy den Portogalischen zuo sagen,
woltend sy etwas, solten Sy ins kungs behawsung kumen. · Nun
des mornes fruo, in werdung des tags, fuogt sich der maist
tail des folcks ab den 21 portogalischen schiff ufs Land, gerustet
und gewapnet mit aller zubehör, und kamen an zweyen Orten
an die stat, die anzusprengen, als sy dan tatten. Also floch der
kung und die fürnemsten mit ihm und ander vil aus der
stätt, inmass das die Portogaleser die stat eroberten, die
auch plünderten, fil guts namen. Und machten die Portogaleser

---

[1]) Sie kamen erst 24. November. S. das Tagebuch.

[2]) Vide: Artikel VIII. des Briefs von der Portugal. Meerfahrt ddo.
30. März 1503 und Beschreibung der Meerfahrt von Lissabon nach Calicut
vom Jahr 1504. —

mit rat der übrigen in der statt ain newen kunig, was ain mooro, der dan solt regieren im namen des kings von Portogal. Wolt Portogalesen ain guot vestigkait in derselben statt gemacht und 70 man, auch vil Artegleria, des Im gelassen hand zu behauptung der statt, und was dazu gehört.

Von dem Ort sind sie weiter gefarn in ain kungreich und zu einer statt *Monbosa* genant. Demselben king haben sie zuo entpoten, wie dem zu Quiloa vorgemeldt. Also hat er In antwurt geben, er wolle dem Portogalesisch king trybut zalen mit dem schwert in der hand. Also haben sich die Portogalesen aber so wol gerüst, aufs Land kumen, und ligt dieselb statt in einer höch, fast fest. Also drungen die Portogalesen mit ordnung hinzu und kamend in die statt der mas, daz sie in 2 horen (stunden) die stat gar eroberten. Der king und die seinen kamen in der flucht darvon.

Die statt ward auch geplündert, belibend die Portogalesen drey tag daselbst. Wird geacht, der naum (Beute) zu Quiloa und Monbosa uf 22000 Crusati, oder mer werth sein. Hofften *die Teitschen Ir gepurend pcutt auch zu haben.* Hand die Portogalesen gesagt, die tauten weren zu verstan. sam. ein Rytt uf Land, und nit ain naum etc. und haltend dafür, *unser 3 nave* solten nichts darvon haben [1]). Aber sie wolten sollichs dem Portogalischen kung haimsetzen, was der tett, wer fasten, und irthalb (ihretwegen) unverhindert. Auf solichs haben die unsern protestirt um die sum des naums und anders in recht form, das als sie mit in heruber pracht habend. Von dan sind sy gefaren gen *Melinde,* da sich derselb king des von Portogal fast grosser fraind erzaiget, und sandt den Portogalesen present und essend speys und erfrischung. Derselb Melindisch king begeret an den Portogal. Vice Re glaitsbrief, mit seinen nave sicher navigiren und handlen müge. Solch glaitsbrief warden Im geben.

Von dann fuorend sy gen *Angadiva,* dabey ain Insel ligt, die nit bewonet ist. Da hin die Portogalesischen ain befestigung gemacht habend, darin gelassen 80 mann mit vil guotem Zeug.

Von dann fuorn sy (gen) *Aviel.* Daselb stigend sy all ab aufs land uf irn batellen in die port zu faren, als sy tetten und

---

[1]) Vide Tagebuch sub anno 1505, wo Rem von den Rechten widern kunig spricht. —

verbrennten alda 20 morenschiff und stiessend fuir (feuer) in vil der moren heyser.

Nachmalen fuorn sy wider auf ire nave und fort gen *Cananor*, daselbst sy ain starke und grosse forteza gemacht, die wol mit 200 mannen besetzt hand. Hand auch bey Inen ain nave des Portogal. kings, umb zu laden spetzeria.

Die andern nave fuorn gen *Cutzin* zuo laden, als auch geschehen ist, pis gar an ain klains, als vorstat.

_____

X.

Ein Brief

Dr. Conrad Peutingers

an den

Kaiserl. Secretär Blasius Hölzl

ddo. 3. Januar 1505.

„Meins Schwehers Brief wollet auch vertigen, dan die Schiff zu Portengal schier (bald) gen *India* faren werden, und uns *Augspurgern* ains gross Lob ist, als für *die Ersten Deutschen, die India suechen.* Und K. Maj. zu eren hab ich in die Brief gesetzt, wie er als der erst römisch kunig die schicke, dan solchs von kainem röm. Kn. vor nie geschechen ist. Mocht auch wol leiden das in den briefen stand, das anwalt des kunigs von Portengal in India, die *teutschen* Kn. Maj. zugehörig, den indianischen Kunigen von wegen seiner Kn. Maj. anzaiget etc.

Werdt meim Schweher zu willen, das er die brieff an Portugall und Frankreich *bald* hab, dan es tut not. Ich schreib hiemit Kn. Maj. selbs, bitt ich Ewch als Ir söhen werdet zu oben, damit mir furderlich antwurt werde etc. [1]

(Das Original im hiesigen Stadt-Archiv.)

———

[1] Dieser Brief gehört, wie der folgende des Valentinus Moravus, als Ergänzung zu dem Berichte Num. IX.

XI.
Auszug eines Briefes
des
Valentinus Moravus
an
Dr. Conrad Peutinger
aus Lissabon vom 16. August 1505.

Valentinus Moravus Doctori praestantissimo Conrado Peutinger
Augustensi S.

„Classis XXX navium anno praesenti in Indiam est profecta
ad domandum regem de *Calicut* et ad construendum tria for-
tissima castra, primum in *Zoffala* (Sofala) terra Aethiopiae CCCC
leucas ultra caput *Bonae Sperancae*, ubi auri copia; secundum
in *Ancadiva* (Anchediva) insula, quae III millia continenti distat,
XXX leucas de *Cananor* versus *Indum* fluvium, ubi *Cambaia*,
totius Indiae emporium; tertium vero castrum etiam in Aethiopia
in promontorio *Arabici Sinus*, nomine *Godorfon* (Gardafui) in
opposito civitatis *Aden*, in defensionem navium, quae *Meccham*
et *Cayrum* tendunt. —

De X oneratis navibus, quae die XXII. Julii ex *India Ulix-
bonam* pervenerunt, et qualiter ipsae permagnas XIV naves cum
nonnullis parvis, in *Pandarane* circa *Calicut*, plenas ditissimis
opibus, combusserunt, non dubito, quin *Tui satis evidenter scrip-
serunt*. Genealogiam serenissimae Imperatricis Augustae tibi in
brevi mittam, peto, ut *socerum tuum* (Christoph Welser) meo no-
mine salutes." [1]

Vale!

ex Ulixbona die XVI. Augusti anno MDV.

---

1) (cf. Cod. hist. 248. der k. öffentlichen Bibliothek in Stuttgart, wo-
rin dieser Brief nebst mehreren andern Aufzeichnungen des C. Peutinger
enthalten ist.) Zugleich theilt Ferdinand in diesem Briefe dem Dr. Peu-
tinger auch eine Nachricht über eine am Cap Rocca bei Cintra aufgefun-
dene alte Inschrift mit. Man vergleiche damit auch, was ich in der An-
merkung Num. 45 zum Tagebuch mitgetheilt habe.